WESTTIBET
und benachbarte Gebiete

△ Nganglong Gangri
6600

T a n g

Gegyai

Yanhuku

Oma

°Gerze

Dong tso

Indus

C h a n g

T a n g

6714 △ Kailash

°Darchen

Coqen

Tal

Manasarowar
4557

Maryum La

7728 △ Gurla Mandhata

H i m a l a y a

°Purang

Karnali

Tsangpo

°Simikot

°Paryang

Saipal

N E P A L

Martin Thöni • Westtibet

Bilder auf der Schutzumschlag-Vorderseite:
Kleines Bild oben: Das tantrische Paar Demchog (Cakrasamvara) und Dorje Phagmo (Vajravarahi) in Yab-Yum,
als Hüter des Heiligen Berges Kailash. Aus dem Yidam-Tempel in Tsaparang.
Großes Bild: Blick über die Barkha-Ebene auf das „Kostbare Schneejuwel".
Kleines Bild unten: Reihen von Chörten begleiten die Ufer des Elefantenflusses (Sutlej) bei Tholing.

ISBN 3-7059-0076-5
1. Auflage 1999
© Copyright by Herbert Weishaupt Verlag, A-8342 Gnas,
Tel: 03151–8487, Fax: 03151–84874.
E-Mail: verlag@weishaupt.at
Internet: www.weishaupt.at
Sämtliche Rechte der Verbreitung – in jeglicher Form und Technik – sind vorbehalten.
Druck: Theiss, A-9400 Wolfsberg.
Printed in Austria.

Martin Thöni

Westtibet

Reise in ein verborgenes Land

Kultur und Naturlandschaft
zwischen Tsaparang und dem Heiligen Berg Kailash

Mit einem Beitrag zur Geologie Tibets und des Himalaya

Weishaupt Verlag

Inhalt

Vorwort 8
Faszination Tibet-Himalaya und der Mythos von Shangri-La 11
Legenden vom Ursprung – das Weltbild der Tibeter 34
Shambhala und Olmolungring 39
Beseelte Natur – Geister, Dämonen und kosmische Kräfte 58
Heilige Berge und Seen – Zentren spiritueller Energie 60
Magie, geheimnisvolle Kräfte und tantrische Riten 72
Götter – Projektionen des Geistes 84
Leerheit und Bedingtheit – die andere Sicht der Wirklichkeit 108
Ins Innere des Mandalas 143
Literatur 151

Anhang: Zur Geologie des Himalaya–Tibet-Raumes 152
Register 190

Reiseinformationen

1. Von Kathmandu nach Westtibet 16
2. Von Khojarnath über Purang zu den Heiligen Seen 42
3. Vom Manasarowar nach Tholing 67
4. Tholing – altes kulturelles Zentrum von Guge 77
5. Tsaparang – Juwel in der Ödnis 90
6. Die Kailash-Kora – Pilgerreise um den Heiligen Berg 120

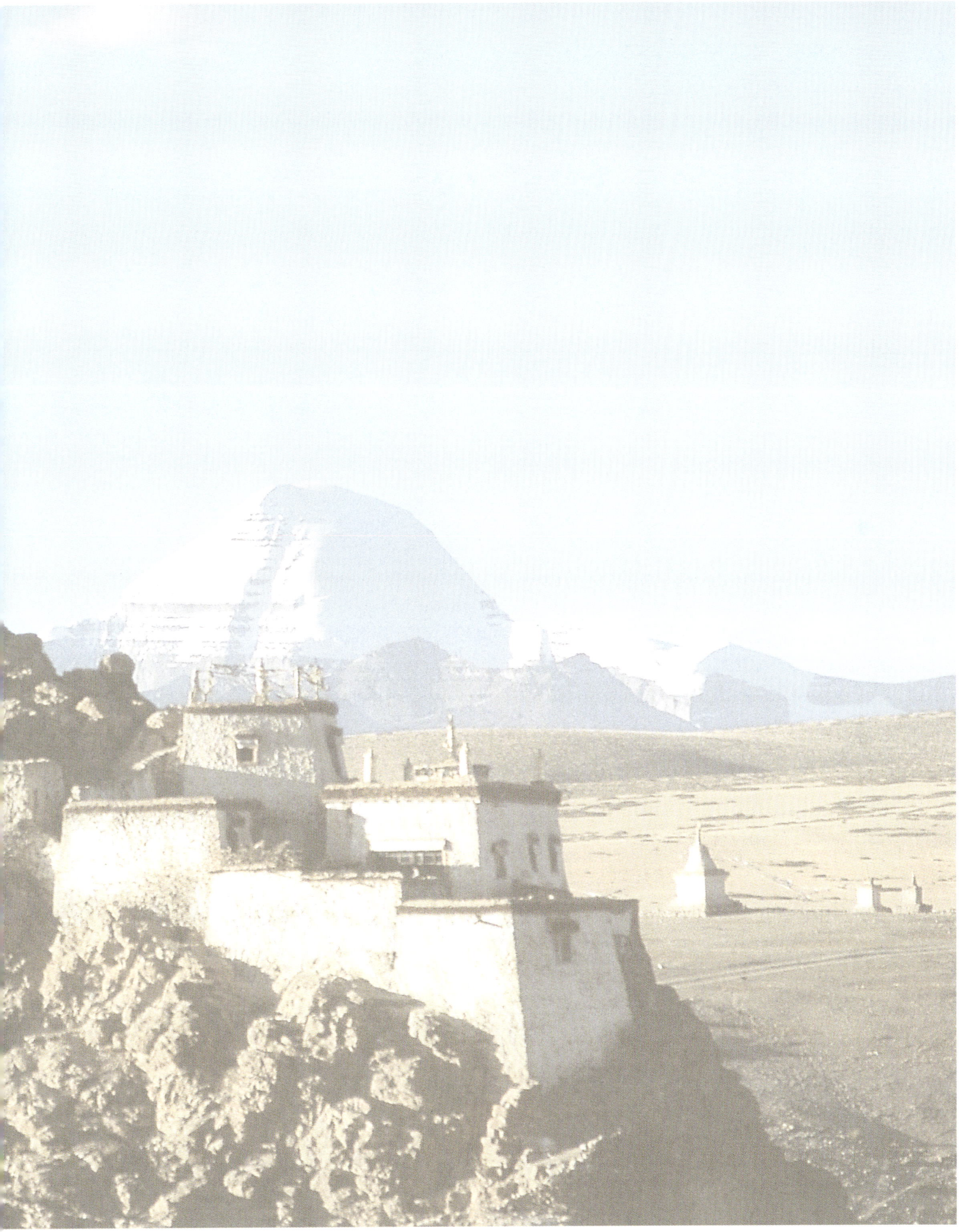

Ausgelassen fröhlich. Tibetische Mädchen bei Nyalam.

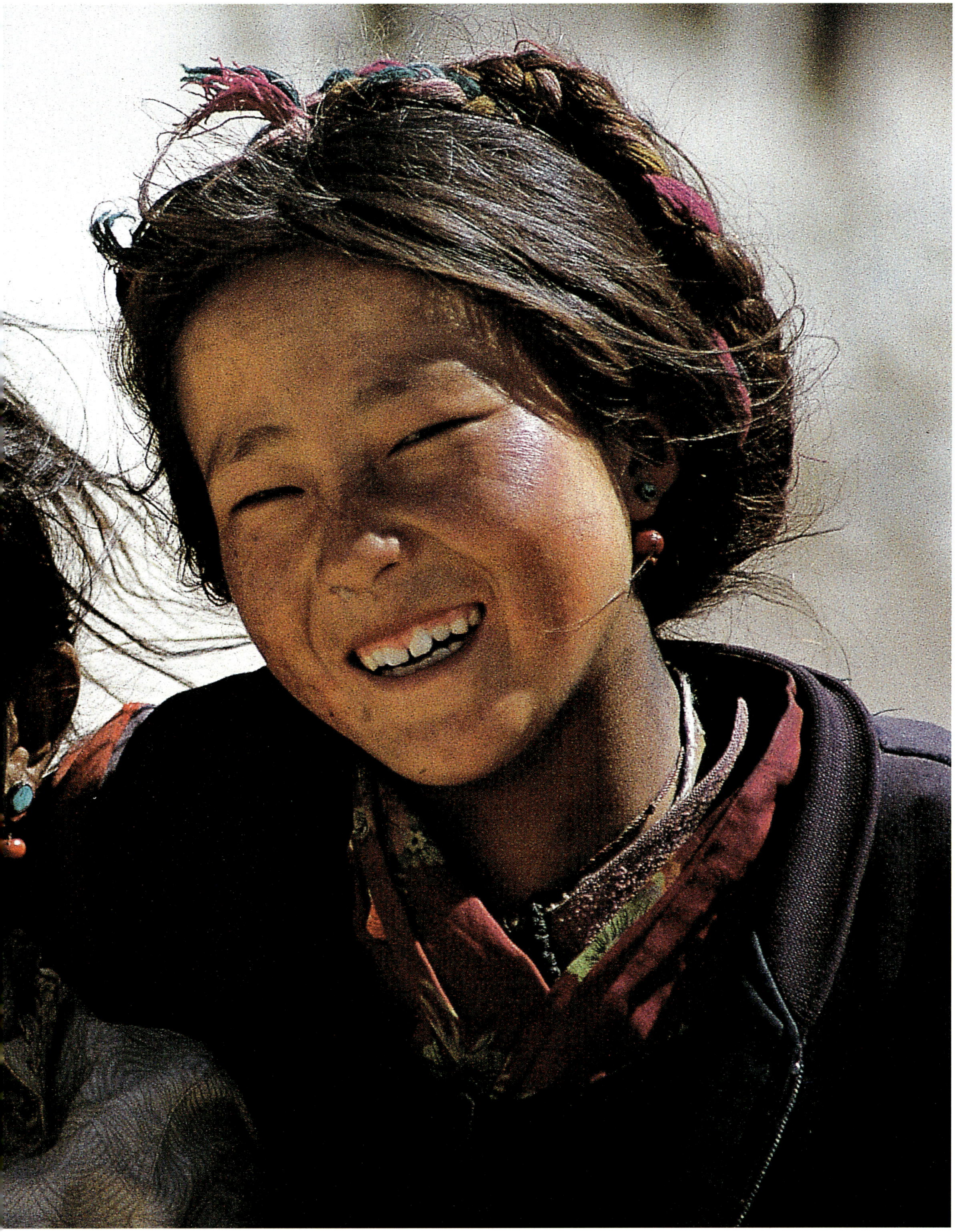

Vorwort

Weit im Westen von Tibet, in einem der entlegensten Winkel hinter den Eisriesen des Himalaya, liegen die Reste eines versunkenen Königreiches: Guge. Hier kam der Buddhismus in Tibet nach seiner ersten Ausbreitung unter den großen Religionskönigen und dem darauffolgenden Niedergang durch den „Abtrünnigen", Langdarma, und ein wiedererstarkendes Böntum um das Jahr 1000 zu neuer Blüte. Durch die Förderung berühmter Männer wie Yeshe Ö, Rinchen Zangpo und Atisha erlebten Religion, Kunst und Kultur während dieses zweiten, „Goldenen Zeitalters" einen bis dahin nicht erreichten Aufschwung. Hier, abseits der traditionellen Zentren tibetischer Macht und Kultur, in dieser heute weltvergessenen Ödnis aus Staub und Zerfall, wurden unter indischem Einfluß bis ins späte 16. Jahrhundert buddhistische Kunstwerke von einzigartiger Schönheit und Perfektion geschaffen, wie sie vielleicht „....nirgendwo in der Welt übertroffen worden" sind (Govinda). Die Königsstädte des versunkenen Reiches von Guge, Tholing und Tsaparang, liegen auf dem „Boden" eines riesigen vorgeschichtlichen Sees, inmitten einer bizarr-phantastischen Canyon-Landschaft aus weißgelben Sanden und Schottern.

Im 15. und 16. Jahrhundert, vor dem eigentlichen Untergang des westtibetischen Reiches, war Tsaparang das politische und geistige Zentrum Guges. Auf der Spitze des Tempelberges von Tsaparang stand nicht nur der Palast des Königs, hier war auch der Wohnsitz der obersten Schutzgottheit des gesamten Königreiches: Samvara-Demchog.

Demchog ist der Schützer des Heiligen Berges, Kailash (Sanskrit: Kailāsa), der etwa 150 km östlich von Tsaparang steht und den die Tibeter Gang Rinpoche, „Kostbares Schneejuwel", nennen. Unter den bekannten heiligen Bergen des uralten Kulturraumes auf dem tibetischen Chang Thang nimmt das „Schneejuwel" jedoch eine herausragende Position ein. Es ist *Ri rab gyal po*, der König der Berge, der „Berg im Zentrum der Welt". Nach der kosmologischen Vorstellung der Tibeter ist der Kailash das materialisierte Zentrum der sichtbaren Welt. Seit seiner „Eroberung" für den Buddhismus durch den Dichter-Yogi Milarepa ist der Kailash das ersehnteste Pilgerziel für die tantrischen Buddhisten.

Aber schon lange vor dieser Zeit war Westtibet, das „Land des Goldes und der Wolle", der Ursprungsort einer alten Kultur. Die Gegend um den Kailash war ein Zentrum des vorbuddhistischen Bön-Glaubens, und die Ruinenstadt Khyunglung, gleich wie Tsaparang in der phantastischen Canyonlandschaft des oberen Sutlej gelegen, gilt neben Ombu am Dangra Yum Tso im zentralen Chang Thang als ein ehemaliges Zentrum dieses Bön-Reiches, des sagenumwobenen Zhang zhung.

In der alten Zeit war Westtibet das Ziel zahlloser Pilger und Reisender, nicht nur aus dem Osten, aus Tibet selbst und aus der Mongolei, sondern vor allem auch aus dem Westen und aus dem Süden. Entlang des Indus (aus Kashmir und Ladakh) und des Sutlej, über den Shipki La, oder über andere hohe Pässe des Himalaya, wie den Mana Paß und vor allem den Lipu Lekh, erreichten sie nach wochenlanger, gefahrvoller Wanderung das eigentliche „Land der Götter" oder zogen weiter entlang der großen Karawanenroute von Südtibet, der heiligen Stadt Lhasa entgegen. Heute liegt Westtibet wie in einem toten Winkel hinter dem Himalaya, politisch abgeriegelt vom Getümmel der Welt, ein stilles, verborgenes Land.

Die Gewalt, die unberührte Schönheit und Urtümlichkeit der Naturlanschaft Westtibets ist mit Worten nicht zu beschreiben. Wie kaum eine andere Landschaft bringt die Gegend um den Kailash durch ihre Weite, Einsamkeit und Erhabenheit, aber auch durch ihre ungebändigte Natur, den Menschen unmittelbar in Berührung mit seinen Ursprüngen, mit der Verwobenheit von materieller und geistiger Welt, die sich hier tausendfach in jenen mythisch-religiösen Bildern spiegelt, die die ganze tibetische Kultur durchdringen. Die Naturlandschaft Westtibets ist nicht weniger beeindruckend als seine historischen Kulturstätten, jene verfallenen Tempelstädte mit ihren jahrhundertealten Kunstschätzen, die leider nur zu einem geringen Teil der mutwilligen Zerstörung und Schändung seit der chinesischen Besetzung des Schneelandes entgangen sind.

Eine Reise nach Westtibet ist nicht nur eine Reise durch die Schönheit der äußeren Welt, es ist zugleich eine Reise nach Innen. Mit Bildern und Erinnerungen führt dieses Buch den Reisenden in das verborgene Land hinter dem Himalaya.

Der Inhalt ist in drei Teile gegliedert. Ein Bildteil, mit kurzen Erläuterungen zur Reise („Reiseinformationen" 1.–6.), führt den Leser entlang alter Handels- und Karawanenwege von Nepal nach Westtibet. Schwerpunkte sind der Tempelberg von Tsaparang und der Heilige Berg, Kailash. Der begleitende Text ist thematisch mit den Reisebildern verwoben und berührt in mehreren Kapiteln – aber vom Standpunkt eines Laien – Fragen zur tibetischen Kosmologie, Mythologie, und der frühen Religion und Kultur im allgemeinen. Ein längeres Kapitel im Anhang schließlich umreißt die geologische Entwicklungsgeschichte Tibets und des Himalaya, vom Zerbrechen des großen Südkontinents Gondwana bis zur kontinentalen Kollision und zum Aufstieg von Gebirge und Hochland in jüngster erdgeschichtlicher Zeit.

Die Zitierung von Namen und Fachausdrücken aus dem Tibetischen und aus dem Sanskrit folgt der einfachen, aber nicht immer konsistenten, Schreibweise in der westlichen Literatur. Man spreche „ch" und „c" wie „tsch", „j" wie „dsch" und „sh" wie „sch".

Dem Einsatz von Andreas Gruschke und Loten Dahortsang (beide Indoculture Tours AG, Zürich) ist es zu verdanken, daß ich in den Tempeln von Tholing (1990, 1998) und Tsaparang (1998) Innenaufnahmen von den Freskenmalereien machen konnte.

Mein besonderer Dank geht an Leo Leitner, Krems, der die Reinzeichnung der meisten Schwarz-Weiß-Figuren durchgeführt hat. Rudolf Gold, Wien, hat die Thangkas photographisch reproduziert. Meiner Frau Monika danke ich für die unermüdliche Hilfe bei der Gestaltung des Textes. Dem Verlag Herbert Weishaupt, Gnas/Steiermark, gebührt mein aufrichtiger Dank für das Entgegenkommen bei allen Fragen der Drucklegung.

Martin Thöni, Wien, im Mai 1999

Ruinen einer versunkenen Kultur. Vom 15. bis ins frühe 17. Jahrhundert war der Tempelberg von Tsaparang Königssitz (rTsa brang = „Die Große Residenz") und religiös-kulturelles Zentrum des westtibetischen Reiches Guge.

Berg der Götter. Blick über die Gebetsfahnen auf dem Dach von Driraphuk Gompa in die Nordwand des Kailash.

Faszination Tibet-Himalaya und der Mythos von Shangri-La

„.... was in Tibet vor sich geht, ist symbolisch für das Schicksal der Welt. Wie auf einer ins Riesenhafte erhobenen Bühne spielt sich vor unseren Augen der Kampf zwischen zwei Welten ab, der je nach dem Standpunkt des Beobachters entweder als der Kampf zwischen Vergangenheit und Zukunft, zwischen Rückständigkeit und Fortschritt, Religion und Wissenschaft, Aberglaube und Vernunft gedeutet werden kann – oder als der Kampf zwischen Mensch und Maschine, geistiger Freiheit und materieller Macht, der Weisheit des Herzens und dem intellektuellen Wissen des Hirns, zwischen der Würde des menschlichen Individuums und dem Herdeninstinkt der Masse, zwischen dem Glauben an die höhere Bestimmung des Menschen durch innere Entwicklung und dem Glauben an materiellen Wohlstand und eine sich immer weiter steigernde Produktionsfähigkeit weltlicher Güter."
Aus: Lama A. Govinda, Der Weg der weißen Wolken

Wer von Süden her, aus den fruchtbaren indischen Tiefebenen kommend, durch den Himalaya reist, der erliegt spätestens an der Hauptkette des Schneegebirges einer eigenartigen Faszination. Von eisigen Pässen und windgepeitschten Höhen blickt der Wanderer auf ein Gewirr von Tälern, Gipfeln und weiten Hochebenen, wo nur Öde und Einsamkeit zu sein scheinen. Ein unwirtliches, menschenfeindliches Land, das einen Besuch nicht lohnt? Und schon gar nicht um viel Geld!? Seltsam, ja unverständlich, findet der nepalesische Journalist Kanak Mani Dixit die verrückte Sehnsucht vieler Westtouristen nach diesen abweisenden Regionen, und als „überzeugende" Erklärung fügt der Autor gleich noch hinzu, daß die öden Hochtäler im Norden selbst „.... von den Bewohnern der grünen Mittelgebirge lange Zeit ... als Heimat rückständiger Völker aus Tibet verachtet" worden seien.[1]

Ohne diese befremdende Feststellung näher zu kommentieren: Auf den ersten Blick scheint es der Wahrheit zu entsprechen, daß die unwirtlichen nördlichen, von tibetisch-buddhistischer Bevölkerung besiedelten Regionen des Himalaya gerade heute in der Zeit des nahezu unbeschränkten Massentourismus keineswegs auf ein geringeres allgemeines Interesse stoßen als die viel fruchtbareren, leichter zugänglichen, von Indoariern besiedelten hinduistischen und muselmanischen Gebiete im Süden und Westen. Was könnten die realen Gründe dafür sein?

Zum einen gibt es hierfür wohl ganz natürliche Ursachen, wie etwa das feuchte, regenreiche Monsunklima, das in der Hauptreisezeit der Sommermonate die Südseite des Schneegebirges beherrscht. Weiters lockt an der regenarmen Nordabdachung des Himalaya manches „Neuland", das, meist aus militärischen Gründen, erst in jüngster Zeit für Ausländer geöffnet wurde, wie etwa das alte Königreich Lo (Mustang) und das entlegene Dolpo in Nepal, das Gebiet von Spiti in Himachal Pradesh oder die Regionen des Tso Morari und von Nubra und Shyok im Osten und Norden von Ladakh. Zum anderen sind es aber ebenso reale, tiefere Gründe, die nur bei oberflächlicher Betrachtung mit einer eingebildeten Faszination des Exotischen, des Geheimnisvollen, oder gar des Phantastischen in Zusammenhang gebracht werden können. Viel eher als billige Verabenteuerung einer ganzen Region scheint bei vielen Besuchern echtes Interesse für Land, Menschen und Kultur vorhanden zu sein – für die tibetische Kultur ganz im allgemeinen, die nicht nur den Menschen im Westen über die Jahrhunderte weitgehend verschlossen blieb, sondern die noch dazu in ihrem Stammland seit nunmehr fünf Jahrzehnten vom Untergang bedroht ist. Dies sind meines Erachtens ehrliche Gründe genug, der „Faszination Tibet-Himalaya" zu erliegen. Daß außerdem durch die gewaltsame Zerstreuung der Tibeter über die ganze Welt das Interesse an den Menschen und deren Kultur stark gewachsen ist, ist eine Tatsache, die den Tourismus in die Länder des nördlichen Himalaya wohl zusätzlich fördert.

Anderseits ist die tibetische Kunst und die ganze Kultur wesentlich vom Süden her, von Indien beeinflußt und gewachsen. Ja, die Religion, die auch im neuen Tibet das Alltagsleben vieler Menschen noch immer beherrscht und die sich erst in Tibet aus dem ursprünglichen Hinayana-Mahayana zum tantrischen Buddhismus, dem Vajrayana, entwickelte, stellt ein geistiges Erbe aus dem Süden, aus dem nepalesisch-indischen Raum dar. So steht die tibetisch-buddhistische Kultur seit ihren frühen Anfängen mit dem indischen Kulturkreis in Verbindung, ja, ist zu einem guten Teil daraus erwachsen. Der Himalaya hat in diesem Sinne seit eh und je verbindende, nicht trennende Funktion. Und, um auf eine Analogie in der Natur zu verweisen: So wie vor Jahrmillionen durch die Verschweißung von Indien und Südtibet ein einheitliches Gebirge von einmaliger Naturschönheit entstand, so erwuchs aus dem Fluß indischen Geisteslebens über den Himalaya hinweg und durch dessen Verschmelzung mit den bodenständigen Lebensinhalten des Hochlandes über die Jahrhunderte eine tibetische Kultur von einzigartiger Kraft und Faszination.

Aus der populärwissenschaftlichen Sicht des Westens wurde das alte Tibet lange als das geheimnisvolle, ja, weltfremde Land der Magie und Mystik dargestellt. In einem Brief aus Sikkim vom 11. Juni 1912 schrieb Alexandra David-Néel an ihren Ehemann Philippe: *„Ich bin immer noch wie verzaubert, vor mir tat sich etwas Geheimnisvolles auf, zum Greifen nahe. Und nicht nur mir geht es so. Alle Europäer hier erliegen dieser seltsamen Faszination. Das Wort Tibet wird beinahe flüsternd, andächtig, geradezu ängstlich ausgesprochen..."*.[2]

Diese Zeilen der wagemutigen Reiseschriftstellerin, die nach eigener Schilderung als erste weiße Frau – verbotenerweise – die „verbotene Stadt" Lhasa betrat, mögen ausdrücken, wie sehr das Land hinter dem Himalaya die Phantasie der Menschen im Westen seit mehr als zweihundert Jahren beherrscht. Der Reiz des Verbotenen, des Verschlossenen, war lange Zeit selbst für manche Anreiz genug, dem Bann Tibets zu erliegen und alle Anstrengungen zu unternehmen, dorthin zu gelangen. Berichte oder Schilderungen von wundersamen Ereignissen, von Menschen mit übernatürlichen Kräften und vielen geheimnisvollen Dingen haben aber vor allem am Mythos Tibet gewoben und diesem einst so fernen Land den Beigeschmack des Phantastischen eingebracht. A. David-Néels vielgelesene Bücher haben dazu ebenso beigetragen, vielleicht jedoch noch mehr Tibetbestseller wie „Der verlorene Horizont" von James Hilton oder „Das dritte Auge" von Lobsang Rampa, alias Cyril Hoskin. James Hiltons utopischer Roman „Der verlorene Horizont" (die Originalausgabe *Lost Horizon* erschien 1933) schildert eine idealisierte heile Welt in einem tibetischen Kloster; ein blühendes Tal, weltabgeschieden, tief in den unerforschten, öden Gebirgsketten Tibets, wo die geistigen Schätze der Menschheit aufbewahrt werden. Allein, dieses Shangri-La ist eine Welt, die gänzlich von westlichen Phantasien und Vorstellungen geprägt ist, obwohl die Analogien zum mythischen Königreich Shambhala nicht nur im Namen offenkundig sind. Mit „wenn schon nicht wahr, so doch gut erfunden" könnte man die atemberaubende Erzählung „Das dritte Auge" von Cyril Hoskin charakterisieren. Eine Erzählung, in der das monotone und harte Alltagsleben eines heranwachsenden tibetischen Mönchs im Cakpori-Kloster in Lhasa genauso wahrheitsgetreu geschildert wird, wie der Kern der Geschichte unglaubhaft wirkt. Erzählt wird die Geschichte von einem Engländer, der selbst nie in Tibet war. Auch Henry Savage Landors „Auf Verbotenen Wegen", wo die grausame Seite des tibetischen Charakters betont wird, kommt nach Meinung mancher Kritiker nur ein geringer Wahrheitsgehalt zu.

Aber auch in neuester Zeit können sich Tibetreisende trotz der gravierend veränderten politischen, sozialen, wirtschaftlichen und ökologischen Situation dem undefinierbaren Zauber des Schneelandes – und sei es „nur" die „überirdische" tibetische Landschaft – nicht entziehen. *„Gäbe es Tibet nicht, so würde keines Menschen Phantasie ausreichen, etwas ähnlich Seltsames zu erfinden"*, schreibt John Keay.[3]

In einer etwas realitätsnäheren, weniger idealisierten Darstellung ist Tibet ein Ort, wo Religion, Kultur, Tradition mit einer unvergleichlichen Landschaft zu einer Einheit verschmelzen. Ein Land, deren Menschen im Einklang mit dieser großartigen, aber rauhen Natur leben und jene „Heiterkeit der Seele" ausstrahlen, die für Tibeter als typisch beschrieben wird. Es sind Menschen, die einen gesunden Hausverstand besitzen und mit beiden Füßen fest auf der Erde stehen, aber dennoch diese Erde als so verwundbar erkennen. Tibeter haben gewissermaßen einen zweiten Sinn für die Wirklichkeit, wenn sie von Beseelung der Natur sprechen, denn nach ihrem Glauben sind die Mächte der Natur stärker als sie selbst. Tibet-Himalaya – ein Ort, der eine kaum beschreibbare Atmosphäre der Harmonie vermittelt?

Dieser Tendenz zur Verklärung und Mystifizierung (des alten Tibet) tritt in neuester Zeit eine Entmystifizierungswelle frontal gegenüber. Mit einer gewissen Verzögerung zur Öffnung des Landes für den Massentourismus im Jahre 1980 entwickelt sich bei manchen die Überzeugung, es sei endlich an der Zeit, mit Vorurteilen, falschen Ansichten und allzu romantischen oder verklärten Tibetbildern aufzuräumen. Westler (und nur diese) hätten über die Jahrhunderte den „Mythos Tibet" aus der Phantasie geschaffen, und den gelte es nun wieder zu beseitigen. So wird beispielsweise neuerdings versucht, zu beweisen, Alexandra David-Néels Reiseschilderungen seien, was Tibet betrifft, zu einem guten Teil Fiktion, einfach unwahr. Dennoch wird der Autorin vom Kritiker Beifall und Anerkennung gezollt, da sie nicht nur *„.... viel zur Wissenschaft beigetragen ..."* sowie das Interesse vieler Menschen für Tibet, seine Bevölkerung und Kultur geweckt habe, sondern vor allem auch, weil sie den *„.... mystischen Geist..."* dieses Landes *„.... so gut erfaßt hatte..."*! – und dies, obwohl sie *„.... es mit der Wahrheit nicht sehr ernst genommen hatte"*.[4]

Tibeter nehmen in dieser Diskussion eine verblüffend neutrale Position ein und begnügen sich mit der Feststellung, daß sie sich selbst nie als Übermenschen verstanden hätten. Echte Vorwürfe sprechen jedoch das heutige Kernproblem, nämlich die politische Situation Tibets an. Es wird darauf hingewiesen, daß Tibet in den Köpfen von Westlern nur die Funktion einer *„... Quelle geheimer Weisheit, die zur Rettung eines materialistischen und selbstzerstörerischen Westens beitragen kann ..."*[5], zukomme, daß aber die meisten Menschen, die Shangri-La verherrlichen, sich für die eigentlichen Probleme des Landes nicht interessieren oder jedenfalls viel zu wenig engagieren.

Einiges in dieser Diskussion um die Entmystifizierung des tibetischen Shangri-La mag mit der auffälligen (für manche gar besorgniserregenden) Sympathie, die dem tibetischen Buddhismus im Westen entgegengebracht wird, zusammenhängen. Tibet, ja, Tibet sei ein Anliegen, der Buddhismus jedoch nichts weiter als ein Modetrend, hieß es kürzlich in einem „kritischen" Beitrag zum Thema im Österreichischen Fernsehen. Man muß sich fragen, wie das im Zusammenhang mit Tibet zu verstehen ist, wo doch, um den Dalai Lama zu zitieren, tibetisches Geistesdenken ohne Berücksichtigung der buddhistischen Religion gar nicht zu begreifen ist. Die reale politische, soziale, wirtschaftliche und ökologische Situation im heutigen Tibet ist dafür der lebende Beweis.

Die Sympathiewelle, die Tibet und dem tibetischen Buddhismus im Westen entgegenschlägt, ist in der Tat bemerkenswert und mag zum Teil wohl tatsächlich nur einer oberflächlich verklärten Shangri-La-Vorstellung entspringen. Einige neuere Publikationen schießen in diesem Drang nach „notwendiger Entmystifizierung" des tibetischen Shangri-La jedoch ohne Zweifel weit über das Ziel hinaus, etwa wenn der „Religion der Friedfertigkeit" – und einem Volk im Exil! – mit fadenscheinig-abstrus konstruierten, ja, beleidigenden „Argumenten" neben Frauenfeindlichkeit und Vorliebe für allerlei morbide sexualmagische Praktiken (einschließlich Ritualmord!) sogar verdeckter Weltherrschaftsanspruch unterschoben wird.

Was aber macht den „mystischen Geist" des Schneelandes aus, ein Geist, den selbst harte Kritiker von religionsethnologischen Exzentrikern nicht vollständig leugnen. Gibt es diesen „Geist" überhaupt? Oder erlagen einige abendländische Romantiker und Abenteurer einem Phantom, das nun mittels der Strategien des modernen Massentourismus erneut vermarktet wird? Selbst Exiltibeter, die (wie Tibeter allgemein) nicht gerade als realitätsfremde Romantiker gelten, betonen, daß im alten Tibet *„... eine ganz eigene, kaum beschreibbare Atmosphäre, ein besonderes geistiges Klima, herrschte ..."* – ein Klima, *„... das allerdings von uns Tibetern kaum bewußt wahrgenommen wurde ..."*[6]

Trotz mancher Kritik zu den sozialen und politischen Bedingungen im Tibet vor 1950 steht fest, daß es ein Land mit einer außergewöhnlich hoch entwickelten spirituellen Kultur war. Tibet war durchdrungen von einer dermaßen tiefen Spiritualität, daß sie sich in der ganzen Kultur wie im menschlichen Alltag widerspiegelte. Diese geistige Atmosphäre leitete sich nicht nur aus tiefgründigen philosophischen Studien einiger weniger gebildeter Lamas ab, sondern sie resultierte aus dem tiefen Glauben eines ganzen Volkes. Ein Glaube, der die Natur und den ganzen Kosmos einbezieht. Es ist eine Sicht der Dinge, die die materielle Realität, die wir mit unseren Sinnesorganen erfassen, mit einer anderen, nicht unmittelbar wahrnehmbaren, einer tantrischen Realität widerspruchslos verbindet. Vielleicht ist es dieser eigenartige Hintergrund, den manche Reisende früherer Jahrzehnte als die besondere Atmosphäre dieses Landes beschrieben haben.

Der tibetische Begriff *chü* (bcud) mag in seiner Bedeutung von „Qualität" oder „positive Kraft" etwa dem nahekommen, was man als die häufig angedeutete, aber schwer definierbare „besondere Atmosphäre" des alten Tibet meinen könnte. Diese positive Kraft scheint noch heute über weiten Teilen des Landes zu liegen, etwa wenn man die Ausstrahlung heiliger Berge oder Seen verspürt. Tief im Inneren solcher heiliger Plätze ist nach der Vorstellung der Tibeter eine gewaltige Kraft konzentriert. Es ist dieselbe vitale Kraft, *sog* (srog) genannt, die auch dem menschlichen Körper seine Vitalität verleiht. Im Angesicht der Nordwand des Heiligen Berges Kailash schrieb der Inder Pranavananda: *„... die spirituelle Atmosphäre, die dort herrscht, ist schlicht unbeschreiblich".*[7]

In der durchdringenden Stille und Einsamkeit des Transhimalaya oder des Chang Thang, inmitten einer überwältigenden, archaischen Naturszenerie, ist es für den westlichen Menschen wohl nicht schwer, diese für Tibet anscheinend so kennzeichnende eigentümliche Atmosphäre zu spüren. Der bleibende Eindruck entsteht durch die äußere Natur, durch Flüsse, Seen und heilige Berge, wo sich in Form von Steinhaufen, Fahnenmasten und heiligen Schreinen die Gebete – sichtbarer Ausdruck der Verehrung – millionenfach wiederholen, noch mehr aber aus dem daraus entspringenden Bewußtsein, daß die Menschen an diese Natur glauben und aus ihr und in ihr harmonisch leben. Dieser Eindruck überträgt sich auf den Beobachter, gewissermaßen als positive Kraft.

Sicher ist es nicht einfach, eine derartige Atmosphäre auf dem durchaus beeindruckenden, aber neuerdings völlig umgestalteten Barkhor, dem heiligsten aller tibetischen Pilgerwege um den Jo-khang in „Alt-Lhasa", zu empfinden. Trotzdem versuchen die chinesischen Machthaber, in angemessener Einvernahme mit touristischen Institutionen, hier und anderswo, ein scheinbar ungetrübtes Bild von einem neuen, kontrollierten, daher besser kommerzalisierbaren Tibet-Romantizismus aufzubauen. Entmystifizierung und Mystifizierung laufen sich hier gewissermaßen den Rang ab. Aber diese neuen Anstrengungen um (scheinbares) *chü* werden wieder von fremden Veranstaltern unternommen und dienen lediglich der Aufrechterhaltung oder Anpassung von Klischees, die einerseits der Rechtfertigung der chinesischen „Befreiung" und dem Vorzeigen scheinbarer religiöser Toleranz, anderseits der Anhäufung von Dollars dient. Und, obwohl in Tibet die Menschen noch immer froh sind, wenn die Fremden ins Land kommen (denn internationaler Tourismus ist ein gewisser Garant für kleine Freiheiten), so macht sich da und dort Besorgnis, ja Ablehnung, gegen die neuen Einflüsse breit. Denn die Menschen spüren instinktiv, daß diese Einflüsse die alten Strukturen endgültig zerstören und sie nur durch eine hohe Fassade ersetzen.

Angesichts der dramatischen, allenthalben spürbaren destruktiven Situation in seiner Heimat entwarf der 14. Dalai Lama, Tenzing Gyatso, 1987 einen Fünf-Punkte-Friedensplan. Als wichtigsten Punkt sah dieser Plan die Umwandlung des gesamten historischen Tibet in eine „Friedenszone" vor. Diese Friedenszone sollte, den buddhistischen Grundsätzen entsprechend, nicht nur die Menschen, sondern den ganzen Naturraum umfassen.

Die Chinesen reagierten darauf nur mit Unwillen und mit neuen Repressalien. Ein neues „Shangri-La", und ein echt tibetisches noch dazu, paßt ganz und gar nicht in ihr politisch-ökonomisches Weltbild. Ja, es paßt nicht einmal in unsere Zeit! Shangri-La, das „Tal aller heiligen Zeiten", muß eine Utopie bleiben. Denn, so meint (stellvertretend) der zeitkritische nepalesische Journalist K. M. Dixit: *„Die jahrtausendealte Tradition der Beyuls (der verborgenen, heiligen Täler im Himalaya) ist ohne Bedeutung für den Lauf der Dinge ..."*[8]

Um aber in einem versöhnlicheren, weniger szientistisch-zersetzenden Ton abzuschließen, sei Prabodh Kumar Sanyal, ein indischer Schriftsteller bengalischer Prägung, aus seinem Buch „Himalaja" zitiert:

„Damals, als ich noch ein Kind war, schlug mich die geschichtliche Größe und die Erhabenheit der Himalajawelt in ihren Bann ... Der Himalaja bildete für mich mehr als bloßes Erleben. Er bedeutete für mich eine geistige Offenbarung, eine seelische Ausweitung. Der Himalaja schien mir ein Paradies und ein geheimnisvolles Wunderland. Bis auf den heutigen Tag ist etwas von diesen frühen Erfahrungen in mir verblieben. Stets galten mir meine Entdeckungen, meine Visionen, meine Erlebnisse im Himalaja mehr als bloßes Sehen."[9]

---

1   Kanak Mani Dixit: Welchen Himalaya hätten sie gern? Geo Special, Nr. 3/Juni 1996
2   J. Chalon: Alexandra David-Néel. Das Wagnis eines ungewöhnlichen Lebens
3   J. Poncar, J. Keay: Tibet – Tor zum Himmel
4   P. van Heurck: Alexandra David-Néel. Mythos und Wirklichkeit
5   Jamyang Norbu: Hinter dem verlorenen Horizont. (In:) Mythos Tibet (DuMont, 1997)
6   L.S. Dagyab Rinpoche: Buddhistische Glückssymbole im tibetischen Kulturraum
7   S. Pranavananda: Kailas – Manasarovar
8   Kanak Mani Dixit: Welchen Himalaya hätten sie gern? Geo Special, Nr. 3/Juni 1996
9   P. K. Sanyal: Himalaja – Erlebnisse mit Menschen, Bergen, Göttern

Rahu, der „Herr der Neun Planeten", wohnt über den Wolken des Himalaya. Er ist der Verursacher von Himmelsphänomenen. Die neun Köpfe stellen die neun Planeten dar; sein eigentliches Gesicht trägt Rahu auf dem Bauch. Schlangen (nagas) und Drachen des Unterleibes symbolisieren Wasser oder Regen. Als Wettermacher und Spender des lebenswichtigen Wassers spielt Rahu bei den buddhistischen Völkern des Himalaya eine wichtige Rolle.
Ölmalerei des Autors nach einer Strichzeichnung aus: H. W. Schumann, Buddhistische Bilderwelt.

15

1. Von Kathmandu nach Westtibet

Westtibet (Ngari) ist auch im Zeitalter des globalen Reisens noch immer ein schwer erreichbares, abgelegenes Ziel und erfordert bei der kurzen Zeit, die den meisten Menschen zur Verfügung steht, eine genau geplante und gut funktionierende Logistik. Von Westen und Süden, aus dem indischen Raum, gibt es keine durchgehende befahrbare Straßenverbindung, denn die indisch-tibetische Grenze ist über die gesamte Länge aus politisch-militärischen Gründen gesperrt. So bleibt der ehemals größere westtibetische Kulturraum, der auch die indischen Gebiete *Spiti*, Teile von *Lahul*, *Zanskar* und *Ladakh* sowie das heutige *Westtibet* (mit den alten Bezirken *Guge*, *Rutok* und *Purang*) umfaßt, weiterhin zerrissen. Wer heute als Tourist nach Westtibet reisen will, der kommt aus Lhasa oder aus Kathmandu. In aller Regel erreicht man nur als organisierte, weil kontrollierbare Gruppe das Ziel.

Kathmandu ist in den letzten Jahren nicht nur verstärkt zum „Tor nach Tibet" geworden, es wird vor allem mehr und mehr zum Ausgangspunkt für Westtibet-Reisende, die Zentraltibet nicht berühren. Zwei Routen kommen in Frage:

Route 1: Über die „Freundschaftsstraße" (Friendship Highway) und weiter über die „Südroute" zum Kailash.

Route 2: Über Simikot (in der Nordwestecke Nepals) zum Kailash.

Die beiden Routen können als „Runde" gemacht werden, wobei die Zufahrt von beiden Richtungen möglich ist.

Route 1 führt über den „Friendship-Highway" von Kathmandu ostwärts über Dhulikel, Dolalghat und Barabise nach *Kodari*, dem nepalesisch-tibetischen Grenzort (insgesamt 140 km, etwa 5 Stunden Fahrzeit). Falls die durch Erdrutsche und Vermurungen sehr gefährdete Strecke hinter der Freundschaftsbrücke (tibetisch-nepalesische Grenze) nicht durch Lastwagenkolonnen verstopft ist, erreicht man nach einigen Serpentinen bald den tibetischen, aber ganz chinesisch wirkenden Grenzort *Zhangmu*, der hoch am steilen Hang über dem Pö-Fluß liegt. Nach ausgiebiger Paßkontrolle geht die Reise tags darauf zeitig am Morgen mit Geländefahrzeugen weiter. Die rauhe, von den Sommerregengüssen ausgewaschene Piste windet sich den abschüssigen Hang hinauf und führt dann über lange Schleifen durch eine tiefe Schlucht. Allmählich werden die dichten Wälder schütterer, mit steigender Höhe erreicht man schließlich die Trockentäler des „Inneren Himalaya", die Nordabdachung des Gebirges. Schon vor *Nyalam* (30 km ab Zhangmu) hat der Baumbewuchs gänzlich aufgehört. Höhe und Niederschlagsarmut erlauben nur mehr in den Flußtälern etwas Ackerbau. Etwa 10 km hinter Nyalam erreicht man ein typisches Tibeterdorf. Im Hang unter dem Dorf versteckt liegt die kleine Gompa von *Phegyeling*. Sie birgt eine Höhle, die als eine der Wirkungsstätten des Dichteryogis Milarepa bekannt ist.

Die Fahrt durch das kahle Land führt bald auf den ersten 5000 Meter hohen Paß, und die Höhe macht sich deutlich bemerkbar. Bei *Yati* verläßt man die Hauptroute, die Abzweigung nach Nordwesten führt durch eine großartige Steppenlandschaft, vorbei an Nomadenzelten, Yak- und Schafherden, im Norden begrenzt von 5000-6000 Meter hohen Bergen, im Süden gesäumt durch die Eisriesen des *Shishapangma-Massivs* (Shishapangma: 8012 m, einziger Achttausender auf tibetischem Boden). Die Umgebung des herrlichen, tiefblauen *Paikü Tso*, auf etwa 4800 Meter, bietet sich für das erste Lager an.

Die Fahrt geht weiter in Richtung Nordwesten. Bei *Saga*, einem Dorf mit stattlichen Häusern, überquert man den *Tsangpo* mit einer kleinen Fähre. Durch breite, wüstenhafte Beckenlandschaften folgt man der Südseite des *Transhimalaya*. Zwischen Zhongba und Paryang gibt es über weite Strecken mächtige Sanddünen, die die Sumpflandschaften in Flußnähe säumen. *Paryang* ist ein eindrucksvolles, weit angelegtes Dorf mit mächtigen Häuserburgen und einem Chörten, vor dem eine Unzahl bunt bemalter Manisteine und mit Mantras verzierte Yakschädel aufgehäuft sind. Der Ausblick auf die Schneegipfel des *Himalaya* ist von hier überwältigend. Westlich von Paryang wird das Panorama durch die beiden den Tsangpo im Süden und Norden begleitenden Gebirgsketten noch beeindruckender. Auch der *Transhimalaya* ist hier abschnittsweise stärker vergletschert, und die Gipfel überschreiten deutlich 6000 Meter. Dann folgt man durch menschenleere Gegenden dem sich verengenden Flußtal des jungen Tsangpo weiter Richtung Nordwesten und erreicht schließlich den *Maryum La* (5150 m), der die Wasserscheide zwischen dem Einzugsgebiet des Indus und Sutlej im Westen (Richtung Golf von Karachi) und jenem des Tsangpo-Brahmaputra im Osten (Richtung Golf von Bengalen) bildet. Der *Tsangpo* entspringt hier ganz in der Nähe. Vom Maryum La bis an das Nordwestufer des Manasarowar benötigt man weitere 2 – 3 Stunden Fahrzeit. Die Strecke Kathmandu – Manasarowar beträgt gut 800 km und ist in vier (bis fünf) Tagen zu bewältigen.

Route 2 benutzt einen Anschlußflug, um von Kathmandu (über Nepalgunj) nach Simikot zu gelangen. *Simikot* in NW-Nepal ist trotz seiner wichtigen Funktion als „Tor zur Außenwelt" noch ein sehr ursprünglicher Ort. Das Dorf liegt auf einer Hangstufe hoch über dem tief eingeschnittenen Tal des *Humla Karnali*. In der schönen Jahreszeit landen hier, unter Berücksichtigung der jeweiligen lokalen Wettersituation, zweimal in der Woche Kleinflugzeuge auf einer Staub-Gras-Piste. Autoverkehr ist unbekannt, weitum gibt es keine befahrbare Straße. Das Gebiet von *Humla* wurde (neben einigen anderen wie *Dolpo* oder *Mustang*) erst 1992 für Trekking-Touristen geöffnet. Zugelassen sind nur Gruppenreisende mit speziellem Permit, die von einem Verbindungsoffizier begleitet werden.

Der Weg nach Westtibet führt hinter Simikot über einen Felsrücken, dann tief hinab ins Tal des *Karnali*. Nicht weit über dem Fluß folgt der Steig dem linken, nördlichen Ufer. Felder und dicht gedrängte Dörfer sind bis hoch hinauf in den steilen Hängen zu beobachten. Die Bewaldung (Zedern, Föhren, Lärchen) ist ausgedehnt, aber nicht geschlossen. Nach den letzten Hindudörfern erreicht man bald das Gebiet der *Bhotia,* der tibetischstämmigen Bevölkerung, die hier auch die an die Trockentäler des Inneren Himalaya im Süden anschließenden Regionen besiedelt hat. Allmählich führt der Steig wieder in höhere Hanglagen. Hinter dem Dorf *Kermi* erblickt man im Südwesten im Talgrund einer bewaldeten Schlucht den Schneegipfel des *Saipal* (7031 m). Über einen bewaldeten Paß windet sich der Steig erneut hinab zum Fluß, dann wieder bergan. Auf einer breiten Hangschulter liegt das Kloster *Namkha Khyung Zong,* das der Alten Schule der *Nyingmapas* anhängt. Nach der Zerstörung des Stammklosters in der Nähe des Mount Kailash wurde es hier neu aufgebaut. Der Abt (Ven. Pema Rigsal Rinpoche) ist einer der bekanntesten lebenden Tulkus der Nyingmapas.

Bald nach dem Kloster erreicht man das schmucke Bhotiadorf *Yangar,* das die eindrucksvolle, eng ineinander verschachtelte Bauweise mit kompakten Steinhäusern und Flachdächern zeigt. Vor Muchu wechselt die Route über eine Hängebrücke auf die südliche Talseite. *Muchu* ist wichtiger Paßkontrollposten. Hinter Muchu macht der Karnali einen Bogen, er tritt von Norden her aus einer tiefen Schlucht hervor. Der Weg folgt ab hier einem Seitental des Karnali, dem *Yeri Khola,* in Westnordwestrichtung. Die Landschaft wirkt nun alpin, Bewaldung und Vegetation werden schütterer. Das letzte Dorf, *Yari,* liegt auf 3500 Meter Seehöhe. Hier ist der letzte Kontrollposten auf nepalesischem Boden. Der Aufstieg von Yari zum Paß, dem *Nara Lekh* (knapp 4600 m) nimmt einen guten halben Tag in Anspruch. Yak-, Pferde- und Ziegenkarawanen transportieren Holz, Reis und verschiedene andere Produkte aus Nepal und bringen vor allem Salz und Wolle zurück aus Tibet. Von der Paßhöhe des Nara Lekh blickt man nach Westen und Norden auf die vegetationslose, aride Berglandschaft Tibets. Der steile Abstieg zum Karnali nimmt weitere zwei bis drei Stunden in Anspruch. Die gesamte Strecke von Simikot bis zur tibetischen Grenze ist in fünf Tagen (vier Zeltübernachtungen) zu bewältigen.

Simikot, über dem Humla Karnali in der Nordwestecke Nepals gelegen, besitzt eine Piste für Kleinflugzeuge. Seit 1993 ist der Ort auch Zielpunkt für Trekkinggruppen von und nach Westtibet.

Begrüßung in Alt-Simikot. Fremde sind hier noch nichts Alltägliches. Einbaumtreppen führen in die Wohnungen und auf die Hausdächer der Bauernhäuser.

Bauersfrau in Simikot. Die Menschen sind freundlich, aber nicht aufdringlich.

Nepalifrau aus dem unteren Tal des Humla Karnali. Goldschmuck wird hier häufig getragen.

Die neu errichtete Gompa von Namkha Khyung Zong liegt auf einer breiten Hangschulter. Das ursprünglich im Kailashgebiet gelegene Stammkloster hängt der Schule der Nyingma-pas, der Schule der Alten, an.

Dreschszene auf einem Hausdach in Simikot. Das Flachdach ist zugleich Aufenthaltsort und Arbeitsplatz, vor allem während der sonnigen Herbstmonate.

Blick von der Anhöhe hinter Simikot in Richtung Nordwesten über das tief eingeschnittene Tal des Humla Karnali. Im Vordergrund über dem Fluß der Karawanenweg nach Tibet.

Bereit für den Transport über die Pässe. In weiten Teilen des Nepal-Himalaya sind Straßen unbekannt. Wie vor Jahrhunderten werden die Güter des täglichen Bedarfs von Saumtieren und Lastenträgern transportiert. Diese mit Reis gefüllten Säcke sollen von einer Ziegenkarawane nach Tibet gebracht werden.

Das Bhotia-Dorf Yangar im oberen Tal des Humla Karnali. Auf den Hausdächern werden Vorräte für den Winter getrocknet.

Holz für Tibet. Eine kleine Yak- und Pferdekarawane beim Aufstieg zum viereinhalbtausend Meter hohen Nara Lekh.

Nach dem Abstieg vom Nara Lekh erreicht man wieder die Ufer des Karnali, der hier Map chu („Pfauenfuß") genannt wird. Der Pfauenfluß ist einer der vier Flüsse, die nach dem Glauben der Tibeter aus dem kosmischen Mandala entspringen. Im Mittelgrund rechts über dem Fluß das Gebäude der tibetisch-chinesischen Grenzposten.

Eingang zur Höhle des Milarepa. Die Gompa von Phegyeling nahe Nyalam birgt Fußspuren des großen Dichteryogis aus dem 11. Jahrhundert.

Buddhas am Wege. Allenthalben erinnern Felsritzzeichnungen und Reliefs daran, daß die Menschen hier dem tibetischen Buddhismus anhängen.

Herbst im Tal des Po. Ende September sind die Felder abgeerntet, die Gerste ist gedroschen, und die Menschen bereiten sich auf die kalte Jahreszeit vor.

Karges Land der Nomaden. Auch in diesem Teil Tibets gibt es nur wenige feste Siedlungen.

Öde, einsame Berge. Der Transhimalaya westlich von Saga.

Späte Monsunwolken über der wildschroffen Nordabdachung des Shishapangma-Massivs im Süden des tiefblauen Paikü Tso.

Jäh steigen die Schneeberge des Nepal-Himalaya hinter der tibetischen Hochebene auf. Blick über das weite, hier sumpfige Flußtal des Tsangpo westlich von Paryang. Hinter den Gipfeln liegen Dolpo und der Shey-Phoksundo Nationalpark.

Morgensonne über der Steppe. Nomadenzelte auf dem Weg nach Zhongba. Ziegen, Schafe und Yaks sind der Besitz der Nomaden.

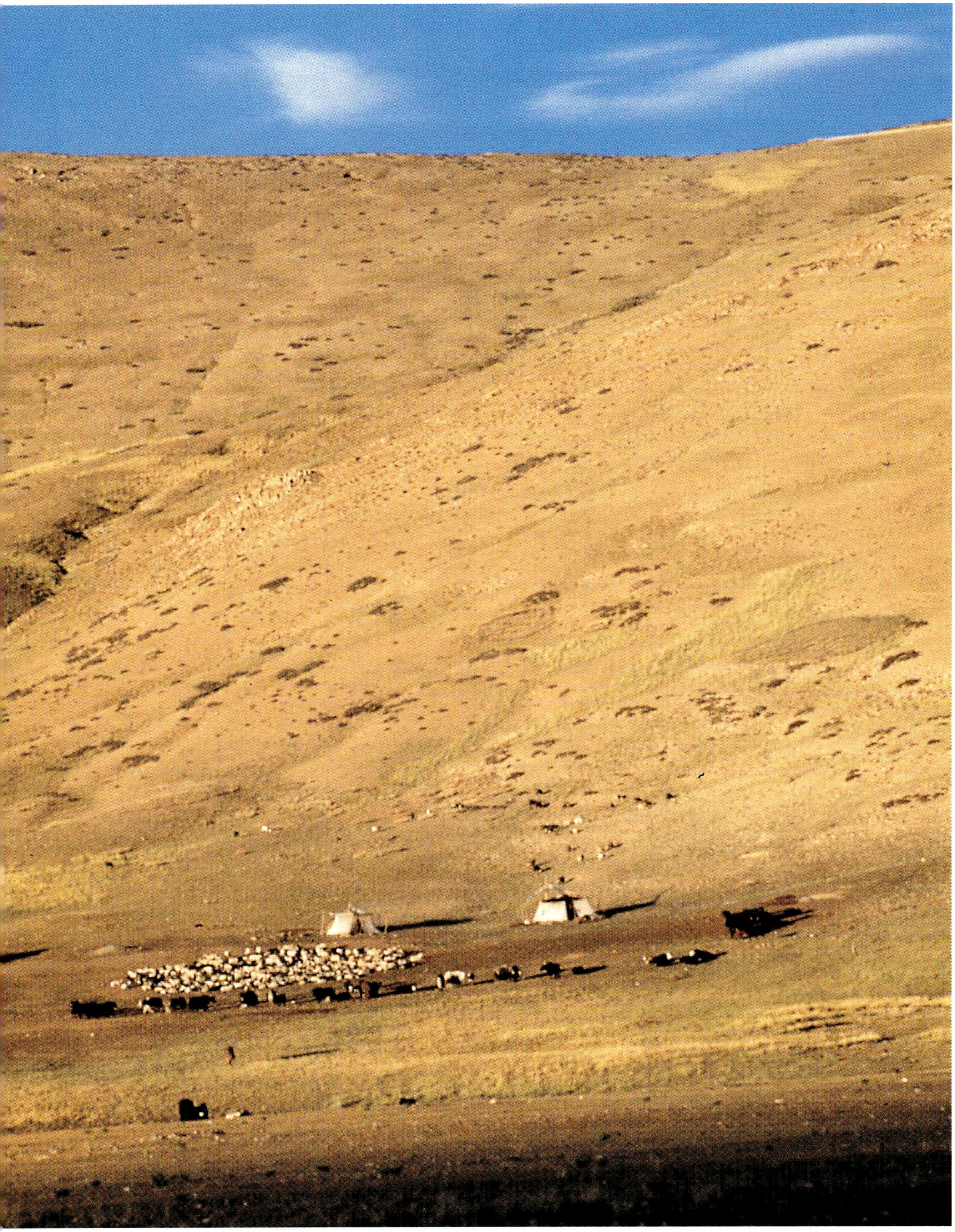

Gebetsfahnen, beschnitzte Yakschädel und zahllose Manisteine, oft kunstvoll behauen, zieren den Dorfchörten von Paryang.

Gebets- und Opfersteine säumen die Wege in Tibet. Phegyeling.

Legenden vom Ursprung – das Weltbild der Tibeter

*Jenseits eines sehr hohen Berges,
namens Rirab Lhunpo,
liegen die Vier Welten.
Über einem gewaltigen Ozean
ragt Rirab achtzigtausendmal fünfhundert Armspannen weit
in den Himmel,
und ebenso tief wurzelt er im Untergrund.
Rirab hat vier Seiten, jede aus kostbarstem Stein.[1]*

Vor dem Beginn der Zeit war nur Leere und Finsternis. Aus dem Nichts formte sich ein Windhauch, sanft und ruhig. Aus Osten und Süden, Westen und Norden füllte er langsam die Leere, schwoll in seiner Stärke mit dem Wandel der Zeit. Nach unendlich vielen Jahren wurde der Wind kraftvoll und schwer:

Aus der Summe früherer karmischer Kräfte formte sich *Dorje Gyatram*, ein gewaltiger doppelter Donnerkeil, ein gekreuzter Dorje (Vajra).

Aus dem Donnerkeil stiegen Wolken auf, dick und schwer, und daraus fiel der große Regen, mit Tropfen so groß wie Wagenräder. Über Jahre stürzten die Wasser,

Im Aksai Chin, einem der entlegensten Gebiete auf dem Tibet-Plateau. Wie Augen leuchten die tiefblauen Seen in der kalt-öden Steppe. „Es ist unmöglich, die Schönheit dieses Schneereiches ... zu beschreiben" (N. Roerich, Herz von Asien).

und als es endlich aufhörte, war *Gyatso,* der Urozean, geboren. Und wieder regte sich ein Wind, erst sanft, dann heftiger. Und wie sich auf frischer Milch das Fett sammelt, aus dem schließlich Butter wird, so entstand auf dem Wasser zuerst Schaum, und aus dem Schaum entstand die Erde.

Die Erde formte sich zu einem Berg. Die Winde fegten über den Gipfel, Wolken sammelten sich, und wieder kam der Regen, der salzige Regen. Es entstand Ozean über Ozean.

Im Zentrum des Universums erhob sich der mächtige Berg *Rirab Lhunpo,* eine viereckige Säule aus kostbarem Stein. Die Heimstätte der Götter. Rundherum estreckte sich ein See und um den See ein ringförmiges Gebirge aus Gold, und dann wieder ein See und wieder ein Gebirge. Im ganzen waren es sieben Seen und sieben goldene Ringgebirge.

Jenseits des äußersten Ringgebirges lag der Äußere Ozean, *Chi Gyatso.* Hier lagen die *Vier Welten,* jede mit einer eigenen Form und jede mit zwei kleineren Inseln an beiden Seiten. So entstand das Universum, und seine Eigenschaft war Finsternis. Dies ist die „Geschichte von der Erschaffung aller Welten" oder *Jigten Chagtsul,* wie sie in den ältesten Versionen tibetischer Geschichtsbücher, des *Chöjung,* aufgezeichnet ist.

Rirab Lhunpo, Wohnstatt der Götter und Halbgötter, ist von unten nach oben in verschiedene Sphären aufgeteilt. Auch die oberen dieser Welten gleichen der unsrigen, mit Tälern, Flüssen, Bäumen und Blumen, nur ist hier alles viel schöner. Es sind die sechs Welten von *Do Kham,* sie sind Teil der Region der Begierden. Ähnlich wie wir müssen auch die Götter leiden und sterben, denn sie stehen in ständigem Streit untereinander um die Früchte des Wunderbaumes *Yongdö Dölba,* der das Zentrum des Berges beherrscht. Am Gipfel von Rirab liegt eine große, schöne Stadt. Hier wohnen die *Lha.*

Ein Gegenstück zu den himmlischen Sphären der Götter sind die höllischen Sphären. Diese *Acht Heißen* und *Acht Kalten Höllen* erstrecken sich unterhalb der Zentralachse des Weltenberges, in anderer Vorstellung jedoch liegen sie unter Jambu Ling, der Menschenwelt des Südens. Alle Wesen dieser Welten unterliegen dem Kreislauf von Geburt, Tod und Wiedergeburt. Es sind grobstoffliche Wesen, die eine Welt aus gober Materie der Elemente Erde, Wasser, Feuer, Luft und Äther bewohnen.

Blauer Himmel und blaue Seen kennzeichnen die Landschaft des tibetischen Hochlandes. Nahe Gegyai, westlicher Chang Thang.

Über den Regionen der materiellen Welt erstrecken sich die himmlischen Sphären, die formlosen Welten von *Sunge Kham.* Es ist die Region der Reinen Formen. Die oberste dieser Regionen ist *Ogmin,* die Welt der Erleuchtung. Es ist ein Ort der Ruhe und des Friedens, die Vorhalle zum Nirwana. Hier ist Leiden unbekannt.

Die Götter der Vier Richtungen von Rirab Lhunpo, dem Zentrum des Universums, blicken jeweils auf ihre eigene Welt. Jede Seite hat ihren eigenen Wächter. *Nam Thösre* (Vaishravana) wacht über die ferne Welt des Nordens, *Dra Minyen,* die die Form eines Quadrates hat. Es ist die Welt des absoluten Überflusses, wo es weder Mühe noch Streit noch Krieg gibt. Die Menschen leben tausend Jahre lang in Luxus und Reichtum – bis sich ganz unerwartet, sieben Tage vor Vollendung des tausendsten Jahres, die eindringliche Stimme des Todes meldet. In diesen letzten sieben Tagen ihres langen Lebens erdulden die Menschen von Dra Minyen mehr Angst und Pein als alle Wesen der anderen Welten, denn sie haben keine Religion und sind auf den Tod nicht vorbereitet.

Im Osten von Rirab Lhunpo liegt die Welt von *Lhö Phag.* Sie hat die Form eines Halbmondes. Die Menschen sind Riesen mit mondförmigen Gesichtern. Sie leben fünfhundert Jahre in Glück und Frieden, doch auch sie haben

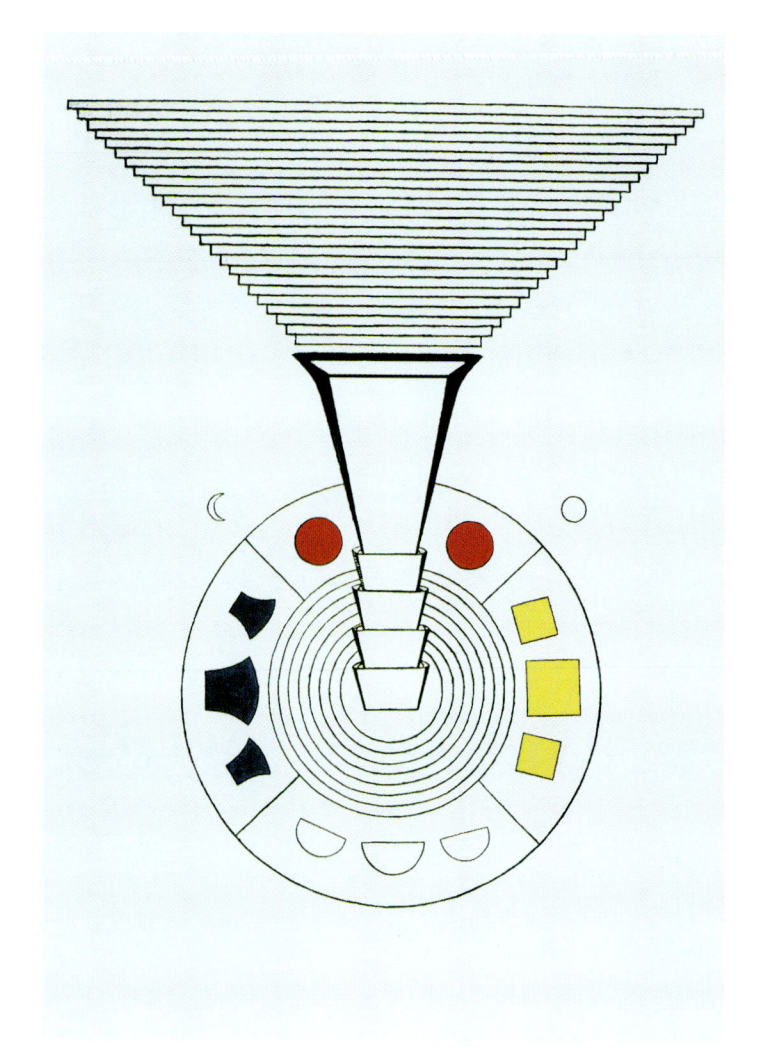

Herden in einsamer Graslandschaft. Chang Thang, am Südrand des Kun lun Gebirges.

Tibetisches Kosmogramm. Im großen Salzozean Gyatso liegen in den vier Himmelsrichtungen die vier Kontinente, jeder begleitet von zwei Nebenkontinenten. Die Welt der Menschen, Jambu Ling (blau, im Süden = tibetisch „rechts" gelegen), hat die Form eines Schafsschulterblattes. Der innere Ozean ist durch sieben (acht) Ringgebirge aus Eisen gegliedert. Im Zentrum erhebt sich die viereckige Bergsäule, Rirab Lhün po, gleichzusetzen mit dem Weltenberg Meru. Er ist von unten nach oben in verschiedene Sphären gegliedert, er ist die Wohnstatt der Götter. Über der materiellen Welt erheben sich die formlosen Sphären von Sunge Kham, die oberste Region ist Ogmin, die Welt der Erleuchtung. Malerei des Autors nach einem Tempelbild aus Lahul.

keine eigentliche Religion. Über Lhö Phag wacht *Yül kör Sung* (Dhritarashtra), der König der himmlischen Musikanten.

Balang Chö ist die Welt des Westens. Sie hat die Form der Sonne. Die Einwohner haben runde Gesichter, und sie leben fünfhundert Jahre. Über Balang Chö wacht *Migmi Zang* (Virupaksha), der König der Nagas.

Phag kyebo (Virudhaka) wacht über die Welt des Südens. Es ist unsere eigene, die Menschenwelt, genannt *Jambu Ling*. Der Name leitet sich vom Klang einer Frucht ab, der Frucht des ersten Baumes auf Jambu Ling. Als seine Früchte ins Wasser fielen, erzeugten sie einen wunderbaren Klang – und wurden zu Gold. Niemand weiß heute, wo der Fluß und der Baum sich befinden, aber sie sind da – irgendwo.

Am Anfang war Jambu Ling leer. Es gab weder Menschen noch Tiere noch Pflanzen. Dann kamen einige Götter, bedingt durch die Summe ihrer früheren Taten, vom Weltenberg nach Jambu Ling. Sie lebten zufrieden, frei von Hunger, Arbeit und Krankheit, in tiefer Meditation. Aus diesem Zustand der Meditation, *samten se,* bezogen die Götter ihre Kraft – und ganz Jambu Ling das Licht.

Nach sehr langer Zeit entdeckten die Götter *sashag,* die Frucht der Erde. Je mehr sie davon aßen, desto besser schmeckte ihnen diese Speise. Ihre göttlichen Kräfte begannen aber damit allmählich zu schwinden. Schließlich verloren sie ihr Licht – und ihr langes Leben, das sie aus der Kraft von samten se, ihrer tiefen Meditation, genährt hatten. Es herrschte wieder Finsternis auf Jambu Ling. Dank der guten Taten der Götter aber wurden Sonne, Mond und Sterne erschaffen, und so kam wieder Licht auf die Menschenwelt.

Aus den Göttern aber waren Menschen geworden. Sie ernährten sich von der großen Frucht des *myugu* Baumes. Es war noch immer eine Welt des Überflusses, denn für jeden Menschen stand jeden Tag eine eigene Frucht bereit. Eines Tages jedoch nahm einer zwei Früchte vom Baum, ein zweiter nahm die Frucht eines anderen, und so entstanden Unzufriedenheit, Mißgunst und Diebstahl. So kamen auch Arbeit und Mühsal nach Jambu Ling, denn jeder mußte nun seinen Lebensunterhalt durch eigene Arbeit bestreiten. Es entstanden männliche und weibliche Wesen, und aus deren gegenseitigem Kontakt entstanden Kinder, diese zeugten neue Nachkommen, und bald war die Welt voll von Menschen. Egoismus, Eifersucht und Streit beherrschten die Menschenwelt, und es gab einen langen Krieg. Schließlich kamen die Menschen in einer großen Versammlung zusammen und wählten einen König. Sie nannten ihn *Mang Kur*, „viele Menschen machten ihn König". Mang Kur lehrte die Menschen Häuser bauen, Felder bestellen, und er lehrte jede Familie, für sich selbst zu sorgen. So waren aus den Göttern menschliche Wesen entstanden, Menschen, die Arbeit, Mühsal und Krankheit ertragen – und dem ganzen Zyklus von Leben und Tod folgen mußten.

Diese „Geschichte von der Entstehung der Welt" wird in Tibet in unterschiedlichen Versionen erzählt. Die Unterschiede liegen jedoch mehr in den Details. Das Erscheinungsbild der Welten mag für den einzelnen durchaus verschieden sein, denn nach einer Grunderkenntnis des Buddha macht sich jeder Mensch seine eigene Vorstellung von der Welt, und es ist diese subjektive Welt, mit der jeder zurechtkommen muß. Das individuelle *Karma* bedingt auch ein individuelles Bild von der Welt für jedes einzelne Wesen. Die Tibeter betonen, daß es lediglich auf den Glauben an diese Dinge ankommt, nicht so sehr darauf, ob es sich um Legenden oder um Realitäten handelt.

Die zentrale Weltenachse, Rirab Lhunpo, in der sichtbaren Welt in heiligen Bergen wie Ti se (Kailasa) oder Targo materialisiert, wird von den Haupt- und Nebenwelten der Vier Richtungen umgeben. Dieses Fünferprinzip, das Zentrum mit den Welten der Vier Richtungen, kehrt in der darstellenden Kunst, der Philosophie und der religiösen Praxis des nördlichen Buddhismus tausendfach wieder. Der ganze Kosmos ist die Projektion eines überdimensionalen Mandalas. Auffälligerweise steht im Zentrum dieses kosmischen Mandalas die Welt der Götter und der formlosen Wesen, nicht die Welt der Menschen. Der Mensch, der weit entfernt vom Zentrum, auf Jambu Ling, sein Dasein fristet, steht dennoch in enger Beziehung zum Kosmos. Ja, er ist selbst ein mikrokosmisches Mandala. Auf höherer geistiger Ebene, im tantrischen Buddhismus der Tibeter, geht es grundsätzlich darum, daß der Mensch versucht, dieses Zentrum des kosmischen Mandalas, die göttliche Mitte, wieder zu erreichen.

---

1   T.J. Norbu, C. Turnbull: Tibet. Its History, Religion and People

Stille, Abgeschiedenheit, Kargheit. Die Natur ist hier auf das Elementare reduziert. Nahe Kangmar, Chang Thang.

Shambhala und Olmolungring

Irgendwo weit im Norden von Tibet, im Inneren Asiens, liegt ein mythisches Königreich. Umschlossen von einem mächtigen Ring aus gleißenden Schneebergen, bleibt es den Augen der gewöhnlich Sterblichen verborgen. Das Land entspricht der Vorstellung von einem irdischen Paradies, denn es ist ein Ort der Weisheit und des Friedens.

Die Erinnerungen an dieses Land reichen weit in die mythische Vergangenheit zurück. Chinesen, Russen, Kirgisen, Mongolen, Nepalesen, Inder, im Bewußtsein vieler Völker spielt dieses geheimnisvolle verborgene Königreich eine wichtige Rolle. Es trägt daher auch verschiedene Namen wie Schatzkontinent, Land der Lebenden Götter, Land des Brennenden Feuers, Land der Wunder, Land des Wunscherfüllenden Baums oder Verbotenes Land. Am bekanntesten ist jedoch die Bezeichnung *Shambhala.* Sie stammt aus dem Sanskrit, der heiligen Sprache der Inder, und wird mit „Ort des Friedens" oder auch „Quelle des Glücks" übersetzt. James Hiltons Roman „Der verlorene Horizont" hat den Mythos von Shambhala (hier: Shangri-La) im Westen seit 1933 populär gemacht. Von Kritikern wird allerdings bemängelt, daß Hiltons verklärende und von einem rein westlichen Standpunkt gegebene Darstellung viel zur Mythologisierung und Mystifizierung realer Sachverhalte im himalayanisch-tibetischen Kulturraum beigetragen habe (die Hauptdarsteller in diesem Roman sind keine Tibeter).

Im religiösen und kulturgeschichtlichen Bewußtsein der Tibeter spielt das Verborgene Königreich eine außergewöhnliche Rolle. Shambhala ist ein herausragendes Beispiel dafür, wie sich in der tibetischen Geisteskultur Realität und „Irreales" durchdringen. In jüngerer Zeit waren es vor allem Berichte und Aufzeichnungen tibetischer Lamas, die in der westlichen Welt die Existenz Shambhalas vielen Menschen ins Bewußtsein gerückt haben. Über die genauere geographische Lage von Shambhala sind sich jedoch auch die Lamas nicht einig; der Pamir, Kun lun, Tian Shan, Sibirien, ja, auch die Eiswüsten der Arktis werden als mögliche Position angegeben. Auch neuere westliche Publikationen ziehen die Existenz eines historischen Shambhala in Betracht. Dabei wird eine Art prähistorische Weltkultur vermutet, die, ursprünglich hoch im Norden, zwischen dem Nordpol und dem Polarkreis angesiedelt gewesen sein soll, sich aber im Laufe der späteren Eiszeit über Zentralasien nach Süden und Westen (Indien, Europa) ausgebreitet und dort bekannte, aber noch wenig erforschte uralte Kulturen begründet haben soll. Von manchen wird das Hauptzentrum dieses späteren, „ursprünglichen" Shambhala im sibirischen Altai vermutet.[1] Der russische Künstler und Friedensstifter Nicholas Roerich war ein Leben lang auf der Suche nach dem Verborgenen Königreich. Im Bestreben, durch die Synthese allen menschlichen Wissens eine Art Weltkultur und einen Weltfrieden zu begründen, unternahm er eine visionäre Expedition, die ihn durch den Himalaya nach Zentralasien und Sibirien und durch die Mongolei zurück nach Tibet führte. E. Bernbaum zieht den Vergleich mit den Verborgenen Tälern, den Bäyüls, von denen es viele, entdeckte und noch unerschlossene, in Tibet und im Himalaya gibt und die alle als Aufbewahrungsorte von geheimen Lehren oder Weisheitsbüchern gelten.[2]

Die Tibeter sind jedenfalls davon überzeugt, daß Shambhala eine reale Existenz in der realen Welt zukommt. Der Dalai Lama selbst meint, daß wegen des überragenden Einflusses des Phänomens Shambhala auf die tibetische Geisteskultur ein wahrer Hintergrund dafür wohl kaum in Frage gestellt werden könne, wenngleich es vielleicht auch nicht mit den normalen Sinnesorganen erfaßbar sei. Nach tibetischer Tradition werden etwa die Panchen Lamas in Shambhala reinkarniert.

Der Hauptgrund, warum die Tibeter felsenfest an die Existenz des Verborgenen Königreiches glauben, sind die Lehren des Kalacakra. Das *Kalacakra-Tantra* ist eine Einheitsschau des Makro- und Mikrokosmos und stellt wohl das bedeutendste und komplexeste Lehrsystem im tibetischen Buddhismus dar. Es ist vor allem bei den reformierten Gelugpas, mit dem Dalai Lama an der Spitze, bekannt. Ehe das Kalacakra, das „Rad der Zeit", im elften Jahrhundert auf dem Umweg über Indien Tibet erreichte, war es über Jahrtausende in Shambhala aufbewahrt worden.

Eine doppelte Kette von hohen Schneebergen, spitz und scharf wie Zähne, schirmt das Königreich von der äußeren Welt ab; dahinter folgt ein unüberwindliches Gewässer (das oft mit dem Fluß Tarim gleichgesetzt wird). Die Form des Verborgenen Königreiches gleicht einer achtblättrigen Lotosblüte. Im Zentrum steht der mächtige Palast von *Kalapa,* hier thront der König von Shambhala. Rundherum residieren seine Vasallen, sechsundneunzig an der Zahl, jeder in einem eigenen Palast.

Die Geschichte von Shambhala beginnt mit *Suchandra,* dem ersten König, der sein Reich verließ, um von Buddha selbst – der Legende nach in Südindien – die Lehren zu empfangen. In der Jetztzeit regiert der neunundzwanzigste König. Am Ende des dunklen Zeitalters, so lautet die Prophezeihung, wird *Rudrachakrin,* „der Wutentbrannte mit dem Rad", der zweiunddreißigste und letzte König von Shambhala, auf einem weißen Roß erscheinen. Mit dem Eisenrad, das ihm vom Himmel her zufällt, wird er in der letzten Schlacht seine Feinde niedermähen, die Unwissenheit besiegen und den positiven Kräften rund um die Welt zum Sieg verhelfen.

Auf sprituell-tantrischer Ebene ist Shambhala jener Ort, der der tantrischen Gottheit Kalacakra geweiht ist. *Kalacakra*, „Der alles durchdringende Herr", ist die Hauptschutzgottheit des Verborgenen Königreiches. Er thront im Zentrum des lotosförmigen Mandalas und wird durch die zehn mächtigen Silben des Mantras

Om Ha Sva Ha Ksha Ma La Va Ra Yam

dargestellt. Auf einer höheren Ebene repräsentiert Kalacakra jene kosmische Energie, die durch die Bergsäule und durch den König selbst im Zentrum sichtbar wird. Nach tibetisch-buddhistischer Überlieferung wird die Reine Lehre des Buddha in Shambhala gehortet, ja, der Buddha selbst soll sich in Shambhala aufhalten.

In Tibet spielt das Verborgene Königreich aber nicht nur bei den Buddhisten, sondern auch in der Tradition des vorbuddhistischen Bön-Glaubens eine herausragende Rolle. Die Religion der Bön-pos ist im Kern uralt, ihre Herkunft und Entwicklung liegt jedoch noch weitgehend im dunkeln. Es gilt als erwiesen, daß der Bön bis zum Vordringen des Buddhismus aus Indien (über Zentraltibet) lange Zeit in einem Land mit Namen Zhang zhung eine blühende Religion, möglicherweise mit einer eigenen Sprache, war. Die genaue geographische Lage dieses sagenhaften Landes von Zhang zhung ist ebenfalls umstritten, vieles deutet jedoch darauf hin, daß Teile von Westtibet, insbesondere die Gegend um den heiligen Berg Kailash, über lange Zeit ein Zentrum dieses Bönreiches waren. Andere meinen, Zhang zhung habe sich über den Transhimalaya hinweg, von Ladakh im Westen bis weit über den Chang Thang im Osten, erstreckt, und sie vermuten, der Ort Ombu an den Ufern des ausgedehnten Dangra Yum Tso könnte eine ehemalige Hauptstadt von Zhang zhung gewesen sein. So etwa wird ein *Zhang zhung Tö* (ein oberes) und ein *Zhang zhung Me* (ein unteres Zhang zhung, mit dem Zentrum Khyung lung Gül kar im oberen Tal des Sutlej) unterschieden. Das Ende des westtibetischen Zhang zhung kam im Jahre 653 mit der Annexion der Gebiete durch das zentraltibetische Yarlung-Reich.

Bönpos sprechen von ihrer Religion als dem *Yungdrung Bön*. Interessanterweise entspricht „Yungdrung" für die tibetischen Buddhisten (nicht jedoch für die Bönpos) der Übersetzung des Sanskritterminus „swastika". Beide Religionen, Buddhisten wie Bönpos, verwenden die Swastika als eines ihrer wichtigsten Symbole, jedoch ist die Bönpo-Swastika linksdrehend, die buddhistische dagegen rechtsdrehend. In jedem Fall steht dieses uralte Zeichen symbolisch für Glück und Ewigkeit, denn „yungdrung" wird mit „ewig, immerwährend" übersetzt. In

Morgennebel über Tibet. Chang Thang, westlich Gerze.

diesem Sinne soll „Yungdrung Bön" auf das Allumfassende, das Ewige, hinweisen. Das Wort *Bön* hat etwa die Bedeutung von Wahrheit, Realität.[3] „Yungdrung Bön" könnte man somit etwa mit „Ewige Wahrheit" übersetzen. In der Tat glauben die Bönpos, daß ihre religiösen Grundsätze für die gesamte Menschheit gültig seien und sie betonen, daß ihre Religion in alter Zeit (gemeint ist, vor Beginn der massiven Verfolgung ihrer Anhänger durch König Trisong Detsen im achten Jahrhundert) sehr weit verbreitet war. In diesem Sinne gilt Shambhala als das ursprünglichste Zentrum spiritueller Energie, als die Heimat aller Religionen.

Obwohl das Land Zhang zhung eine herausragende Rolle für die Entwicklung des Bön gespielt haben muß, glauben die Bönpos, daß dieses Gebiet nicht der eigentliche Ursprungsort ihrer Religion sei. Sie soll aus einem Land stammen, das irgendwo weit im Nordwesten von Zhang zhung liegt, über dessen genaue geographische Position jedoch Unklarheit herrscht. Manche Forscher betonen auch die starke Verknüpfung des Ur-Bön mit Persien.[4] K. Dowman legt dar, daß *Takzik* die Heimat des Ur-Bön war und er vermutet, daß Takzik (die tibetische Bezeichnung für Olmolungring) in Baktrien lag, einem bekannten Reich des Alt-Iran, nördlich des Hindukusch im heutigen Afghanistan.[5] Ähnlich dem buddhistischen Shambhala gleicht die Beschreibung dieses Ortes der eines verborgenen Paradieses, das nur über Visionen oder auf „übernatürliche" Pfade und nach besonderer geistiger Läuterung zugänglich ist. Ein häufig verwendeter

Name für dieses verborgene Land des Bön ist *Olmolungring* (oder *Wölmo Lungring*).

Die bildliche Darstellung des mythischen Königreiches Olmolungring ist ein Quadrat, das in drei verschiedene Regionen gegliedert wird. In der Mitte des Diagrammes erhebt sich die gewaltige neunstöckige Säule des Berges Meru. Die drei Regionen symbolisieren die drei Bereiche des Kosmos, die physische, die psychische und die spirituelle Welt. Der König von Olmolungring wird daher auch „Herrscher der Drei Welten" genannt.

Olmolungring gilt den Bönpos als das ursprüngliche, heilige Land der Religion. Hier wurde nach ihrem Glauben der Wahre Erleuchtete unseres Zeitalters, *Shenrab Miwo* („Großer Mensch"), auch bekannt als *Tönpa Shenrab* (der Lehrer Shenrab), geboren. Tönpa Shenrab war königlicher Abstammung. Nach alter Bön-Überlieferung soll er im Jahr 16.027 vor Christus als erster Herrscher den Thron von Olmolungring bestiegen haben. In dieser Funktion reiste Tönpa Shenrab weit umher, führte zahlreiche Rituale durch und trug so wesentlich zur Ausbreitung der Bönlehre bei. So soll die „Ewige Wahrheit" auch Westtibet und den Heiligen Berg Ti se (Kailash) erreicht haben, wo ein großes Bönzentrum gegründet wurde. Ti se war die Bergseele dieses Bön-Reiches. Schließlich kehrte Shenrab nach Olmolungring zurück, wo er jene Linie spiritueller Könige begründete, die bis auf den heutigen Tag die geheimen Lehren des Verborgenen Königreiches hüten.

Nach all den auffallenden Analogien ist es wahrscheinlich, daß das tantrisch-buddhistische Shambhala und das Olmolungring der Bönpos den gleichen geistigen Hintergrund haben. Beiden Mythen gemeinsam ist etwa, daß, obwohl über die geographische Lage des Verborgenen Königreiches große Uneinigkeit herrscht, dessen historische und weitgehend auch dessen heutige Existenz als reale Welt für viele Anhänger der jeweiligen Religion nicht anzuzweifeln ist.

Allerdings wird im allgemeinen betont und im einzelnen auch von jenen Lamas, die behaupten, selbst in Shambhala gewesen zu sein, bezeugt, daß die Reise dorthin nur in einem feinstofflichen Körperzustand, gewissermaßen in Träumen oder Visionen stattfindet und daß die Reisevorbereitung außergewöhnliches spirituelles Training und geistige Reinigung erfordert. Eine Reise nach Shambhala ist demnach eher als spirituelle, weniger als physische Reise zu verstehen.

Auf philosophischer Ebene, in Form des mystischen Mandalas des tantrischen Buddhismus der Tibeter, verkörpert das Verborgene Königreich jenes Energiezentrum, das sich in den Lehren des Kalacakra manifestiert. Diese Lehre kann man im Kern als Einheitsschau des Kosmos beschreiben. Als Lehre der Nicht-Dualität, wo Äußeres und Inneres, Körper und Geist, Spirituelles und Materielles widerspruchslos miteinander in Verbindung stehen. Denn es ist jene schöpferische kosmische Energie, die sowohl die materielle Welt als auch den menschlichen Geist geschaffen hat – und somit gleichzeitig beide in sich bindet.

---

1   V. LePage: Shambhala (und angeführte Literatur)
2   E. Bernbaum: Der Weg nach Shambhala
3   P. Kvaerne: The Bon Religion of Tibet
4   M. Hermanns: Mythologie der Tibeter
5   K. Dowman: The Sacred Life of Tibet

2. Von Khojarnath über Purang zu den Heiligen Seen

Eine neue Stahlbrücke führt ans nördliche Ufer des Karnali. Nach einem etwa zwanzigminütigen Aufstieg auf eine Schulter erreicht man den chinesischen Grenzposten – und nach vielen Tagen Wanderung wieder die erste befahrbare „Straße". Die Pisten, nur mit Jeeps und Lastwagen befahrbar, sind meist sehr rauh und lassen keine hohe Reisegeschwindigkeit zu. An einem Tag mit 10-14-stündiger Fahrzeit werden kaum mehr als 250 Kilometer zurückgelegt. Staub, Höhe und rasch wechselnde Temperaturen machen neben dem unaufhörlichen Gerüttel das Reisen in diesen Gebieten zu einem sehr anstrengenden Unternehmen. Doch die atemberaubende Schönheit der Landschaft entlohnt alle Mühsal.

Nach wenigen Kilometern erreicht man *Khojarnath (Korja)*, ein kleines Dorf mit gleichnamigem Kloster, auf einer Terrasse des *Map chu (Karnali)* gelegen. Es stammt aus der Zeit des Rinchen Zangpo (um 1000, einer der Tempel des „Lotsava") und gehört der Sakya-Linie an. Es beherbergt unter anderem eine Buddhastatue, die zu den bedeutendsten Kulturdenkmälern im heutigen Tibet zählt.

Die Fahrt ins knapp 20 Kilometer entfernte Purang führt über Terrassen und an mehreren schmucken Dörfern mit stattlichen Bauernhäusern vorbei. Der Blick nach Süden, auf die nahen Gipfel des Himalaya, ist überwältigend. Der *Lipu Lekh,* einer der wichtigsten Paßübergänge für Händler, Pilger und Reisende aus Indien, liegt ganz nahe.

Purang (nepalesisch *Taklakot*) ist der wichtigste Ort weitum. Er liegt zu beiden Seiten des Map chu und ist Markt, Handelsplatz, Polizeistation und Militärstützpunkt. Die Flußufer werden von mächtigen Terrassenschottern aufgebaut, die zum Teil schluchtartige Steilhänge bilden. Im Marktviertel nahe dem nördlichen Ausgang des Dorfes führt eine Stahlhängebrücke ans rechte Flußufer. Hoch in den senkrecht abfallenden Schotterwänden flattern die Gebetsfahnen des Höhlenklosters von *Tsegu*. Über sehr steile, leiterähnliche Holztreppen erreicht man einen Balkon, und schließlich die düsteren, mit beeindruckenden alten Fresken geschmückten Tempelräume.

Von Tsegu führt der Steig auf eine Hangschulter, von wo sich in Richtung Nordost ein beeindruckender Blick auf die Südabdachung der *Gurla Mandhata* bietet. Über den Terrassen erheben sich auf einem nahen Gipfel die rotbraunen Mauerreste der verfallenen, einst bedeutenden Gompa von *Simbiling*. Nach etwa 15-minütiger Wanderung erreicht man den Marktplatz von *Tanga,* der hinter einem Terrassenrücken verborgen liegt. Hier war in der alten Zeit ein wichtiger Umschlagplatz für indische, nepalesische und tibetische Händler. Aus Tibet kamen vor allem Salz, Borax und Wolle. Auch heute wird wieder Wolle zu langen Schnüren gedreht und zu Ballen geformt, doch insgesamt hat der Markt von Tanga stark an Bedeutung verloren.

Von Purang führt die Piste stetig bergan, weiter nach Norden. Vereinzelt liegen Dörfer mit Gerstenfeldern auf den Flußterrassen des Map chu, mit den wenigen Bäumen wirken sie wie kleine Inseln in der wüstenhaften Landschaft. In einem davon, in *Toyo,* soll der gefürchtete Dogra-General Zorawar Singh auf seinem Eroberungszug durch Westtibet 1841 gefangen genommen und getötet worden sein.

Bei *Balduk* biegt der Weg in Nordostrichtung ab und führt über einen breiten Schuttfächer. Rechterhand hoch über dem Tal gleißt der mächtige Eispanzer der 7700 m hohen *Gurla Mandhata*. Die Tibeter nennen den Berg *Memo Nani*. Er ist der Sitz der tantrischen Schutzgottheit *Sangdui (Guhyasamaja)* und seiner Yum.

Nach knapp eineinhalbstündiger Fahrt (ab Purang) erreicht man den 5120 Meter hohen *Gurla La*. Steinmanis und Gebetsfahnen markieren die Paßhöhe. Es ist die physische Grenze zum heiligen Bezirk, denn von hier blickt der Pilger erstmals auf das eigentliche Land der Götter: *Kailash,* der Heilige Berg, und das Zwillingspaar der Heiligen Seen, *Rakas Tal* und *Manasarowar,* sind die Pole dieses heiligen Landes.

Gebannt blickt der Wanderer auf diese unwirklich erscheinende Welt. Eine Gebirgskette säumt die graubraunen, welligen Hügel im Norden: Der Transhimalaya, vom leuchtenden Dom des Kailash überragt.

Das Zwillingsseenpaar *Langa(g) tso* und *Mapham Yum tso,* oder Rakas Tal und Manasarowar, symbolisieren die Gegensätzlichkeit und zugleich die Einheit oder Verwobenheit in der Äußeren Welt: Dunkel (Rakas Tal) und Licht (Manasarowar), negative und positive Kräfte (aber auch Gegensatzpaare wie Gefühl – Verstand, oder Spiritualität – Wissenschaft, kann man darunter verstehen), beide ergänzen sich, das eine existiert nicht ohne das andere. *Langa tso,* der „See der fünf Pässe" (La = Paß, nga = fünf), ist der Ort der dunklen Mächte, der Dämonensee (Rakas, Raksha = Dämon, Wassergeist; Tal = See). Abendländer haben daraus einen „Teufelssee" gemacht. Er hat eine unregelmäßige Form, die entfernt an eine Mondsichel erinnert. Zwei kleine Inseln, *Lachato* und *Topserma,* liegen in seinem südwestlichen Viertel. Früher waren sie Orte für Einsiedler und Anachoreten. Ein einziges Kloster liegt an seinen Ufern: *Tsegye Gompa* am Nordwestzipfel. Pilger meiden den See der Dämonen. „Über den See breitet sich ein Schleier der Traurigkeit: Heilige und Asketen haben ihn verlassen", schreibt Tucci.[1] Schon das Ramayana erzählt vom abenteuerlichen Kampf, in dem Rama die todbringenden Mächte besiegte. Vor langer Zeit, so geht die Legende, galten die tiefblauen Wasser als schädlich – bis ein goldener Fisch durch einen engen Kanal aus dem Manasarowar in den Rakas Tal gelangte und das Gift neutralisierte. Diese Verbindung zwischen den beiden Seen heißt *Ganga chu.* In den vergangenen Jahrzehnten lag das Bett meist trocken, und dies gilt bei den Tibetern als schlechtes Omen für das ganze Land. Im Glauben des Volkes wird die in allerjüngster Zeit wieder zunehmende Wasserführung des Ganga chu mit dem Wiedererstarken der Religion in Verbindung gebracht.

Mapham Yum tso, oder Manasarowar, ist der Heilige See. Man nennt ihn auch Tso Rinpoche, den „Kostbaren See", denn er ist der ideale (weibliche) Gegenpart (Yum = Mutter, der weibliche Aspekt) des „Kostbaren Berges", Gang Rinpoche, des Kailash. Nach mythologischer Vorstellung gleicht der Manasarowar einer achtblättrigen Lotosblüte, oder einem Mandala, mit vier Toren in die vier Haupthimmelsrichtungen. Mit knapp 4600 m Meereshöhe liegt er etwa 50 m höher als Rakas Tal. Er gilt als der höchstgelegene Süßwassersee der Erde. Nach der Hindu-Mythologie wurde der See aus dem Geiste Brahmas geschaffen (manas = Geist, Bewußtsein). Seine Wasser, die ihre intensive Farbe im Rhythmus des Tages und der Jahreszeiten ständig wechseln, sind heilsam. Sie gelten als die ursprünglichsten aller Wasser, denn sie entspringen nach der Vorstellung der Tibeter im Innern des Kailash und werden dann in kupfernen Röhren in den vier Richtungen durch den See des Bewußtseins geleitet. Auf der etwa 90 km langen Kora (sofern man den Ufern folgt), der heiligen Umwandlungsrunde um den Tso Mapham, den „Unbesiegten See", berührt der Pilger acht Klöster: *Gössul, Chiu, Cherkip, Langpona, Ponri, Seralung, Yerngo, Thugolho (Trugo).* Gössul Gompa ist Ausgangs- und Endpunkt der rechtsdrehenden Pilgerroute. Seine herrliche Lage auf einer steilen Schotterterrasse am Südwestufer bietet nicht nur einen unvergleichlichen Ausblick über den blauen Manasarowar, sondern auch auf die Kailashkette im Norden und auf die Nordabdachung des Himalaya im Süden, wo der Eispanzer der Gurla Mandhata unmittelbar hinter dem See 7700 Meter hoch in den Himmel ragt.

---

1 G. Tucci: Tibet ignoto

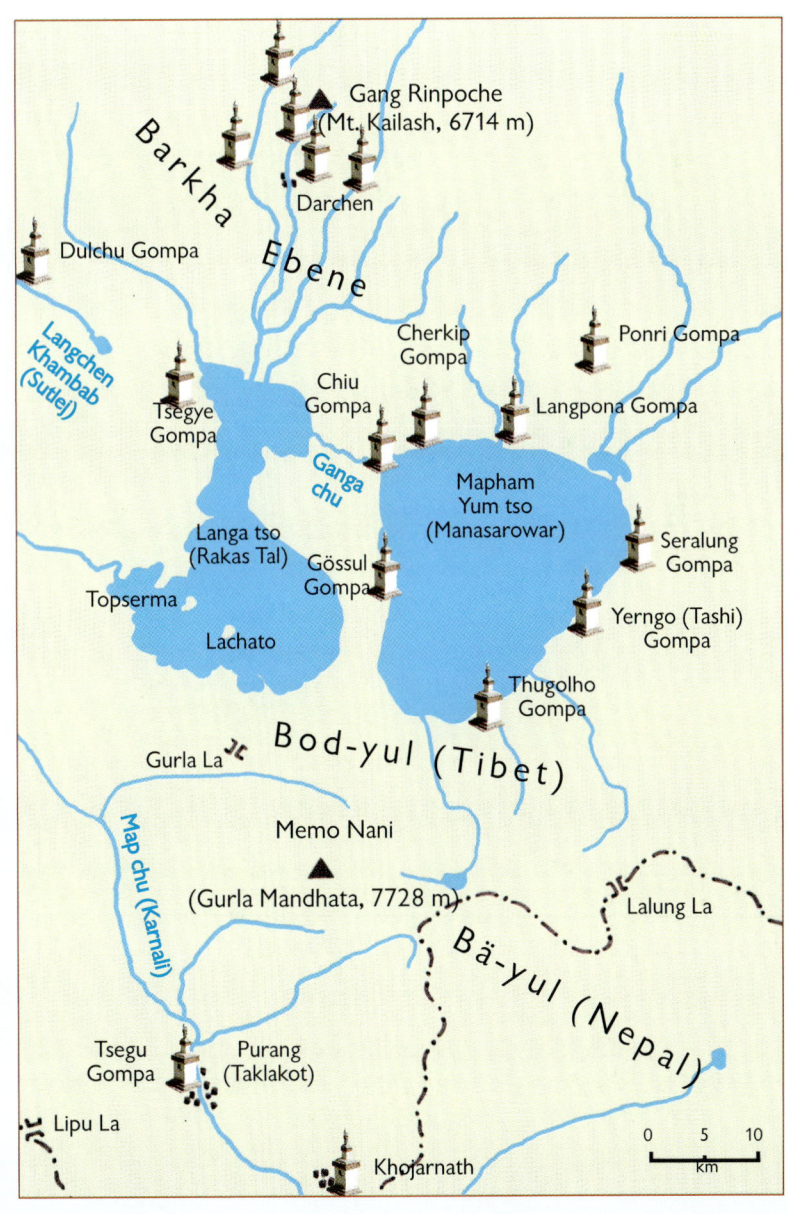

Skizze der Gegend rund um die Heiligen Seen Langa tso (Rakas Tal) und Mapham Yum tso (Manasarowar) in Westtibet.

Himalayaberge bei Khojarnath.

Kloster und Dorf Khojarnath, auf einer Terrasse des Pfauenflusses gelegen. Der ursprüngliche Bau wurde zur Zeit des Rinchen Zangpo (um 1000) gegründet.

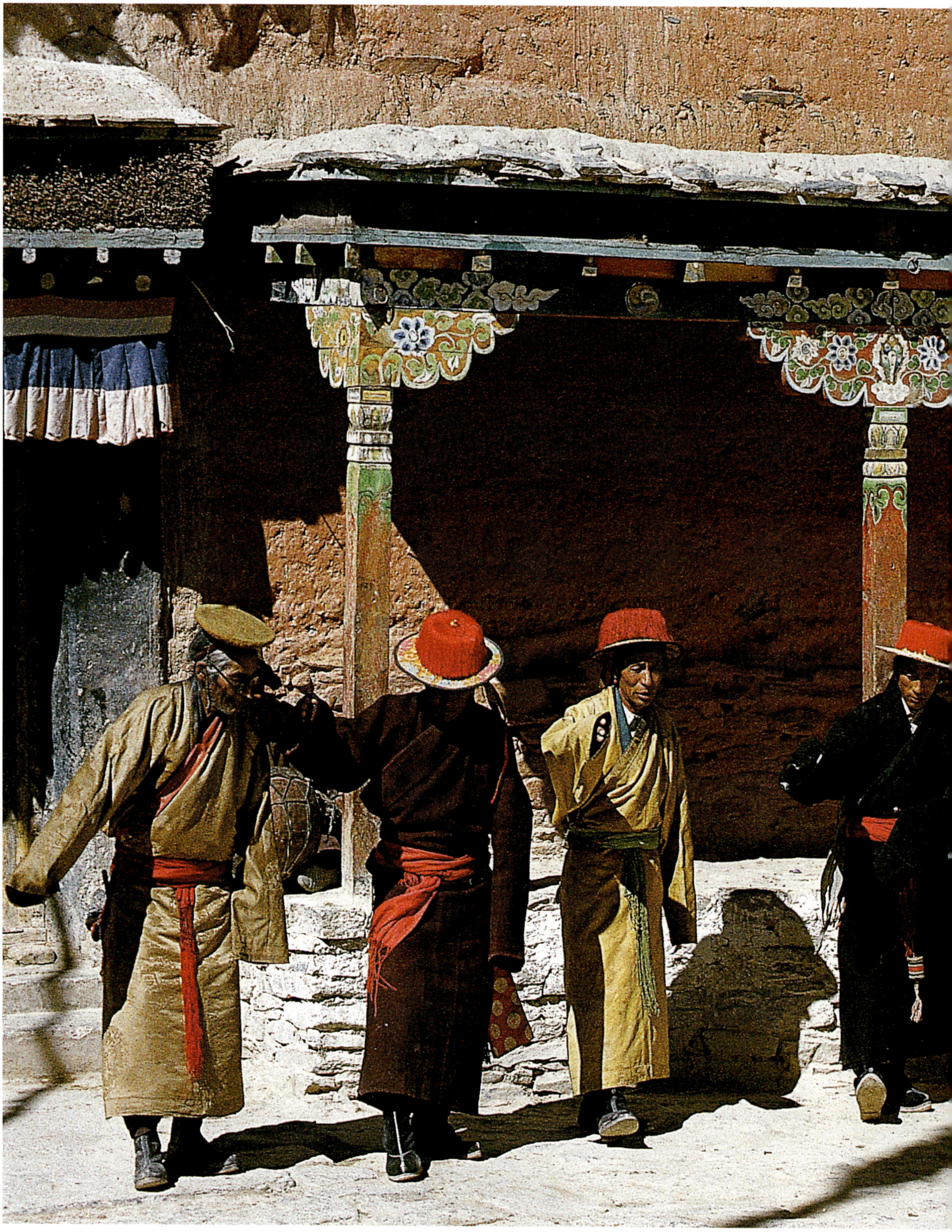

Tibetische Tanzgruppe im Klosterhof von Khojarnath. Männer und Frauen tragen die alte traditionelle Kleidung aus Seide und reich geschmücktem Brokat. Der Schmuck der Frauen besteht aus Silber (Kassetten, teilweise vergoldet), Türkis, Koralle und Bernstein.

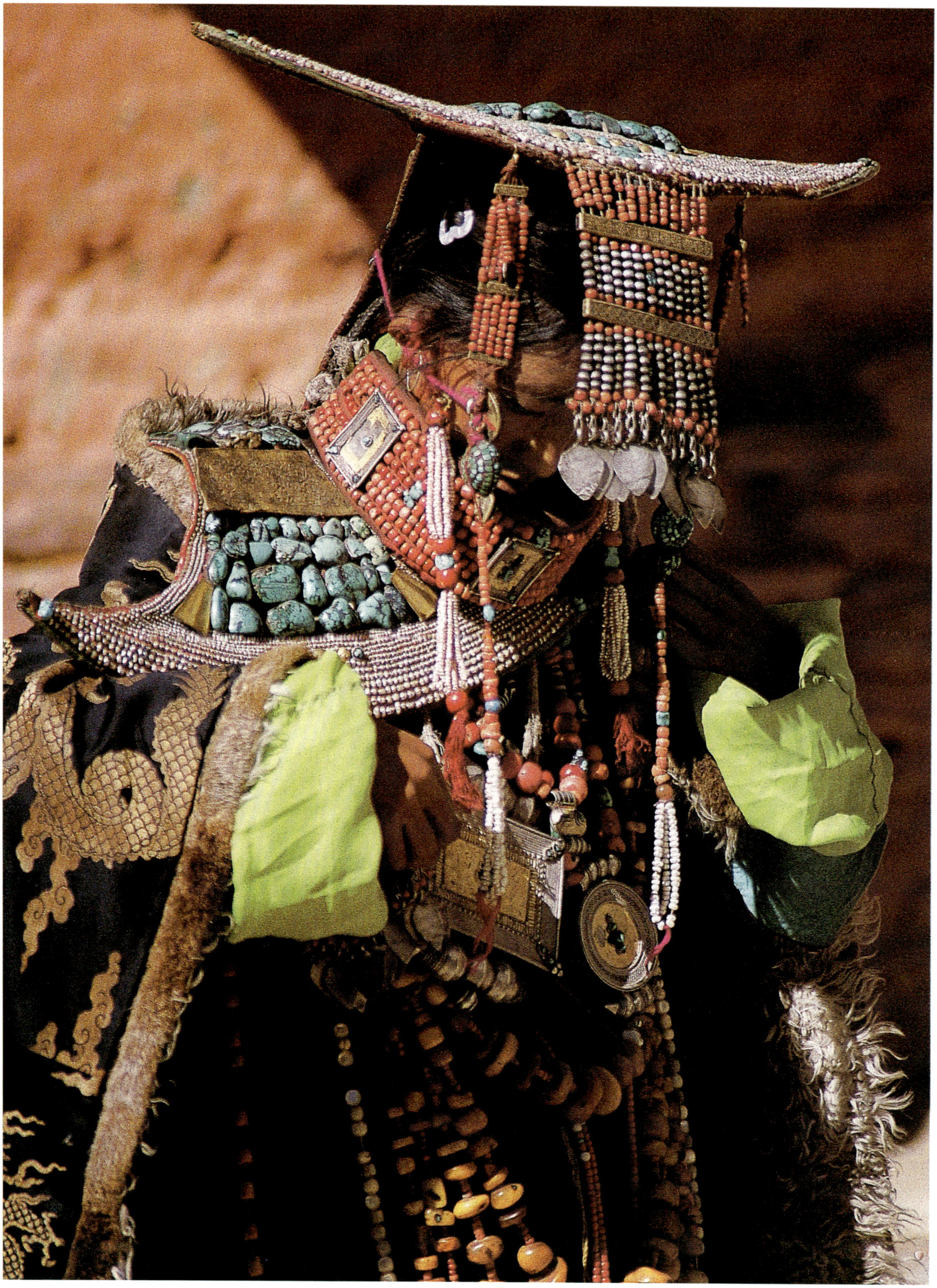

Tibetische Tanzgruppe im Klosterhof von Khojarnath. Männer und Frauen tragen die alte traditionelle Kleidung aus Seide und reich geschmücktem Brokat. Der Schmuck der Frauen besteht aus Silber (Kassetten, teilweise vergoldet), Türkis, Koralle und Bernstein.

Altarbild mit den Drei Großen Boddhisattvas im Tempel von Khojarnath. Jampalyang, Chenresig und Chagna Dorje sind die Beschützer der Drei Mystischen Familien (rigs gsum mgon po).

Tibetischer Alltag in Purang. Fast jeder hat mit dem Verarbeiten von Wolle zu tun.

Das Höhlenkloster von Tsegu klebt wie ein Schwalbennest in den Schotterwänden über dem Pfauenfluß. Purang.

Manimauern und Chörten am linken Ufer des Map chu in Purang.

Chab dar (Trishula), der Dreizack, auf den mit Yakhaarzöpfen behängten Zylindern (dshaltsan), ist ein häufiges Abwehrzeichen auf den Dächern von Klöstern. Er soll die Drei Gifte: Gier, Haß und Unwissen zerstören und so die negativen Kräfte vom Kloster fernhalten.

Links: Begrüßung in Purang.

Kunstvoll in Silber gearbeitete Feuerzeuge werden am Gürtel getragen und sind auch heute noch ein unentbehrlicher Gebrauchsgegenstand.

Tibeter beim Abschreiten der Manimauern in Purang. Auf dem Hut trägt der Mann das Bild eines jungen Tulku (Inkarnation eines Buddha).

Blick über das Dorf Toyo und die mächtigen Schotterterrassen des Map chu auf die Nordabdachung des Himalaya. Baumgruppen und Felder in Nähe der Wohnhäuser wirken wie Oasen in der wüstenhaften Landschaft.

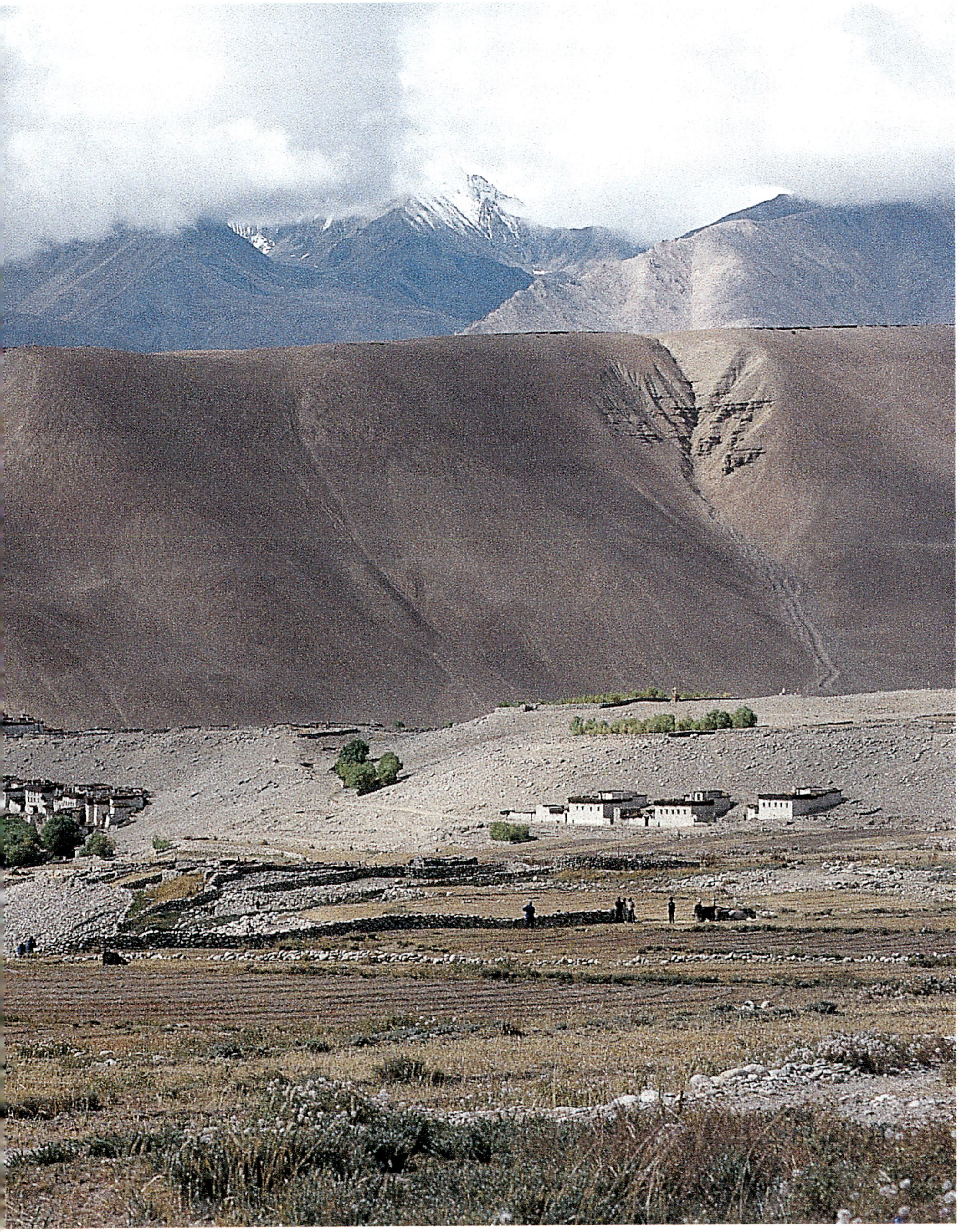

Auf einem Bergrücken über Purang leuchten die roten Ruinen der einstigen Klosteranlage von Simbiling.

Oben und rechts: Die Bauernhäuser sind von Steinmauern umringt. Hörner von Yak, Wildschaf und Steinbock über dem Eingangstor sind zugleich Abwehrzeichen und Opfergaben. Auf den mit Gebetsfahnen behängten Flachdächern werden Vorräte und Brennmaterial aufbewahrt.

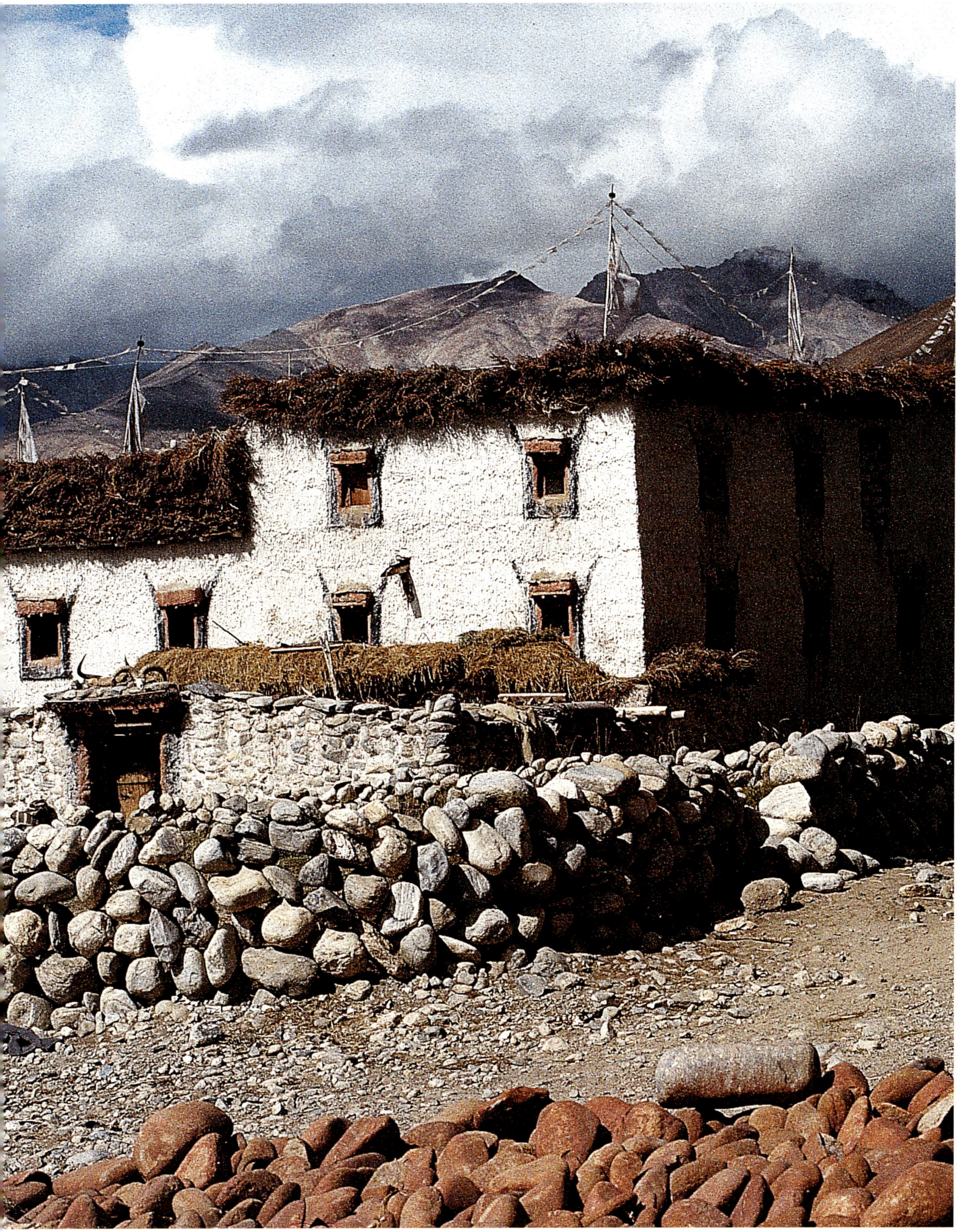

Beseelte Natur – Geister, Dämonen und kosmische Kräfte

Die majestätische Schönheit und Unberührtheit der Naturlandschaft Tibets hat auf den Reisenden eine unmittelbare Wirkung. Die unbegrenzte Weite und Stille, das klare Licht, die kräftig leuchtenden und dennoch sanft nuancierten Farben erzeugen eine eigenartige Stimmung. Der Gemütszustand, der beim Betrachter angesichts solcher Naturgewalt aufkommt, wird eher mit Ehrfurcht, ja mit Ergriffenheit, als mit Freude beschrieben. Herbert Tichy: *„In vielleicht keiner anderen Landschaft der Welt fühlt man sich so klein und nichtig wie zwischen den eisigen Bergen Tibets und seinen riesigen Steppen ... Wir ... waren erschüttert von dieser Landschaft oder, richtiger gesagt, erschüttert von dem, was diese Landschaft in uns auslöste."*[1]

Für die Tibeter ist diese Natur mehr als das äußere Erscheinungsbild einer großartigen Landschaftsarchitektur. Für sie ist Natur beseelt, es ist eine Einheit von Materiellem und Spirituellem. Im übergeordneten Weltbild des tantrischen Buddhismus spielt die Einheit von Mensch und Natur oder Mensch und Kosmos eine tragende Rolle. Es ist ein Weltbild, in dem das menschliche Individuum über ein Netzwerk psycho-physischer Energien mit dem ganzen Universum verbunden ist. *Tantrismus* bedeutet allumfassendes Wissen, sein Ziel ist Einsicht in die Ganzheit oder das Erreichen allumfassender Bewußtheit. Nach alter tantrischer Tradition ist das individuelle Wesen, also auch jeder einzelne Mensch, ein Spiegelbild des Universums. Anders gesagt, ist jeder Teil der Natur, einschließlich der nach unserer Auffassung aus „toter" Materie bestehenden Teile, von Spiritualität durchwoben. Diese „Beseelung" der Natur geht jedoch in Tibet nicht nur auf die grundsätzliche Auffassung des in altindischen Traditionen wurzelnden tantrischen Weltbildes zurück. Vielmehr formte sich diese für die Völker des Tibet-Himalaya typische Haltung zur universellen Naturverehrung wesentlich aus der Verschmelzung uralter Elemente, die einerseits dem ursprünglichen, bodenständigen Volksglauben, anderseits der in mancher Hinsicht einer Naturreligion nicht unähnlichen, frühen vorbuddhistischen Bön-Tradition entstammen („Schwarzer Bön").

Die kosmischen Kräfte, die die Lufträume, die Erde und das Innere der Erde beherrschen, sind vielfältig. Obwohl für uns jenseits des rational Erfaßbaren gelegen, sind diese Wesen für Tibeter genauso real wie die sogenannte materielle Welt. In großen Gruppen zusammengefaßt, lassen sich die meisten von ihnen den vier Elementen Feuer, Wasser, Luft (Wind) und Erde zuordnen. Diese elementaren Kräfte („Gottheiten") personifizieren sich als launige bis bösartige, seltener als gut gesinnte Geister und Dämonen, denen jedoch meist eine definierte Funktion zukommt ...[2] Eine andere Klassifikation ordnet die Naturgötter den bekannten *Drei kosmischen Sphären* zu (ri sum, srid gsum), denen nach späterer, buddhistischer Auffassung auch eine jeweils typische Farbe zugeordnet wird: die weißen *lha* bewohnen das himmlische Reich (nam, gnam), die gelben *nyan* (gnyan) das mittlere Reich (bar) und die blauen *lu* (klu) das Reich der Unterwelt (og).

Allseits gefürchtet sind die geheimnisvollen, mächtigen *sa dag*, die Erdherren. Sie sind die eigentlichen Besitzer der Erde, der Mensch darf sie bestenfalls zu seinem Nutzen verwenden. Die sa dag sind bösartige, dämonische Wesen, die ein wechselhaftes, aber durchwegs furchterregendes Äußeres besitzen. Oft sind es Zwitterwesen verschiedener Tiergestalten wie etwa der „Steinherr mit dem Schweinskopf". Jede Tätigkeit, die den Boden, die Erde, den Fels betrifft, ruft die Erdherren auf den Plan. Graben, Pflügen, insbesondere aber das Grundausheben bei der Errichtung von Gebäuden verletzt ihre Einflußsphäre, und dementsprechend sind vor dem Beginn solcher Arbeiten genaue Vorschriften zu beachten. Auch vor dem Bau von Tempeln mußten die sa dag häufig vom Zauberer mit magischen Kräften gebannt werden, ehe das Bauwerk gelingen konnte. Bekannt ist etwa der Kampf des Großen Guru, Padmasambhava, mit den Erdherren, als das erste buddhistische Kloster Tibets in Samye erbaut werden sollte. Die Kraft von Gold, von anderen Metallen und kostbaren Steinen kann sich auf deren Besitzer oder Benützer positiv oder negativ auswirken; dies hängt im wesentlichen davon ab, ob sie in positiver oder negativer Einstellung dem Reich der Erdherren entnommen worden sind. Das niedrige Ansehen, das manche Metallbearbeiter im historischen Tibet genossen, hängt mit dieser uralten Vorstellung zusammen.

Weitere dämonische Kräfte der Erde sind die *zhi dag*, die Gebietsherren. Sie sind jedoch nicht so gefährlich wie die sa dag, sondern eher hilfsbereite Schutzgeister, die zum Teil in einem uralten Ahnengeisterkult ihren Ursprung haben sollen. Sogenannte *lab tses* (Latse, bei den Mongolen Obo genannt), das sind Steinhaufen, die auf Gebirgspässen oder Anhöhen errichtet werden und mit Tierschädeln, Hörnern, Holzstangen, Zauberflaggen, Wollfäden oder auch mit Yakschwänzen geschmückt sind, sind Ausdruck der Verehrung und Besänftigung der zhi dag. Die *tän ma,* oder Erdfrauen, sind den zhi dag ähnlich, aber weibliche, meist gutmütige Erdgeister, die häufig in einer Zwölfergruppe auftreten.

Durchwegs gefürchtet sind die *sri.* Schäden und Unheil jeder Art sowie Krankheiten bei Mensch und Vieh können von diesen bösartigen Geistern verursacht werden. Als besonders gefährlich gelten jene sri, die auf Begräbnisstätten hausen und die Geister von unglücklich Verstorbenen sind. Bezeichnend ist auch, daß manche dieser Dämonen die Namen lebensgefährlicher Krankheiten tragen. Naturkatastrophen, wie Lawinen oder Bergstürze, werden nach dem Glauben der Völker des Tibethimalaya von sri-ähnlichen Wesen ausgelöst. Dabei lauern sie nicht selten in Felsspalten, Gletscherklüften, hinter Steinen oder alten Bäumen den Reisenden auf, um sie samt Habe und Vieh ins Verderben zu stürzen.

Eine wichtige Gruppe unter den kosmischen Wesen sind die *lu* (klu), die man sich als Zwitterwesen mit menschlichem Oberkörper und fisch- oder schlangenähnlichem Unterleib vorstellt. Es sind die Geister des nassen Elementes, denn sie bewohnen Flüsse, Seen und Quellen, wo sie meist verborgene Schätze bewachen. Darunter verstehen die Tibeter aber nicht nur Materielles, sondern auch Geheimlehren und Zauberriten. Als Hüter solchen Geheimwissens kommt den lu eine besondere Bedeutung in der tibetischen Mythologie zu. Die weiblichen lu heißen *lu mo* (klu mo), sie sollen von ganz außergewöhnlicher Schönheit sein. Als Wächter über die Reinheit des Wassers haben die lu und lumo einen außerordentlichen Einfluß auf die menschliche Gesundheit. Manche *khandromas* (*dakinis,* Himmelstänzerinnen) des späteren, buddhistischen Pantheons haben ihren mythologischen Ursprung in lumo-ähnlichen, meist feindselig-destruktiven Dämoninnen der alten Naturreligion.

Neben den genannten großen Gruppen der Erd- und Wasserdämonen gibt es zahlreiche andere, Kobolden oder Unholden ähnliche Wesen, deren Aufgabe jedoch nicht so klar umrissen ist. Hierher zählen die *geg* (gegs), die *adre,* die *rin po* (srin po), die weiblichen *ma mo* oder die *sa rin* (sa srin). Auch der Himmel und die Lufträume werden von dämonischen Wesen beherrscht. Manche dieser Ungeheuer drohen sogar die Gestirne zu verschlingen, wie es sich besonders bei Verfinsterung von Sonne oder Mond zeigt. Solche Geister können nur durch den mächtigen „Donnerkeilhalter", den Schutzgeist der Zauberpriester, wieder vertrieben werden. Sehr gefürchtet ist auch der „Himmelsdrache" *adug* (abrug), der im Donner seine fürchterliche Stimme erhebt und manchmal auch seine „Donnerkeile" – in Form von Meteoriten – auf die Erde schleudert. Solche Geschosse des adug gelten, ganz ähnlich wie fossile Tier- oder Pflanzenreste, als hochwirksames Zaubermittel und wurden daher in alter Zeit wie bei anderen Völkern in pulverisierter Form Arzneimitteln beigemengt. *Namdo,* der Himmelsstein, wird auch zur Herstellung der tantrischen Zauberdolche *(phurbu)* verwendet, mit denen bei religiösen Zeremonien Dämonen „festgenagelt" werden.

In vorbuddhistischer Zeit galt das Land Bod als ein großer Tummelplatz der Dämonen und Geister. Als Padmasambhava, der Große Guru, dem Ruf von König Trisong Detsen im 8. Jahrhundert folgte und nach Tibet kam, um die negativen Kräfte zu unterjochen und dem Dharma zum Siege zu verhelfen, bannte er nicht nur viele Dämonen, sondern er versteckte auch eine große Zahl heiliger Schätze, sogenannte *Termas,* an verschiedensten Orten des Landes. Zu diesen Schätzen zählen geheime, noch nicht offengelegte Lehren („Schatz-Texte", die nur im Bewußtsein des Schatzsuchers existieren) ebenso wie Schriften oder Kultgegenstände. Der *Bardo Thödol,* das „Tibetische Totenbuch", ist ein bekanntes Beispiel. Padmasambhava versteckte die Termas in Felsen, Bäumen, Flüssen oder auch im Himmel. Immer sind es aber besonders einsame, außergewöhnliche Orte. Die *Bä-yüls,* die „Verborgenen Täler" im Himalaya aber stellen die bevorzugten Aufbewahrungsorte für diese Termas dar. Deren Entdeckung und Erschließung sollte den *Tertöns,* spirituell qualifizierten Menschen, insbesondere Reinkarnationen von Guru Rinpoches Schülern, vorbehalten sein.

Nachdem der Große Guru die lokalen Dämonen unterworfen hatte, machte er sie zu Schützern der Verborgenen Täler, die er auf diese Weise mit seiner Zauberkraft versiegelte und sie so Uneingeweihten unzugänglich machte. Natürliche Gefahren, wie Lawinen, Steinschlag, undurchdringlicher Nebel oder wilde Tiere, die geistig noch nicht Geläuterten den Weg in ein Bä-yül versperren, stellen nicht nur nach dem Volksglauben, sondern auch nach der Auffassung gebildeter Lamas sehr reale Manifestationen dieser lokalen, alten Schutzgottheiten dar.[3] Die Geister und Dämonen leben in der Vorstellung der Menschen auf dem Dach der Welt millionenfach weiter, wie vor Tausenden von Jahren. In diesem ursprünglichen Glauben an geheimnisvolle, mächtige Kräfte in der Natur drückt sich jedoch nicht nur Angst oder Hilflosigkeit aus, vielmehr das Bewußtsein, daß der Mensch die ihn umgebende Natur beachten und achten soll. Denn der Mensch kann nur im Einklang mit der Natur überleben, nicht jedoch, wenn er sie mißachtet oder gar beherrschen will. Nach tibetischer Weltanschauung sind die Kräfte, die uns umgeben, genau so stark wie jene, die in uns wohnen.

---

1   H. Tichy: Zum heiligsten Berg der Welt
2   M. Hermanns: Mythologie der Tibeter
3   E. Bernbaum: Der Weg nach Shambhala

Heilige Berge und Seen – Zentren spiritueller Energie

Nicht nur Geister und Dämonen beherrschen den Alltag der Menschen auf dem Dach der Welt. Die sichtbare Natur selbst, Berge, Seen, ganze Landschaften gelten als heilige Einheiten, als materialisierte Gottheiten. Schneegekrönte, auf den weiten Hochebenen alles überragende Bergmassive, genauso aber die tiefblauen Wasserflächen tibetischer Seen, beherrschen das Denken und Fühlen der Menschen seit Jahrtausenden.

Aus uralter mythologischer Tradition erwuchsen so heilige Einheiten, die in Form von „Göttlichen Paaren", oft in Form von Berg und See, tibetisch *ri-tso* (ri-mtsho), Gestalt angenommen haben. Als wesentlicher zusätzlicher spiritueller Aspekt wird damit jener im tantrischen Buddhismus wichtige Grundgedanke unterstrichen, der die Vereinigung von Gegensätzen, von zwei Polen hervorhebt. Das Götterpaar Berg – See liegt so in seiner symbolischen Bedeutung auf der gleichen Ebene wie die tantrischen Paare Yab – Yum (männlich – weiblich oder Vater – Mutter), wie Licht – Dunkel oder wie Methode und Ziel (Heilsziel). Neuere Forschungen zeigen, daß neben anderen vor allem drei solcher Göttlicher Paare weite Teile des tibetischen Hochlandes vom westlichen Transhimalaya bis weit über den Nam tso hinaus (also über weit mehr als tausend Kilometer) beherrschen und als heilige Einheit seit prähistorischer Zeit verehrt werden.[1]

Diese Einheit, als *Na chen gang ri tso sum* (sum = drei) bekannt, umreißt nach alter Bön-Tradition in etwa auch die politischen Grenzen des vorbuddhistischen *Zhang zhung* auf dem tibetischen *Chang Thang*. Na chen gang ri tso sum ist eine Dreiereinheit mit jeweils einem Göttlichen Paar Berg – See im Westen, im Zentrum und im Osten. Im Westen steht das heilige Paar *Tso Ma pham* und *Gang Ti se* (Manasarowar-Kailash), *Dangra Yum tso* und *Targo Rin poche* nehmen das Zentrum ein, und im Osten liegen *Nam tso* und *Nyen chen Thang lha*.

Das Nomadenland Chang Thang verschmilzt durch die Göttlichen Paare zu einem einheitlichen Ganzen, zu einem uralten Kulturraum mit einer gemeinsamen Geschichte. In ihrer ursprünglichen Funktion galten diese

Blick über die geheimnisvollen Wasser des Langa Tso (Rakas Tal). Der See ist Symbol der dunklen Mächte.

Paare als die Urahnen der bodenständigen Götter und als die Beschützer der Menschen. Später wurden sie sowohl bei den Bön-pos als auch bei den Buddhisten zu Schützern der Religion – wenngleich in Verbindung mit hierarchisch höher gestellten Gottheiten der jeweils eigenen Religion.

Das westliche Paar, *Mapham Yum tso* und *Gang Ti se,* ist wohl das bekannteste, denn es gilt nicht nur Bön-pos und Buddhisten, sondern auch Hindus und Jainas als heilig. Mapham Yum tso, oder Tso Mapham, der weibliche Aspekt des Paares, repräsentiert die ursprünglichen Wasser. Er ist der „unbesiegte See". Der männliche Gegenpart, Gang Ti se, der „Schneeberg", trägt noch eine Reihe anderer Namen. Gang Rinpoche, der „Kostbare Schneeberg" (oder „Kostbares Schneejuwel"), drückt die tiefe Verehrung der Tibeter für diese makellose Pyramide aus Fels, Eis und Schnee aus – ebenso wie die Sanskritbezeichnung *Kailāsa* – Kailash, der „Kristall" – seinen ideellen (und ästhetischen) Rang unterstreichen mag. Vor allem aber ist Gang Ti se auch Ri rab gyal po, „der Berg im Zentrum der Welt", denn er gilt als das materialisierte Zentrum des Universums.

Knapp 500 Kilometer östlich des Gang Ti se, im Norden des Transhimalaya und mitten im heiligen Bezirk des Chang Thang, erhebt sich *Targo Rinpoche* aus einer Reihe von mächtigen, vergletscherten Schneegipfeln. Sven Hedin, der den Berg Targo-gangri nennt, schreibt: „Auf einmal, blendend, silberweiß und großartig, tritt der ganze Bergstock hervor. Er strahlt wie ein Leuchtturm über dem Meer der Hochebene und hebt sich grell und scharf gegen einen Himmel ab, der im reinsten Azur prangt, mit einem Mantel von Firnfeldern und blauschillerndem Eise bekleidet... unsere Führer entblößten ihr Haupt und murmelten Gebete..."[2] Unmittelbar nördlich des Targo liegt *Dangra Yum tso,* sein weiblicher Partner, ein riesiger, abflußloser See, in einem der ödesten Winkel des Hochlandes.

Targo und Dangra sind das heilige Land der *Bön-pos.* Nach alter Bön-Tradition beseelt und nährt Targo ihre Religion, vergleichbar einem lebenden Organismus. Als Beschützer des Bön *(bon kyong)* war der Berg schon zur Zeit des alten Zhang zhung von größter Bedeutung, vielleicht sogar bedeutender als Gang Ti se, der Kailash, denn zu jener Zeit soll die Umgebung von Targo Rinpoche ein blühendes landwirtschaftliches Zentrum gewesen sein. Targo soll auch die seelischen Kräfte *(bla ri)* der Könige von Zhang zhung beherbergt haben.

Die mythische Geschichte von Targo Rinpoche reicht aber noch viel weiter in die Zeit zurück. Ähnlich wie in späterer, buddhistischer Zeit standen in der alten Zeit ganze Landschaften samt ihren Bewohnern gewissermaßen unter der geistigen Kontrolle der Bön-pos. Die Bön-pos glauben, daß Targo vor seiner Bekehrung zur heiligen Religion des Bön eine grausame, blutrünstige Gottheit war. *Shenrab Miboche,* der Begründer des sy-

Späte Abendsonne taucht den blauen Manasarowar in goldenes Licht.

stematisierten Bön, soll den Berg davon abgehalten haben, lebenden Wesen weiterhin Leid zuzufügen und ihn schließlich von der heiligen Lehre überzeugt haben.

Eine uralte Legende erzählt den inhaltlich wohl gleichen, aber sicher in ganz frühe Zeit zurückreichenden Sachverhalt im Detail und zeigt das in den Hochreligionen immer wiederkehrende Grundthema auf, wie dämonische Kräfte der Natur besiegt und schließlich zu Schützern der neuen Lehre werden.

In grauer Vorzeit brachten neun schreckenerregende Dämonen (? die neun Gipfel des Targo-Massivs) immer wieder Hungersnöte und Krankheiten und wagten sogar den Aufstand gegen die Götter. Im Auftrag der Weisheitsgötter wanderte *Bal chen ge khö* in den Süden der sieben Weltenberge, wo er eine goldene Bombe ins Meer warf, sodaß das Wasser zu kochen begann und die Erde dreimal überflutete. Die Dämonen waren tief be-

Tso Rinpoche – Gang Rinpoche, der See und der Berg, zwei Kostbarkeiten – eine Einheit. Blick über das westliche Ufer des Manasarowar auf den Heiligen Berg, dessen markantes „Gesicht" hier vom Morgennebel verhüllt ist.

Opfersteine mit Gebetsfahnen am Fuß der kleinen Gössul Gompa. Das Kloster steht auf einer Schotterterrasse am Südwestufer des Heiligen Sees.

Chiu Gompa am Nordwestufer des Manasarowar, eines der acht Klöster, die der Pilger auf der Kora um den Heiligen See berührt, bietet den wohl eindrucksvollsten Blick auf das „Kostbare Schneejuwel". Während Hindus darin das archetypische phallische Symbol des kosmischen Lingam, einer Personifikation von Shiva Mahadeva, erkennen, stellt der Kailash für die Buddhisten einen überdimensionalen Chörten dar.

eindruckt, und Ba chen ge khö demonstrierte – in seiner geistigen Manifestation als *Ku chi mang ke* – Überlegenheit, indem er die besiegten Dämonen mit heiligem Wasser segnete. Sie schworen daraufhin, die Bönlehre fortan zu beschützen, ihr Verhältnis zu den Göttern der Religion sollte jenem von Vater und Sohn gleichen.³

Seit dieser Zeit ist Targo Rinpoche nicht nur ein *bon kyong*, ein Beschützer des Bön, er ist vor allem auch der *yul lha*, die Gottheit der Region, der Beschützer der Bewohner und all ihrer weltlichen und spirituellen Belange und Besitztümer. Er ist sozusagen der oberste Machthaber und Repräsentant der ganzen Kultur. Seine vitale Kraft, die nach den Vorstellungen der Bevölkerung tief im Inneren des Berges an einem geheimen Ort verborgen liegt, ist so stark, daß sie Auswirkungen auf jede Aktivität, ob positiv oder negativ, in weitem Umkreis hat. Targo ist daher auch eine typische Reichtumsgottheit *(nor lha)*. Er ist Wettermacher, Wächter der Naturreichtümer und vor allem der Beschützer der Herden. Er ist der Herr der Tiere und kann sich in jedem einzelnen Lebewesen manifestieren. Das kostbarste, nützlichste und zugleich größte Tier der Nomaden und Halbnomaden Tibets ist der Yak. Die oberste Manifestation von Targo ist, wie auch im Falle der beiden anderen heiligen Berge Gang Ti se und Nyen chen Thang lha, der *weiße Yak (lha'i yag dong kar po)*. Dieses archetypischste aller Lebewesen des gesamten Chang Thang gilt als Beschützer von Tier und Mensch und zugleich als ein spirituelles Medium. In den alten Legenden wird der weiße Yak als göttliches Wesen beschrieben, größer und schöner als die normalen Individuen dieser Art, die die einsamen Anhöhen des Targo bewohnen.

Der weibliche Partner von Targo ist *Dangra Yum tso*. Dangra und Targo bilden das ursprüngliche Paar, sie sind Yab und Yum, Vater und Mutter schlechthin. Lokale Legenden bezeichnen Targo und Dangra als „die Urahnen der gesamten Welt".

Dangra Yum tso ist der größte und heiligste See im zentralen Chang Thang. In der Sprache des alten Zhang zhung bedeutet Dangra soviel wie Ozean. Die Bedeutung des Sees im alten Zhang zhung Reiche wird auch durch die Überlieferung unterstrichen, wonach Dangra Yum tso mit den heiligen Wassern von Tso Mapham (dem Manasarowar) über einen geheimen unterirdischen Kanal in Verbindung stehen soll. Nach der ursprünglichen, bodenständigen Volksreligion ist das Wasser des riesigen Sees die unmittelbare Inkarnation einer göttlichen Kraft, vergleichbar dem Gewebe eines lebenden Organismus. Später, mit dem Vordringen des Bön, wurde diese Kraft in eine konkrete Göttin, eben Dangra, transformiert. Der

Der Bezirk des tibetischen Chang Thang mit den drei Göttlichen Paaren: Ti se – Mapham Yum tso (im Westen), Targo Rinpoche – Dangra Yum tso (im Zentrum) und Nyen chen Thang lha – Nam tso (im Osten).

über 30 Kilometer lange Bogen im Ostufer des Sees wird als das abgewinkelte Bein der Göttin interpretiert. Ihre Augen, Hauptzentren der spirituellen Energie Dangras, sind deutlich in Form von zwei kleinen Seen am West- und Südufer zu erkennen.

Dangra ist Wächterin der Region und Königin *(Dangra gyal mo)*, vor allem aber ist sie archetypische Mutterfigur mit sehr menschenähnlichen Eigenschaften. Obwohl sie in gereiztem Zustand gefährlich sein kann, ist ihre vorherrschende Eigenschaft Mäßigung und Zurückhaltung. Ähnlich wie ihr männlicher Gegenpart Targo hat Dangra auch auf Orakel, spirituelle Medien und Geistheiler seit alter Zeit einen großen Einfluß. Gutes Wetter, die Gesundheit der Herden und das Wohlbefinden der Menschen fallen in die Zuständigkeit der gyal mo. Sie ist die Herrin der elementaren weiblichen Wesen der Region, die im See wohnen oder ihm entspringen. Zahlreiche Opferstätten entlang der heiligen Umwandlungsrunde um den See zeugen von der Bedeutung der Göttin und belegen ihre unumschränkte Verehrung. Sven Hedin: „Mögen wie schon seit ungezählten Jahrtausenden die wechselnden Färbungen der Jahreszeiten, die Pracht der Atmosphäre in Hell und Dunkel, Gold und Purpur und Grau, zwischen Regen und Sonnenschein über Padmasambhavas See hinziehen, mögen um seine Ufer die Schritte gläubiger, sehnsuchtsvoller Pilger eine Kette spannen!"[4]

Der größte unter den Tausenden von Seen des Chang Thang ist *Nam tso*, und *Nyen chen Thang lha* ist mit 7.162 Metern die höchste Erhebung des östlichen Transhimalaya. Eine gewaltige, langgestreckte, stark vergletscherte Schneekuppe in einem der unzugänglichsten Abschnitte des gleichnamigen Gebirgsstockes gelegen, ist Nyen chen Thang lha zugleich eine der bekanntesten, wenn nicht die bekannteste unter den Berggottheiten Tibets. Er ist einer der acht Söhne des Vater-Gottes *Ode Gungyel* und als solcher einer der neun Urgötter Tibets *(Sipae Lhagu)*. Unter den vier Hauptberggottheiten Zentraltibets stellt Nyen chen Thang lha den Gebietsherrn *(yul lha)* des Nordens dar. Als solcher beschützt er das Land und seine Bewohner und wacht über Gesundheit, Glück, Wohlstand und Frieden.

Aus der vorbuddhistischen Bön-Kultur stammt der Glaube, daß Nyen chen Thang lha den *sog* (srog), die Lebenskraft eines jeden Organismus, beeinflußt, damit also dessen körperlichen Zustand und dessen Lebensdauer bestimmt. Krankheit ist immer ein Hinweis auf Schwächung des sog, denn dieser steht mit allen lebenswichtigen Organen im Körper in Verbindung. Er bildet eine unsichtbare Achse, die entlang der Wirbelsäule verläuft. Nicht nur körperhafte Wesen besitzen einen sog. Nach dem ursprünglichen Glauben der *Drokpas,* der Hirtennomaden des Chang Thang, hat der sog von Nyen chen Thang lha seinen Sitz im *sog shing*, einer senkrechten Achse tief im Inneren des Berges. Er ist untrennbar mit einer schützenden Kraft, genannt *lung ta (rlung ta)* verbunden, die Nyen chen Thang lha aussendet und mittels der er entscheidend auf Gesundheit und Wohlbefinden aller lebenden Wesen der Umgebung einwirkt. Als oberstem Hirten und Wächter der Herden, der Lebensgrundlage der Drokpas, gebührt Nyen chen Thang lha Verehrung und Anerkennung, die sich in Form bestimmter Besänftigungs- und Dankesriten der Bevölkerung äußert.

Eine andere Dreiergruppe berühmter Berggottheiten umspannt das gesamte tibetische Hochland in West-Ost-Richtung: *Gang Ti se* (Westen, Ngari), *Nyen chen Thang lha* (Mitte, Chang Thang) und *Amye Ma chen* (Osten, Amdo). In dieser Konfiguration spielt Nyen chen Thang lha sogar die zentrale Rolle als Mitte *(Do Kham)* des gesamten Kulturraumes.

Kaum weniger verehrt wird der weibliche Gegenpart von Nyen chen Thang lha, *Nam tso*. In der ältesten Auffassung repräsentiert Nam tso die ursprünglichen Wasser, gleichzusetzen mit dem Urozean. Weit verbreitete Legenden bei den Drokpas mögen auch auf die ehemals deutlich größere Ausdehnung der Gewässer des Chang Thang anspielen. Die wörtliche Übersetzung „Himmelssee" spielt wohl auf die Fähigkeit dieser riesigen Wasserfläche an, die Farben des Himmels, gewissermaßen als irdischer Spiegel *(me long)* der himmlischen Sphären, nachzuzeichnen.

Gleich Nyen chen Thang lha hat Nam tso einen kontinuierlichen Einfluß auf die gesamte Umgebung, vor allem auf die Lebewesen und ihre Gesundheit. Ihr sog, ihre Lebenskraft, liegt in den Tiefen der blauen Wasser als ein Reservoir gewaltiger spiritueller Energie. Deren Auswirkung auf das Wohlbefinden der Lebewesen der Umgebung hängt nach dem Glauben der Bevölkerung direkt davon ab, wie diese sich der gesamten Natur gegenüber verhalten. So ist Nam tso nicht immer wohltätig und hilfreich, sie kann auch eine geradezu feindselige Göttin sein. Sie ist die Herrin der weiblichen Wasserwesen, der *lu mo (klu mo),* die in und um den See wohnen, zugleich aber ist sie eine Personifikation der großen Mutter, *Yum chen,* und die Mutter-Königin, *gyal yum.*

Nach der späteren Religion, dem Buddhismus, ist Nam tso eine der zahlreichen Emanationen der obersten aller weiblichen Gottheiten, *Dölma* (Drolma, oder *Tara)*, der Mutter aller Buddhas, der Schützerin vor allem Leid und der Retterin der Drei Sphären der Existenz mitsamt allen Wesen, die diese beleben. Nyen chen Thang lha aber wurde mit dem Vordringen des Buddhismus zu einem der wichtigsten Schützer der Lehre Buddhas *(chö kyong)*. Alle Schulrichtungen des tibetischen Buddhismus schätzen ihn als einen mächtigen Wächter der Religion,

Padmasambhava (Padma Jungnä), der Große Guru, der um das Jahr 786 auf Einladung des Königs Trisong Detsen von Indien nach Tibet kam und dort das erste Kloster (Samye) gründete. Angeblich erreichte er auch die Weiten des südlichen Chang Thang. Mittels seiner überlegenen Zaubermacht (siddhi) soll es dem Guru in kurzer Zeit gelungen sein, die zahllosen Dämonen des Schneelandes (gemeint sind alte Lokalgottheiten, vor allem aber die Götter der herrschenden Bön-Religion) zu bezwingen, und zwar indem er sie als Schützer der Lehre (Sungmas, Dharmapalas) in das buddhistische Pantheon eingliederte.
Padmasambhava ist, in Anspielung auf seine Geburt im See von Dhanakosa in Uddiyana, sitzend auf einer Lotosblüte dargestellt. In seiner rechten Hand hält er den Vajra, in der linken die Schädelschale Kapala mit einem Gefäß, das den Nektar der Unsterblichkeit enthält. Thangka aus der Privatsammlung des Autors.

ja, für die Nyingmapas, die „Alten", ist er sogar der mächtigste unter den weltlichen Herrschern. Diese Funktion Nyen chen Thang lhas geht auf das Wirken des großen Tantrikers *Guru Rinpoche (Padmasambhava)* zurück, der unter König Tri song De tsen auch auf den Chang Thang kam und zahllose Dämonen und lokale, bodenständige Götter bezwang und als „Schützer der Lehre" für den Buddhismus verpflichtete.

Die Nomaden aber bringen den Naturgöttern weiterhin ihre täglichen Opfer dar, und so beherrschen die heiligen Berge und Seen das Denken und Handeln der Menschen des Chang Thang bis auf den heutigen Tag. Der Druck durch das kommunistische Regime, vom alten „Aberglauben" abzulassen, erzeugt nur Unmut und Sorge. Andere Ansätze, wie die erst jüngst erfolgte Einrichtung des größten Naturparks Asiens im nördlichen Chang Thang, könnten dieser Einstellung positiv entgegenwirken, denn das neue, atheistisch-materialistische Weltbild widerspricht der Jahrtausende alten Tradition der Drokpas in jedem Detail. So etwa werden die vernichtenden Auswirkungen klimatisch schlechter Jahre auf Weidegründe und Viehbestand von der Bevölkerung ganz selbstverständlich als Reaktion der zürnenden Naturgötter auf das Eindringen dieser neuen, fremden Mächte verstanden. Die tiefe Verankerung von uralten Traditionen, universeller Naturverehrung und einer über Jahrtausende erfolgreichen, im ursprünglichsten Sinne ökologischen Wirtschaftsweise wird nirgendwo deutlicher als in der Verehrung der „Göttlichen Paare" des Chang Thang.

---

1 J. V. Bellezza: Divine Dyads
2 S. Hedin: Transhimalaya
3 J. V. Bellezza: Divine Dyads
4 S. Hedin: Transhimalaya

3. Vom Manasarowar nach Tholing

Vom Gurla La kommend führt die Piste das Ostufer des Rakas Tal entlang weiter nach Norden. Am höchsten Punkt der Hügelkette nördlich der Heiligen Seen erreicht man ein Manimal mit Gebetsfahnen. Von hier überblickt man die weite *Ebene von Barkha,* und die Bergsäule des Kailash wirkt noch eindrucksvoller. In der Ferne ist der Ort *Darchen* am Fuß des Heiligen Berges zu erkennen. Die Strecke Purang – Darchen (gut 100 Kilometer) nimmt mindestens drei Stunden Fahrzeit in Anspruch.

In der Barkha-Ebene erreicht man die Hauptverkehrsader Westtibets. Sie führt als sogenannte Südroute von Lhasa und Shigatse kommend entlang des Tsangpo und über den Maryum La zum Kailash, dann weiter nach Gartok und Shiquanhe bis an die indisch-ladakhische Grenze. Die Piste folgt großteils der ehemaligen Tasam-Route, der Karawanenstraße des alten Tibet. Vom geologischen Standpunkt markiert dieser Weg ziemlich genau die Grenze zwischen zwei tektonischen Platten: der Indischen Platte (Himalaya) und der Lhasa Platte (Südtibet).

In der Steppenlandschaft westlich des Kailash tummeln sich wieder *Tibetantilopen* (Chiru) und *Kiangs.* Herden von bis zu 20 Stück dieser herrlichen Tiere sind keine Seltenheit. Die Landschaft ist weit und einsam. Die Piste folgt dem Südfuß des *Transhimalaya* (Gang Tise), über Schotterschwemmfächer, durch Canyons und über weite Ebenen. Erst in der Nähe von *Moincer* (Möntshe, Mensi, Missar, 80 Kilometer oder knapp drei Fahrstunden von Darchen entfernt) tauchen wieder vermehrt Nomadenzelte und Yakherden auf.

Etwa zehn Kilometer südlich von Moincer liegt *Tirthapuri,* „die Stadt der Toten". Heiße Quellen, kleine Geysire, eine gedämpfte Farbenpracht und eine besondere spirituelle Atmosphäre kennzeichnen diesen Ort am linken Ufer des *Sutlej.* Er wurde angeblich von Guru Rinpoche und seiner Partnerin Yeshe Tsogyal geweiht. Zahlreiche Pilger wandeln auf der heiligen Kora und besuchen den Tempel der Dorje Phagmo, der Gemahlin des Herrn des Kailash. Neben Kailash und Manasarowar ist Tirthapuri der am meisten verehrte Platz in Westtibet. Es heißt, wer Tirthapuri nicht besuche, dessen Pilgerreise zum Heiligen Berg sei unvollkommen.

Knapp hinter Tirthapuri zieht der Sutlej eine Schleife nach Südwesten und tritt bald in eine schluchtartige Enge mit phantastischen Erosionsformen ein. Etwa 30 Kilometer (von Tirthapuri) flußabwärts liegt inmitten dieser unzugänglichen Canyonlandschaft die Ruinenstadt von *Khyung lung.* Khyung lung Gül kar, das „Silberschloß im Tal des Khyung", gilt als ein wichtiges Zentrum des vorbuddhistischen Königreiches von Zhang zhung (Zhang zhung Me) und Ursprungsort des Böntums. Noch heute ist Khyung lung ein bekanntes Pilgerziel für die Anhänger der alten Religion.

Der sehr beschwerliche Weg folgt noch über mehr als 150 Kilometer dem linken Ufer des Sutlej durch das chaotische Labyrinth der Schotterberge bis Tholing. Die heutige Hauptroute aber führt von Moincer weiter Richtung Nordwest und erreicht schließlich den Oberlauf des *Cartang chu,* eines Nebenflusses des Indus. Dann zweigt eine Nebenstraße auf einem weiten Schotterfächer Richtung Westen ab und windet sich eine steile Paßstraße empor. Die Berge des *Ayi La* bilden die östlichsten Ausläufer der Ladakhkette. Vom höchsten Punkt, dem *Göku La* (Geier Paß), bietet sich ein grandioser Blick sowohl auf die Kailashkette im Norden als auch auf die Schneegipfel des Himalaya im Süden. Rundum beherrscht eine geradezu unglaubliche Farbenpracht die Szene. Rot, violett, grün, beige, lila leuchten die Gesteine, die hier den auf wenige Kilometer zusammengepreßten Meeresboden der Tethys repräsentieren. Im mittleren Gesichtsfeld Richtung Westen dehnt sich ein riesiges intramontanes Becken aus, das mit weißgelblichen Sedimenten aufgefüllt ist. Es ist jener Einzugsbereich des oberen Sutlej, der in jüngster geologischer Zeit zu einem gewaltigen, mehr als 100 Kilometer messenden See gestaut war und in dem diese hellen, viele Hunderte Meter mächtigen Lehme, Sande und Schotter abgelagert wurden. Die wichtigsten kulturellen und religiösen Zentren Westtibets, sowohl des alten Zhang zhung als auch des späteren Königreiches von Guge, sind auf diesen Sedimenten gegründet: Höhlenklöster, Klosterburgen und königliche Residenzen, von denen Khyung lung, Mangnang, Davadzong sowie Tsaparang und Ober-Tholing die berühmtesten sind.

Vom Göku La folgt die Piste der Südseite der Ayi La-Kette in Nordwestrichtung und erreicht schließlich an einer Kreuzung jene Route, die vom Norden her, von Shiquanhe, Gartok und Namru, das Gebirge quert. Nach einer scharfen Linksbiegung steht man bald am Rand des Canyons: Der Blick verliert sich in einer phantastischen, von unzähligen Erosionsrinnen zerfurchten Landschaft, deren Formen und Farben jeden Reisenden sprachlos werden lassen. Für Lama A. Govinda spiegelten sich in diesen Felsformen Schlösser und gotische Kathedralen, er sprach von einer „Symphonie in Stein", einer Landschaftsarchitektur von „... ehrfurchterregender Monumentalität, für die die Bezeichnung 'schön' viel zu schwach ist".[1] Und der britische Geograph H. Strachey, der Westtibet als einer der ersten Europäer wissenschaftlich erkundete, schrieb 1854 von einer geradezu sinnestäuschenden Gewalt dieser Bergszenerie: „... und manchmal sind die Felsen und Gipfel der steileren Abhänge so phantastisch, daß es schwer ist, sich zu überzeugen, daß sie nicht durch Menschenhand geformt wurden oder, aus der Ferne betrachtet, nicht Häuser oder Burgen darstellen, während einige der größten Schluchten ... wie richtige Straßenzüge oder Städte von überaus gewaltigen Proportionen und wunderbarer Architektur erscheinen."[2]

Die Piste führt tief hinab in den Canyon, und nach etwa einer weiteren Stunde Fahrzeit erreicht man das Ziel: *Tholing,* am linken Ufer des *Sutlej.* Der Weg von den Ufern des Manasarowar bis nach Tholing (knapp 300 Kilometer) erfordert einen anstrengenden, gut zehnstündigen Reisetag.

---

1 Lama A. Govinda: Der Weg der weißen Wolken
2 H. Strachey: Physical Geography of Western Tibet

Durch die Barkha-Ebene. Im Hintergrund die Westflanke des Gurla Mandhata-Massivs.

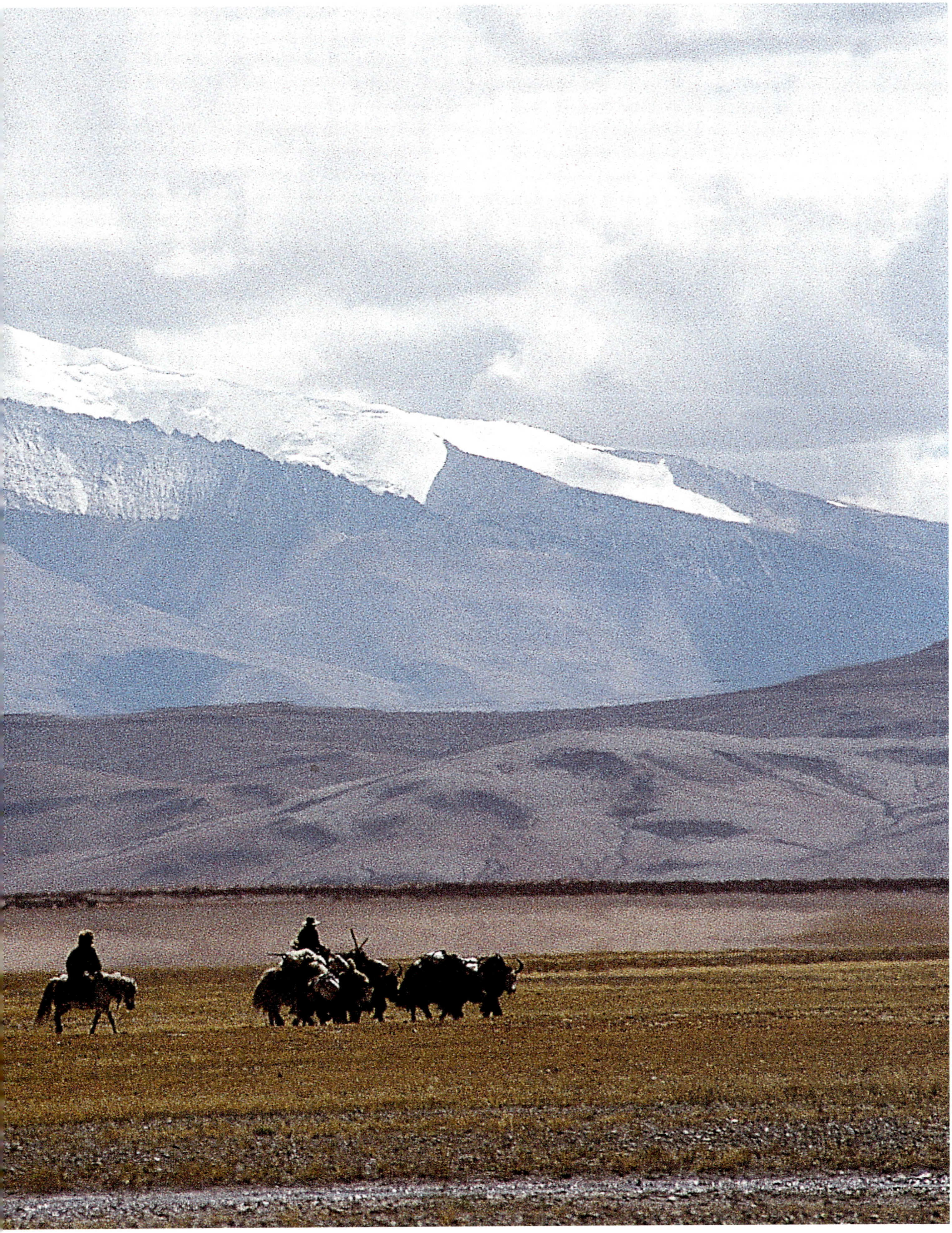

Im oberen Tal des Cartang chu, im Hintergrund die Berge der westlichen Kailash-Kette.

Westlich Moincer (Mensi), nahe der Auffahrt zum Göku La.

Einfahrt in die bizarr-phantastische Canyon-Landschaft des oberen Sutlej.

Chörten der Natur. Die Erosionsformen in den geologisch jungen, wenig verfestigten Sedimenten sind zeitweise geradezu unglaubwürdig.

Magie, geheimnisvolle Kräfte und tantrische Riten – die Macht von körperlichem und geistigem Training

„*Kurz nach der zweiten Mahlzeit wurden die neuen Eingeweihten ... in der Aussendung des Bewußtseins unterwiesen. Diese Kunst war schwierig zu meistern ... In Wahrheit zählte Phoimonda ... zu den schwierigsten Praktiken. Eingeweihte, die nach fünfjähriger Übung für eine halbe Stunde ihren Körper verlassen konnten, galten als außerordentlich gut und fortgeschritten. Nur die frischgebackenen Lamas übten sich am frühen Nachmittag in der Kunst des geistigen Reisens. Eigentlich waren die Stunden vor dem Frühstück wesentlich besser dazu geeignet, da sich die Strahlung der Sterne am Nachmittag veränderte.*"[1]

Diese Passage aus Ti Tonisa Lamas Erzählung „Das Felsenkloster" mit dem Untertitel „Eine wahre Begebenheit aus dem alten Tibet" zeigt, daß die Entwicklung „außergewöhnlicher Fähigkeiten" im alten Tibet als das natürliche Produkt von gezieltem körperlichem und geistigem Training angesehen wurde. Esoterische Yoga-Praktiken waren ein Hauptinstrument zum Erreichen dieses Zieles.

In der westlichen Welt haben Berichte und Erzählungen von Schriftstellern und Reisenden über „übernatürliche" Erscheinungen, okkulte Kräfte, magische Riten und verschiedene andere, scheinbar unerklärliche Phänomene das Tibetbild stark geprägt und so im Laufe der Zeit wie kaum andere Dinge rund um das „Land des ewigen Schnees" einen Schleier des Geheimnisvollen gewoben. Oberflächlich betrachtet mochte so dieses Land noch bis vor kurzem so manchem wie ein Ort der Magie oder ein Bollwerk geheimer Kräfte erscheinen. Obwohl viele dieser „unerklärlichen" Dinge mit falschen Augen gesehen werden und andere vielleicht einfach erfunden sein mögen, wird dennoch oft eingeräumt, daß es kaum möglich sei, deren Existenz zur Gänze zu leugnen oder sie als Scharlatanerie abzutun. Das alte Tibet, ein Speicher von geheimem Wissen? Es scheint indes sicher, daß fliegende Lamas, Schwarze Magie, Bewußtseinsreisen und vieles mehr in der Glaubenswelt des Normaltibeters seit Jahrhunderten einen festen Platz hatten. Manche westliche Reisende suchten nach Ursachen, warum außergewöhnliche geistige Fähigkeiten auf dem Dach der Welt „*besonders gedeihen*" (Alexandra David-Néel) und führten unter anderem auch natürliche Gegebenheiten wie die extreme Höhenlage, die klare Luft, die durchdringende Stille, die Menschenleere und Einsamkeit an. M. Hermanns schreibt: „*Tibet, das Land der großen Einsamkeit und des tiefen Schweigens, bietet ja die besten natürlichen Voraussetzungen, um parapsychologische Fähigkeiten zu entwickeln.*"[2] Anderseits jedoch wird der religiös-geistige Hintergrund einer universellen Spiritualität nicht weniger betont. Auch Tibeter berichten, daß im alten Tibet eine besondere, eigentümliche, kaum beschreibbare geistige Atmosphäre herrschte. Doch obwohl Tibeter im allgemeinen geistige Werte sehr hoch schätzen, wurde ihr Volkscharakter seit eh und je als ausgesprochen erdverbunden beschrieben. Auch Dingen, die vom naturwissenschaftlich-materialistischen Standpunkt als unerklärlich erscheinen, begegnen sie mit einem ganz natürlichen Verhalten. Über ihre Einstellung zu magischen Dingen schreibt Govinda:

„*Was uns besonders beeindruckte, war die objektive Haltung und die fast wissenschaftliche Präzision, mit der die Tibeter okkulte Dinge und psychische Phänomene behandeln, die in westlichen Ländern entweder Produkte der Sentimentalität, morbider Neugier oder abergläubischer Vorstellungen sind, wie dies die meisten spiritistischen Séancen demonstrieren, die vorwiegend von Neurotikern oder 'psychischen' Frauen veranstaltet werden, deren anormale Sensitivität sie allen Arten unterbewußter Einflüsse und Illusionen zugänglich macht. Im Gegensatz dazu scheinen die Tibeter anormal sensitive oder 'psychische' Typen zu vermeiden und vollkommen normale, robuste Individuen vorzuziehen, die sich weder besonderer Geistigkeit noch irgendwelcher psychischer Eigenschaften rühmen und ebensowenig von persönlichem Ehrgeiz getrieben sind.*"[3]

Die eingangs zitierte Schilderung von Ti Tonisa Lama macht glauben, daß das „Aussenden des Bewußtseins" in den entlegenen Felsenklöstern des frühen Bod-yul eine durchaus häufig praktizierte Übung war. Bei diesen *Bewußtseinsreisen* verließ der Geist die irdische Hülle und durchstreifte nicht nur die nahe Umgebung, sondern auch weit entfernte, ihm noch unbekannte Länder, während der Körper „*bewegungslos in der Zelle ruhte*".

Andere außergewöhnliche Fähigkeiten, die in der älteren Tibetliteratur öfters erwähnt werden, sind *Tumo*, die „Erzeugung des inneren Feuers", und *Lung gom,* der „Große gleitende Gang", im Westen auch als „Trancelauf" bekannt. Beide Fähigkeiten sollen durch gezieltes körperliches und geistiges Training, oft bei längerer, ja, jahrelanger Isolation des Übenden von der Außenwelt erworben worden sein. Die Beherrschung der Atmung (Einatmen, Anhalten des Atems, Ausatmen) sowie gezielte Gedankenkonzentration spielten dabei die tragende Rolle.

Bei *Tumo,* der Erzeugung der inneren Hitze, ging es darum, im Lotossitz meditierend und bei beliebig niedrigen Temperaturen, meist im Freien und leicht oder gar nicht bekleidet, die Körpertemperatur so weit zu halten oder zu steigern, daß keine Unterkühlung eintrat. Geschulte Yogins sollen durch das Beherrschen von Tumo monatelange Meditationsübungen in entlegenen Höhlen oder Klausen hoch in den Schneebergen Tibets und des Himalaya ohne weiteres überstanden haben. Bei speziellen „Prüfungen" soll es üblich gewesen sein, in eisigen Winternächten am Ufer eines Flusses nasse Tücher durch die eigene Körperwärme zu trocknen oder den Schnee rund um den eigenen Körper zum Schmelzen zu bringen. Alexandra David-Néel, die sich selbst in Tumo übte und dabei *„... auffallend gute Erfolge"*[4] erzielte, berichtet, daß die in dieser Kunst Fortgeschrittenen imstande waren, das Tuch in einer Nacht bis zu vierzigmal am eigenen Körper zu trocknen, während andere *„... ihr ganzes Leben lang vollkommen nackt auf einsamen Bergeshöhen"* hausten.

Als weitere „typische" außergewöhnliche Fähigkeiten galten besondere Arten des *Hellsehens* oder der *Gedankenübertragung,* die man als „Botschaften auf dem Winde" bezeichnete. Diese Fähigkeiten galten in Tibet durchaus als erlernbar, vorausgesetzt, man war bereit, den eigenen Geist so weit zu trainieren, bis man die eigenen Gedanken völlig auf ein bestimmtes Objekt, und nur auf dieses, zu konzentrieren imstande war. Auch hier geht es darum, bestimmte Energieströme zu bündeln.

Obwohl Alexandra David-Néel das aufgeblasene und betrügerische Gehabe mancher Dzogchen-Meister anprangert oder als reine Scharlatanerie oder Pseudomagie abtut, betont auch sie, daß in Tibet sogenannte unerklärliche Phänomene *„durchaus nicht für Wunder im abendländischen Sinn ..., also nicht für übernatürlich"* gehalten würden und daß kein Mensch deren Existenz leugne. Das Beherrschen solcher Phänomene und Praktiken setzt eine Art Geheimwissen voraus, das im weiteren Sinn Parallelen zum Schamanismus aufweist.

In der Tat scheinen bei vielen dieser Phänomene einerseits an Zauberei erinnernde uralte schamanistische Praktiken und anderseits geistige Kräfte, die durch jahrelange intensive Schulung (insbesondere Gedankenkonzentration und Meditation) bei fortgeschrittenen Tantrikern entwickelt werden, nicht voneinander unterscheidbar zu sein. In jedem Fall ist dabei nach der Auffassung der Tibeter das Wirken einer unsichtbaren Kraft im Spiel, die von einer einzelnen Person oder von fremden Wesen ausgeht oder von ihnen erzeugt wird. In der Glaubenswelt des frühen wie auch des späteren Bön existieren neben der materiellen Welt noch zahlreiche andere Wirklichkeiten. Nach der Vorstellung des tantrischen Buddhismus sind materielle und geistige Welt vollkommen gleichwertig: beides sind nur verschiedene Aspekte ein und derselben Wirklichkeit, letztlich aber leer, nicht-existent.

Der Unterschied zwischen dem streng pragmatisch-materialistischen Weltbild des Westens und jenem hinduistisch-buddhistischer Kulturen Asiens ist fundamental. Westliche Wissenschaft lehrt, daß nur Materie und Energie als real zu betrachten sind. Fragen nach Spiritualität, Geist, Seele sind Sache der Religion und des individuellen Glaubens, Religion hat in diesem Sinne absolut nichts mit der Realität zu tun. Demgegenüber sind im hinduistisch-buddhistischen Kulturkreis, wie auch in allen vorindustriellen Kulturen, Religion und Weltanschauung untrennbar miteinander verwoben. In dieser universellen Auffassung des Kosmos ist die materielle Welt nicht die einzige Wirklichkeit. Ja, als eine von vielen ist diese „grobstoffliche" Welt gewissermaßen nur das letzte Glied, wie auch die bildhafte Projektion des buddhistischen Universums klar zeigt.

Dieser fundamentale Unterschied in der Auffassung der Welt und insbesondere der menschlichen Natur spiegelt sich ganz besonders in den Lehren und Praktiken des Tantrismus. Intensive Beschäftigung mit der spirituellen Dimension der Wirklichkeit vermag dem menschlichen Geist mehr und mehr jene Regionen zu erschließen, die jenseits des in der materiellen Welt Erfahrbaren und Erfaßbaren liegen. Aus der Sicht der modernen Psychoanalytik könnte man die „natürliche Akzeptanz" paranormaler Phänomene bei den Tibetern als Folge intensiver Beschäftigung mit jenen mythischen Sphären sehen, die von C. G. Jung als der „archetypische Bereich des kollektiven Unterbewußten" bezeichnet wurden. Im allgemeinen wird das Erleben solcher Phänomene oder Erfahrungen einem außergewöhnlichen, holtropen Bewußtseinszustand zugeschrieben. Ein solcher Zustand wird im Land der tantrischen Praktiken über die Meditation erreicht. Intensive meditative Praxis erweitert das Bewußtsein und erschließt andere Ebenen der Wirklichkeit, eben die tantrische Realität. Diese tantrische Realität gründet auf einem ganzheitlichen Weltverständnis, wo es keine Trennung von Geist und Materie mehr gibt. Das so erweiterte Bewußtsein bringt neue Erkenntnisse über die materielle und geistige Welt, indem es in Bereiche vordringt, die dem Alltagsbewußtsein nicht zugänglich sind. Der Aufbau des tibetischen Kosmos macht deutlich, daß neben der materiellen Welt der Menschen und Tiere ein ganzes Spektrum von Sphären (Welten) existiert, die, bis hinauf zum Absoluten, von einer Reihe von Wesen bewohnt werden, die man als verschiedene, aufsteigende Wirklichkeitsebenen auffassen kann.

Unterschiedliche kulturelle Praktiken mögen so als geistiger Nährboden und als Ursache für die ganz natürliche Einstellung zu „außergewöhnlichen" Phänomenen in Tibet angesehen werden. Im tantrischen Buddhismus Tibets verschmolzen über die Jahrhunderte verschiedene Elemente: ursprünglich indische Aspekte sind eng mit bodenständig-schamanistischen sowie den ebenfalls vorbuddhistischen Auffassungen und rituellen Praktiken des frühen Bön-Glaubens verflochten und wurden in die neue Lehre des Padmasambhava integriert.

Tantrismus leitet sich in der ursprünglichen Übersetzung aus der altindischen Sanskritwurzel *tan* ab. Dieses Wort hat etwa die Bedeutung von „sich ausdehnen", wobei sich diese Ausdehnung auf das Wissen bezieht. Tantra bezeichnet das „allumfassende Wissen", Tantrismus ist eine Weltsicht von Universalität. Eine andere Übersetzung von Tantra ist „Faden", was im Sinne von Kontinuität zu verstehen ist. Als Lehre vertritt der Tantrismus die Synthese von Geist und Materie, er ist um Ganzheit bemüht. Der ganze Kosmos ist als komplexes, aber unteilbares Ganzes zu verstehen und miteinander verbunden. In jedem seiner Teile, ja, in jedem Atom spiegelt sich der ganze Kosmos. In jedem Individuum offenbart sich die gleiche kosmische Kraft, denn im Wesen ist der ganze Kosmos und jedes seiner einzelnen Teilchen gleich und eins.

Die großen *tantrischen Meister,* wie Milarepa oder Drukpa Künleg, nahmen auf ihrem Weg zum Ziel einen direkten, den „pfeilschnellen Pfad". Nach der Einweihung in die geheimen Lehren durch einen Guru erschließt sich dem *Dzogchen* die andere, die tantrische Realität. Es ist eine Sicht der Wirklichkeit, die weit über die Ebene der materiellen Welt hinausgeht. Der Weg dorthin aber führt über hartes körperliches und geistiges Training, das alle Fesseln sprengt und alle Gegensätze überwindet. Wichtige Trainingsstätten für angehende Dzogchen-Meister sind besondere Orte der Kraft, Tummelplätze von Dämonen, typischerweise aber Friedhöfe, also die Orte der Himmelsbestattung oder Verbrennungsstätten. Hier, an diesen Orten des Schreckens, wo gewissermaßen in einem Akt letzter Freigebigkeit die sterblichen Überreste eines Individuums zum Wohle anderer Lebewesen geopfert werden, wird vom Übenden der höchste aller tantrischen Riten, die *Chöd-Praxis,* vollzogen. *Chöd* (tibetisch: gcod, was wörtlich „schneiden" heißt) ist die Bezeichnung für die „Praxis der höchsten Großzügigkeit". Bei dieser Übung „durchschneidet" der *Chöd-pa* im eigenen Geist sein Anhaften an alle Objekte, einschließlich jenes am eigenen Sein, an der Wurzel. Als Zeichen dafür opfert er symbolhaft alles Existierende, insbesondere seinen eigenen Körper. Chöd wurde daher auch als Ritus der „Selbstaufopferung" bezeichnet. Sinn dieses Opfers ist, die negativen, schädigenden Kräfte zu besänftigen. Ihre Macht soll durch den Opferritus aufgelöst und dadurch sollen alle betroffenen leidenden Wesen erlöst werden. In der ursprünglichsten Form ist der Chöd-Ritus also eine Reinigungszeremonie: der Chöd-pa nimmt symbolhaft alles Böse, das um ihn und in ihm existiert, um dann durch das Darbieten seines eigenen Körpers (bildhaft: durch die Verfütterung seines eigenen Körpers an die Dämonen der bedingten Existenz) alle Existenzen und sich selbst zu reinigen. So opfert der Chöd-pa sein Ego zum Wohle aller lebenden Wesen und macht durch diese Zeremonie einen weiteren Schritt in Richtung zur geistigen Vollkommenheit.

Andere, ältere Beschreibungen von Chöd-Riten hingegen erinnern stark an schamanistische Praktiken, die z.B. von einem frenetischen Tanz begleitet waren. Man nahm daher lange Zeit an, der Chöd wurzle in vorbuddhistischen Ritualen. Auch hier wird betont, daß die Durchführung des Ritus langes und intensives Training erfordert, körperliches genauso wie geistiges. Sonst droht dem Chöd-pa Gefahr. Denn es handelt sich um einen Akt, bei dem der Praktizierende „...sich selbst tötet, ohne zu sterben".[5]

Der französische Lazaristenpater R. E. Huc, der in den Jahren 1844–1846 von Peking nach Lhasa reiste, berichtet von einem besonders schauerlich anmutenden Chöd-Ritus, der zu jener Zeit von einem Rinpoche in der Süd-Mongolei vor zahlreichen Zusehern durchgeführt wurde (dem Huc jedoch selbst nicht beiwohnte) und der im übrigen in den Lamaklöstern der Tartarei und Tibets durchaus keine Seltenheit dargestellt haben soll.

Durch tagelange Isolation, strenges Fasten und Schweigen hat der mächtige Rinpoche sich auf den Ritus vorbereitet. Als endlich der festgelegte Tag gekommen ist, erscheint der Chöd-pa im Hof der Lamaserie. Gemessenen Schrittes bahnt er sich den Weg durch die staunende Menge der Pilger und setzt sich auf den Altar, der vor dem Eingangstor zum Tempel errichtet worden ist. Er zieht ein langes Messer aus seiner Gürteltasche und legt es auf seine Knie. Zahlreiche Lamas haben zu seinen Füßen Platz genommen und beginnen mit ihren beschwörenden Anrufungen zu dieser schaurigen Zeremonie. Nach und nach wird der Bokte unruhig, ein Zittern geht durch seinen ganzen Körper, das sich zu frenetischen Konvulsionen steigert. Schließlich werden auch die Lamas erregt, ihr beschwörender Gesang geht in ein unkontrolliertes Schreien und Grölen über. Dann schlägt der Bokte plötzlich seinen Umhang zurück und löst seinen Gürtel. Er ergreift das geweihte Messer und schlitzt seinen Bauch in einem einzigen langen Schnitt auf. Während das Blut sich in alle Richtungen ergießt, wirft sich die Menge angesichts der schaurigen Szenerie nieder, und dem Chöd-pa werden nun vielerlei Fragen gestellt, die die Zukunft des Landes und das Schicksal bestimmter Persönlichkeiten betreffen. Die Antworten des Chöd-pa werden in jedem Falle als Orakelsprüche gewertet.

Schließlich, sobald die Neugierde der Fragesteller befriedigt ist, nehmen die Lamas ihre Gesänge wieder auf, jetzt ruhig und getragen. Der Bokte nimmt mit der Rechten etwas Blut aus seiner Wunde, führt es zum Mund, bläst dreimal darauf und verspritzt es schließlich unter lautem Schreien in der Luft. Dann fährt er mit einer schnellen Handbewegung über seine Wunde – und verschließt sie. Nach kurzer Zeit ist in jeder Hinsicht der alte Zustand wiederhergestellt, und es bleibt keine Spur mehr von der schauerlichen Operation, außer tiefe Betroffenheit. Der Bokte schlägt den Schal wieder über seinen Körper und spricht mit tiefer Stimme ein Gebet. Dann ist alles vorbei, und die Menge zerstreut sich, mit Ausnahme von einigen besonders Frommen, die noch verweilen, um den blutverschmierten Altar zu verehren.

Obwohl Huc – wen wundert es – seiner Überzeugung Ausdruck verleiht, daß bei diesen angeblich durchaus häufig praktizierten Schreckenszeremonien *„... der Teufel wesentlichen Anteil hat",* betont er, daß nach seiner eigenen Einschätzung dabei jedoch keinerlei Trick oder Schwindel angewendet werde. In dieser Meinung sei er auch durch die Aussagen der intelligentesten und aufrechtesten Buddhisten, die er in den verschiedenen Klöstern getroffen habe, bestärkt worden. Eine solche Auffassung ist für abendländische Kleriker jener Zeit durchaus bemerkenswert.

Viele der außergewöhnlichen Fähigkeiten, die aus dem alten Tibet beschrieben wurden, setzen das Eingreifen fremder Mächte über ein Medium voraus und erinnern so stark an schamanistische Praktiken. Der rationale abendländische Mensch sah darin lange Zeit nichts anderes als magische Zaubertricks oder betrügerischen Klamauk – und wandte diese Erklärung zum Teil auch auf die im tibetischen Buddhismus weit verbreiteten tantrischen Riten an. Alexandra David-Néel etwa sprach von *„... Sinnestäuschung, wie sie bei den tibetischen Mystikern häufig vorkommt, und auch wohl absichtlich von ihnen hervorgerufen wird?"*

Ngagmas oder *Ngagpas,* tantrische Meisterinnen und Meister, die der ältesten Tradition im Tibetischen Buddhismus, der *Nyingma-Tradition* des Padmasambhava, anhängen, werden auch als „Tantrische Schamanen" bezeichnet. *Schamane* kann man nach der ursprünglichen Bedeutung des Wortes auch mit „Wissender" übersetzen (das aus dem Tungussischen stammende Wort „sha" bedeutet etwa „wissen" oder „können").

Der Schamane verfügt jedoch nicht so sehr über eine Fülle von geistig-abstraktem Wissen, sondern über „kosmisches Wissen". Dasselbe gilt für den mystischen Tantriker. Es ist ein Wissen, das in der unmittelbaren Erfahrung der Einheit allen Seins gründet.

Unter *Chöd* versteht man jedoch nicht nur einen bestimmten Ritus, sondern eine ganze Tradition, ein umfangreiches *Lehrsystem.* Diese Tradition wurde in Tibet von *Machig Labdrön* begründet. Als Zeitgenossin des Dichteryogis Milarepa lebte Machig in einer Periode, als der Buddhismus im Schneeland zwar wieder Fuß gefaßt hatte, aber Bönpriester, Schamanen und Zauberei noch immer das tägliche Leben der einfachen Menschen beherrschten. Obwohl den verschiedenen Angaben zur Biographie von Machig Labdrön zum Teil ein fragwürdiger historischer Wahrheitsgehalt zugeschrieben wird, gilt als belegt, daß sie ihren Eid als Nonne brach und sich mit einem indischen Yogi vermählte. So verließ sie das geordnete System klösterlicher Disziplin und Hierarchie und folgte fortan einem nicht konventionellen Lebensstil am Rande der Gesellschaft, wie er für indische *Mahasiddhas,* oder Verrückte Heilige, typisch ist. Obwohl Machig als Frau sicher als absolute Außenseiterin gelten mußte, erreichte sie schließlich die Anerkennung selbst hoher orthodox-buddhistischer *Panditas,* die sich in jener Zeit der „Zweiten Ausbreitung der Lehre" vorwiegend aus Gelehrten der berühmten indischen Klosteruniversitäten Nalanda, Vikramasila und Bodhgaya rekrutierten. In der Roten Festung des Kupferberges, Zangri Khangmar, enthüllte Machig Labdrön schließlich die *Lehre vom Chöd* und stieg so, als eine der ganz wenigen Frauen in Tibet, zur obersten Lehrmeisterin des Vajrayana, des Diamantenen Pfades, auf. Machig wird als Dakini verehrt und ist zugleich Yum Chenmo, eine Emanation der „Großen Mutter der Weisheit". Diese von Machig Labdrön enthüllte und begründete Lehre vom Chöd hat nach neueren Forschungen jedoch nur wenig, bestenfalls in rituellen Äußerlichkeiten, mit Trance und Ekstase schamanistischer Praktiken zu tun, und schon gar nichts mit kannibalistischen und sexuellen Exzessen während dieser Rituale (wie häufig in der älteren – und sogar in der neueren! – Literatur dargestellt). Vielmehr gründet dieser höchste aller tantrischen Riten in dem bekannten, hochentwickelten Lehrsystem der *Prajnaparamita,* dessen Hauptinhalt die *Lehre von der Leerheit inhärenter Existenz aller Phänomene* ist, und das Opfern des eigenen Körpers im Zuge des oben beschriebenen Chöd-Rituals leitet sich unmittelbar aus der *Bodhisattva-Tradition* ab.[6]

Die höchste mystische Erfahrung im Tibetischen Tantrismus ist Dzogchen. *Dzog chen* bedeutet „Große Vollendung". Dzogchen-Meister gehen den direkten, den sogenannten „pfeilschnellen" Pfad, der in der absoluten persönlichen Freiheit (und Verantwortung) des Handelns besteht. Diese Erfahrung bleibt der Allgemeinheit allerdings verborgen, sie wird vom Meister zum Schüler unmittelbar, das heißt bei *unverändertem Zustand des Geistes*[7], weitergegeben. Typische Vertreter in Tibet sind *Milarepa, Machig Labdrön* oder *Drukpa Künleg.* Der Dzogchen-Meister stirbt keines natürlichen Todes. Er wird am Ende seines Erdenlebens direkt mit den Elementen eins: Sein Körper löst sich in farbiges Licht auf, nur Haare, Nägel und die Nasenscheidewand bleiben zurück. So erreicht er *ja-lu,* den Regenbogenkörper.

---

1 Ti Tonisa Lama: Das Felsenkloster
2 Matthias Hermanns: Mythologie der Tibeter
3 Lama Anagarika Govinda: Der Weg der weißen Wolken
4 Alexandra David-Néel: Heilige und Hexer
5 Régis Evariste Huc: Reise durch die Mongolei nach Tibet und China
6 Jérôme Edou: Machig Labdrön and the Foundations of Chöd
7 Ngakpa Chögyam Rinpoche: Der Biß des Murmeltiers

Ankunft in Tholing. Hinter dem Grabchörten des Yeshe Ö am Hang die Ruinen von Ober-Tholing.

4. Tholing – altes kulturelles Zentrum von Guge

Tholing (chinesisch: *Zanda,* das Verwaltungszentrum von Zanda Xian), gilt als die historisch bedeutendste klösterliche Anlage von ganz Westtibet. Seine Gründung um die Jahrtausendwende (Jahreszahlen um 985 bis 1025 werden genannt) geht auf den großen Übersetzer *Rinchen Zangpo* (958–1055) zurück, der wohl bedeutendsten Persönlichkeit im gesamten westtibetischen Kulturraum dieser Zeit. Der charismatische und wohl bedeutendste König des um 930 gegründeten westtibetischen Reiches *Guge, Lha-Lama Yeshe Ö,* förderte nicht nur Rinchen Zangpo, sondern er bemühte sich vor allem auch, den berühmten bengalischen Meister *Atisha* nach Tholing zu holen. Als der Lama-König gegen Ende seiner Regentschaft gefangengenommen wurde, brachte man eine große Menge Goldes, die dem Gewicht von Yeshe Ös Kopf entsprach, als Lösegeld auf. Der König aber stellte sein Leben vollkommen in den Dienst der Religion: er verzichtete auf seine Befreiung und wollte das Gold dafür verwendet sehen, um Atisha nach Westtibet einzuladen. Im Jahre 1042 kam der bengalische Meister, sechsundachtzigjährig, nach Tholing, wo er drei Jahre lang wirkte. Durch dieses königliche Engagement erhielt das religiöse und kulturelle Leben zur Zeit des Rinchen Zangpo in ganz Guge und darüber hinaus einen neuen Aufschwung. Die Zeit wird als „Zweites Goldenes Zeitalter" oder als „Zweite Ausbreitung des Buddhismus" in Tibet *(Chidar)* bezeichnet.

Unter den zahlreichen klösterlichen Zentren, die Rinchen Zangpo gründete und die über den ganzen westtibetischen Kulturraum – einschließlich der heute zu Indien zählenden Gebiete von Spiti, Zanskar und Ladakh – verstreut sind, war Tholing das bekannteste. Besondere Berühmtheit erhielt Tholing schon 1076, als unter König Tsede ein Konzil in *Tabo* (in Spiti) einberufen wurde, bei dem Gelehrte aus der ganzen buddhistischen Welt nach Westtibet strömten. Tholing wurde zu einem Zentrum, von dem sich in den folgenden Jahrhunderten die religiöse und kulturelle Erneuerung über ganz Tibet ausbreiten sollte.

Ursprünglich zählte die Klosteranlage von Tholing sechs religiöse Gebäude. Davon haben nur zwei den natürlichen Verfall sowie die Zerstörungswelle der neuen Zeit einigermaßen überdauert: der *Dukhang* (Versammlungshalle; auch als *Roter Tempel* bezeichnet) und der *Lhakhang Karpo,* der Weiße Tempel. Der Eingang zum Weißen Tempel fällt vor allem durch zwei einzigartige, bemalte Säulen aus Zedernholz auf, die wegen ihres archaischen, gedrungenen Erscheinungsbildes der frühen Gründungszeit des Lhakhangs zugeschrieben werden. Die Innenausstattung mit Plastiken und anderen Kultinstrumenten ist in beiden Tempeln weitestgehend verschwunden oder zerstört worden, die Deckenmalereien und insbesondere die Mauerfresken sind jedoch noch unterschiedlich gut erhalten. Der Inhalt der Malereien im Dukhang umfaßt historische Szenen und wichtige Persönlichkeiten des frühen Guge, weiters Bilder aus der Prajnaparamita, oder die Buddhas des Goldenen Zeitalters. Die teilweise noch ausgezeichnet erhaltenen Malereien im Weißen Tempel zeigen tantrische Yidams, friedvolle Gottheiten, historische Persönlichkeiten sowie Szenen von Leichenplätzen und Verbrennungsstätten. Neben der erkennbaren Beeinflussung durch den in der nepalesischen Tradition wurzelnden Sakyapa-Malstil sind die ursprünglichen Elemente des kaschmirischen Raumes, die die frühe Kunst Guges grundlegend prägen, in Formen und Farbkompositionen dieser Fresken dominierend. Es gibt zahlreiche Ähnlichkeiten zu den Malereien des nahen Tsaparang, und ähnlich jenen werden diese Kunstschöpfungen dem 15.–16. Jahrhundert zugeordnet.

Der größte und berühmteste Tempel von Tholing aber war der *Tempel des Yeshe Ö* (benannt nach diesem wohl bedeutendsten Herrscher des frühen Guge, der zugleich Lama war), auch *Goldener Tempel* genannt. Der Grundriß entsprach dem eines Mandalas, dessen äußere Umgrenzung eine ganze Reihe von Korridoren und Kapellen mit einer Fülle feinst gearbeiteter Statuen und anderer Kultgegenstände umschloß. Als Besonderheit zierten vier schlanke Chörten die vier Ecken des quadratischen Baues. In seiner Form als dreidimensionales Mandala, aber auch in seiner Bedeutung für die tibetische Kunst insgesamt, wird der Tempel des Yeshe Ö mit dem eigentlichen Gründungskloster in Tibet, mit Samye, verglichen. Ungleich Samye aber wurde der Goldene Tempel von Tholing nie kunsthistorisch dokumentiert – so sind sein weitgehend unbekanntes Inneres und sicherlich unschätzbare Kunstwerke mit seiner Zerstörung (nach 1959) für immer verlorengegangen. Erst in den achtziger Jahren wurden noch einige schlecht erhaltene Fresken auf verfallenen Mauerresten gefunden, die der eigentlichen Gründungszeit des Tempels (um 1000) zugeschrieben werden.[1] 1998 wurde die Außenfassade des Yeshe Ö Tempels restauriert und neu gestrichen.

---
1   M. Henss: [in] P. Pal (Ed.): On the Path to Void, p.204.

Yum chen mo oder Ser chinma (Prajnaparamita), der weibliche Transzendente Bodhisattva, ist eine der bekanntesten Erscheinungsformen des mahayanabuddhistischen Pantheons. Sie wird als „Mutter aller Buddhas" (Yum chen mo) bezeichnet, da ihre Idee älter ist als die Geburt der Transzendenten (Dhyani-)Buddhas. Prajnaparamita (Prajna = Weisheit) bedeutet etwa „Über die Grenzen gegangene Weisheit" oder „Transzendente Weisheit". Sie symbolisiert die letzte aller Erkenntnisse, der Einheit und Leerheit aller Erscheinungen, und repräsentiert damit auch das wichtigste der buddhistischen Weisheitsbücher, wie es von Nagarjuna aus den ursprünglichen Sutras im 2. Jhdt. v. Chr. in der Prajnaparamita niedergelegt wurde. Dieses Buch trägt Yum chen mo in der rechten oberen Hand. Weißer Tempel (Lhakhang Karpo), Tholing.

Die beiden gedrungenen, bemalten Säulen links und rechts vom Eingangstor zum Weißen Tempel in Tholing werden auf Grund ihrer archaischen Form der Gründungszeit des Tempels (11. Jhdt.) zugeschrieben.

Gebete in Horn und Stein. Roter Tempel von Tholing.

Ruinen eines Juwels aus längst vergangener Zeit. Der verfallene Tempel des Yeshe Ö (Mandalatempel, erbaut im späten 10. Jhdt.) in Tholing, 1990.

Reihen von Chörten zeigen die Nähe eines religiösen Zentrums an. Ursprünglich von einem Grabhügel (Stupa) abgeleitet, hat sich im Chörten der buddhistischen Welt eine komplexe Symbolik entwickelt. Er repräsentiert den Geist Buddhas, den Weltenbaum, den Kosmos schlechthin. Tholing.

Grabchörten des berühmten Lama-Königs Lha-Lama Yeshe Ö (mit dem weltlichen Namen Tsanpo Ko re). Tholing.

Oben: Die gelbe, dreiköpfige Loma Gyön ma ist die Patronin der Heilkräuterkunde und Schützerin vor Epidemien. Rechte Seitenwand im Weißen Tempel von Tholing.

Oben links: Jang Chen ma (Sarasvati), die Göttin der Sprache und Musik, mit der Knickhalslaute. Lhakhang Karpo (rechte Seitenwand), Tholing.

Links: Die weiße Namgyälma (Ushnishavijaya), die „Göttin des langen Lebens", ist eine weibliche Bodhisattva-Emanation von Namdzä, dem weißen, sonnengleichen Dhyanibuddha Vairocana. Sie ist die „Siegreiche Göttin der Erleuchtungserhöhung". Weißer Tempel (rechte Seitenwand), Tholing.

Seite 81 oben: Detail der Mauerfresken von der linken Seitenwand im Dukhang (Roter Tempel) von Tholing.

Seite 81 unten links: Weißer Tempel (Lhakhang Karpo), Detail von der türseitigen Wand.

Seite 81 unten rechts: Aus den historischen Szenen von der Frontseite des Roten Tempels, Tholing.

81

Tibetischer Zungengruß. Tholing.

Der (außen) frisch restaurierte Yeshe Ö-Tempel 1998. Ungewöhnlich sind die minarettartigen Chörtenaufsätze an den vier Ecken, die ein altes indisches Architekturelement darstellen.

Der Weiße Tempel (Lhakhang Karpo, rechts) und der Rote Tempel (Dukhang, links) von Tholing. Im Vordergrund Wohnhäuser.

Götter – Projektionen des Geistes

In der ursprünglichen Konzeption ist der *Buddha-Dharma,* die Lehre des Erleuchteten, des historischen Buddha, eine Weltanschauung ohne Gott. Häufig wird der Buddhismus deshalb auch als gottlose Religion bezeichnet. Dennoch wirkt im tibetischen Buddhismus heutiger Prägung kaum etwas so augenfällig wie die schier endlose Zahl von göttlichen Wesenheiten. Durch deren tausendfache Darstellung auf Fresken, Rollbildern (Thangkas) und in Form von Plastiken wird dieser Aspekt für den fremden Betrachter noch besonders betont. Diesen bildlichen Darstellungen kommt so nicht nur eine Funktion der Belehrung zu, sondern die Götter Tibets und des Himalaya werden auch zu den wichtigsten Trägern der darstellenden Kunst und Kultur.

Das Pantheon des tibetischen Buddhismus hat sich über die Jahrhunderte aus mehreren unterschiedlichen Quellen entwickelt, und die integrierende Kraft dieser Religion wird kaum irgendwo deutlicher als in dieser typischen Assimilation fremder Elemente. Bodenständige tibetische und zentralasiatische Naturgottheiten wurden ebenso in den lamaistischen „Götterhimmel" aufgenommen wie himalayanische und vor allem indisch-hinduistische Götter. Durch die innige Verschmelzung von Elementen aus verschiedenen Kulturkreisen und weiters durch die Differenzierung des tibetischen Buddhismus selbst (in verschiedene Schulen, oder „Sekten") hat sich im Laufe der Zeit ein derart komplexes Pantheon entwickelt, daß selbst Kennern häufig viele Einzelheiten nicht bekannt sind. Neben ebenfalls oft dargestellten großen historischen Persönlichkeiten, wie Yogins, Lamas, Lehrmeistern usw., kann man im lamaistischen Pantheon im wesentlichen vier Gruppen von „göttlichen Wesen" unterscheiden: Buddhas, Bodhisattvas, Dharmapalas und Yidams.

Ein *Buddha* ist ein Wesen, das den Zustand höchster geistiger Entwicklung, also die Vollkommenheit erreicht hat. Es hat den Weg vom *Samsara,* dem Kreislauf der Wiedergeburten, ins *Nirwana* („Erlösung") durch eigene geistige Erkenntnisse verwirklicht; er hat alles alte *Karma* abgegolten und alle Dinge der Welt durch seine geistige Kraft überwunden (Unter Karma versteht man das Wirken von guten und schlechten Taten über den körperlichen Tod des individuellen Wesens hinaus). Als *Vollkommener Buddha* wird er dann eingestuft, wenn er seine Erkenntnisse auch anderen Wesen mitteilt, um ihnen den Weg zur Befreiung aus dem Samsara zu weisen. Buddhas greifen jedoch nicht von sich aus in das Leben von Heilsuchenden ein, sie sind lediglich Lehrer des Dharma. Neben den Buddhas der verschiedenen Zeiten, wie den *24 Vorzeitbuddhas,* dem historischen *Buddha Gautama* oder *Maitreya,* dem Buddha der Zukunft und letzten Buddha unseres Weltzeitalters (Kalpa), gibt es nach der Vorstellung des Mahayana-Tantrayana eine Anzahl von *Transzendenten Buddhas.* Diese „Manifestationen des Absoluten" herrschen auch über die sogenannten *Zwischenparadiese* und können die Wiedergeburt in solchen Sphären ermöglichen. In diesen „Reinen Ländern" gibt es kein Leiden, und die Wesen können so ihren Weg bis zur vollständigen Erleuchtung ohne Behinderung gehen. Die Transzendenten Buddhas sind zeitlos, sie werden auch *Tathagatas* (Vollendete) oder *Dhyani-Buddhas* (Meditationsbuddhas) genannt, da sie vom tantrischen Yogin in seiner Meditation visualisiert werden.

Nach der tantrischen Vision bilden die Transzendenten Buddhas das in der tibetisch-himalayanischen Kunst und Kultur allgegenwärtige *System der Fünf,* denn jedem von ihnen ist eine der Fünf Richtungen zugeordnet, im Kosmos wie im Mandala. Es sind die Väter der Fünf

---

Bild rechts: Elfköpfiger, tausendarmiger Chenresig (Avalokiteshvara). Der Bodhisattva (Changchub Sempa) des Mitgefühls und der Güte ist eine der bekanntesten Gestalten des mahayanabuddhistischen Pantheons. Unter den zahlreichen (über 100) Erscheinungsformen ist die tausendarmige Darstellung sehr beliebt. Wie keine andere drückt sie die universelle Hilfsbereitschaft Chenresigs aus, denn er hat in Gegenwart seines Buddha-Vaters Öpame geschworen, so lange in der Welt der Vergänglichkeit zu bleiben, bis alle Wesen aus dem Samsara erlöst sind. Jeder der tausend Arme will jedem Wesen beistehen, jede der tausend Hände besitzt ein Auge, um die Leiden der Welt zu erblicken.
Die stehende Figur ist in Begleitung von zwei Helfern. Ein Schrein mit zwei Säulen und einem kunstvoll geschmückten Dach, das von zwei schwarzen Seemonstern gehalten wird, bildet den Rahmen für die Hauptfiguren. Lamas, Buddhas, Yogis und tantrische Gottheiten (oberer Bildteil) sowie verschiedene göttliche Wesenheiten, Yidams und Dharmapalas (Namthösre, Dölma, Sangdui, Dükar, Tamdin, Gönpo Nagpo, Shinje Shedpo, Shinje; unterer Bildteil) erscheinen als Randfiguren auf diesem prächtigen Thangka, dessen Original aus dem Guge des 15. Jahrhunderts stammt. Ölmalerei des Autors nach einer Vorlage aus: M. M. Rhie & R. A. F. Thurman: Wisdom and Compassion. The Sacred Art of Tibet.

85

Buddha-Familien. Spezielle Farben, Gesten *(mudras)*, Stellungen, Throntiere (als ihre Fahrzeuge) und andere Symbole kennzeichnen ihre Eigenschaften und Qualitäten, sie lassen erkennen, mit welchen Elementen, Aggregaten und Emotionen sie assoziiert werden.

Das Zentrum beherrscht *Namdzä (Vairocana),* der Sonnengleiche in leuchtendem Weiß; *Mikyöpa (Akshobhya),* der Unerschütterliche, beherrscht den Osten („vorne") in Blau; der Gelbe, *Rinchen Jungdän (Ratnasambhava),* der Juwelengeborene, den Süden („rechts"); der Rote, *Öpame (Amithaba),* das Unermeßliche Licht, den Westen („hinten") und der Grüne, *Dönyödubpa (Amogasiddhi),* der Allmächtige Zielverwirklicher, den Norden („links"). Jedem der Fünf ist ein Element, eine Eigenschaft usw. zugeordnet. Die Transzendenten Buddhas können in einfachem Mönchsgewand oder in Bodhisattva-Ausstattung (gekrönt, als Yidams), einzeln oder in Vereinigung mit ihrer weiblichen Partnerin (Yum) dargestellt werden.

Ein *Bodhisattva,* oder *Changchub Sempa,* ist ein Erleuchtungswesen (bodhi = wissend, sattva = Wesen), das – im Gegensatz zu einem Buddha – das Heilswissen nicht nur kundtut, sondern den Wesen auf dem Weg zur Befreiung sehr direkt und praktisch Beistand leistet. Im fortgeschrittenen Stadium seiner Vollkommenheit wird das Erleuchtungswesen zum *Transzendenten Bodhisattva* oder *Mahabodhisattva:* es hat Gier, Haß und Unwissenheit, also den karmischen Kreislauf der Wiedergeburten, überwunden, verzichtet jedoch vorerst darauf, ins endgültige Nirwana einzutreten. Die Haupteigenschaften eines Bodhisattvas sind *Aktives Mitgefühl und Weisheit,* denn er bleibt freiwillig so lange in der Welt, bis alle Wesen erlöst sind. Als äußeres Zeichen für die Unabhängigkeit von Zeit und Raum besitzen die Erleuchtungswesen meist mehrere Köpfe, Augen und Arme, die fünfzackige Krone betont ihre absolute Macht über die Kräfte der Natur.

Grundsätzlich kann jeder, der einem anderen Wesen hilft, ein Bodhisattva sein. In der tibetisch-himalayanischen Kunst sind vor allem die drei großen Transzendenten Bodhisattvas bekannt: *Chenresig (Avalokiteshvara),* der Herr des Mitgefühls, *Chagna Dorje (Vajrapani),* der Träger des Diamantzepters, und *Jampalyang (Manjushri),* der glorreiche Sanfte, Bodhisattva der Weisheit und Literatur. Neben diesem „System der Drei" gibt es ein „System der Fünf", in dem jeder Transzendente Bodhisattva vom entsprechenden Buddha der Fünf Richtungen (als spirituellem Vater) abgeleitet wird. Das „System der Acht" schließlich nennt die hauptsächlichen Erleuchtungswesen des mahayana-buddhistischen Pantheons, denen jeweils eine weibliche Partnerin zugeordnet sein kann.

Die bekanntesten *weiblichen Bodhisattvas* sind: *Dölma (Tara,* mit insgesamt 21 verschiedenen Erscheinungsformen), *Serchinma (Prajnaparamita), Namgyälma* (*Ushnishavijaya,* die Mutter aller Buddhas) und *Dükar* (*Ushnisha-Sitatapatra*).

Avalokiteshvara, in Tibet *Chenresig* genannt, ist wohl der beliebteste und am häufigsten dargestellte Bodhisattva und zugleich Schutzpatron Tibets. Der Dalai Lama gilt als Inkarnation einer seiner zahlreichen (insgesamt über 100) Erscheinungsformen. Chenresig verkörpert Mitleid und Güte, Eigenschaften, die in manchen Darstellungen durch die zahlreichen Hände und Augen klar angedeutet sind. In der Daseinsform des *Chöku* (Dharmakaya) ist er als „verborgene Buddhanatur" in allen Lebewesen vorhanden, denn er durchdringt Raum, Zeit, Materie und Geist. Der Mensch wird sich seiner bewußt, wenn er Liebe und Zuneigung verspürt. Eine häufig abgebildete Form ist jene des elfköpfigen, tausendarmigen Chenresig. Einer Legende nach soll dem Bodhisattva beim Anblick des endlosen Leidens in der Welt der Erscheinungen (Region der Begierde, Kamadhatu) sein Haupt in zehn Teile zersprungen sein. Öpame, sein geistiger Buddha-Vater, formte daraus zehn Köpfe und setzte seinen eigenen Kopf oben darauf. Seither wird der Elfköpfige, *Chu Chik Shal,* mit je drei übereinandergesetzten friedlichen Häuptern und einem zornigen Haupt darüber dargestellt. Zuoberst lächelt, als elftes, das rote Gesicht des Öpame, des Buddhas des Unermeßlichen Lichts. Die tausend Hände des Chenresig tragen je ein Auge in der Handinnenfläche. Sie wachen symbolisch über die Drei Regionen des Universums, gemäß der Dreikörperlehre. Die inneren acht Hände sind der Region der Formlosigkeit (Arupadhatu), jenseits der 24 Himmel, zugeordnet. Die 40 Hände des ersten äußeren Kreises symbolisieren die Region der Reinen Formen (Rupadhatu). Die Mehrheit, die restlichen 952, kreisförmig angeordneten Hände jedoch wachen hilfreich über die Region der Begierden (Kamadhatu), also über die sechs karmischen Bereiche der Wiedergeburten, die im tibetischen Weltbild die acht Kalten und Heißen Höllen, die Erde und die sechs Niederen (sinnlichen) Himmel der Götter umfassen, wo alle grobstofflichen Wesen unterschiedlich leiden müssen. Hier werden Mitgefühl (Karuna) und Weisheit des großen Bodhisattvas besonders gebraucht. Im Lebensrad *(Bhavacakra)* erscheint Chenresig daher auch in allen sechs Daseinsbereichen der Wiedergeburt gesondert, als verschiedenfarbiger Buddha, um allen Wesen getrennt Beistand und Belehrung für die Befreiung aus dem Samsara zu bringen.

Götter sind nach mahayana-vajrayana-buddhistischer Auffassung Wesen, die im Gegensatz zu Bodhisattvas und Buddhas den Kreislauf der Wiedergeburten (Samsara) noch nicht verlassen haben. Ihr Dasein ist jedoch – als Wesen des höchsten der sechs Wiedergeburtenbereiche – von einem langen Leben und von weniger Leiden geprägt als jenes der niedrigeren Existenzformen (wie der Menschen). Diese rufen daher die Götter häufig um Hilfe in irdischen Belangen an, so etwa um Gesundheit, Wohlergehen oder langes Leben. Zwei auffällig verschiedene Arten sind für die Götter typisch: die *friedliche* und die *zornige (krodha)* oder *schreckliche Erscheinungsform*. Zornig hat hier jedoch nicht die Bedeutung von negativ oder bösartig, der Begriff bezieht sich lediglich auf das Aussehen. In seiner schrecklichen Erscheinungsform hilft der Gott dem Menschen, böse Mächte zu überwinden. Die Vorläufer der meisten Götter des nördlichen Buddhismus entstammen einerseits der Bönreligion, hauptsächlich aber dem Hinduismus. Im Zuge des Vordringens des Mahayana in den nördlichen Himalaya und nach Tibet wurden zahlreiche fremde Götter in das neue Glaubenssystem übernommen und dabei transformiert. Dämonische Mächte wurden so durch die überlegenen geistigen Kräfte von Gurus, insbesondere des großen *Guru Rinpoche* (Padmasambhava), bezwungen und fortan als „Wächter der Religion" in den Dienst des Dharma gestellt. Das dämonische, schreckenerregende Aussehen solcher *Chö Kyongs (Sungmas, Dharmapalas;* oft mehrköpfig, mehrarmig und mehrbeinig) soll die Wächterfunktion dieser als Schützer der Lehre bezeichneten Wesen zusätzlich betonen und die Feinde des Dharma abschrecken. Dies wird unter anderem durch die Flammenaureole, von der die Chö Kyongs umgeben sind, verdeutlicht. Sie symbolisiert konzentrierte Energie. Ebenso typisch ist das Stirnauge (Dritte Auge), das alle Feinde der Religion erblickt. Die meisten Chö Kyongs tragen reichlich Körperschmuck, sind sonst aber nackt, das heißt, frei von täuschenden Illusionen. Bekannt und sehr häufig dargestellt sind vor allem die *Acht Schrecklichen Henker (Drag shed, Astabhairava): Pelden Lhamo, Gönpo Nagpo, Shinje, Shinje Shedpo, Tamdin Gyelpo, Lhamring, Namtösre* und *Tsangpo Karpo*.

Pelden Lhamo (Sri Devi), die „Glorreiche Göttin", der einzige weibliche Dharmapala, erscheint fast ausschließlich in schreckenerregender Gestalt. Sie vereint Wesenszüge uralter vorbuddhistischer tibetischer Muttergottheiten sowie der blutrünstigen hinduistischen Kali in sich. Die Lhamo ist blau und reitet mit flammendem Haar auf einem Maultier über einen See von Blut. Ihr Sattel besteht aus Dämonenhaut. Pelden Lhamo, kurz auch *Lhamo* („die Göttin") genannt, ist die spezielle Schutzgöttin der Dalai Lamas sowie Beschützerin der Stadt Lhasa.

Gönpo Nagpo (Mahakala), der „Große Schwarze", hat insgesamt 75 verschiedene Erscheinungsformen. Mahakala erscheint in schwarzer, weißer oder blauer Farbe und hat bis zu 16 Arme und acht Köpfe. Einige seiner wichtigsten Funktionen sind: Beschützer der Weisheit, Hüter des Zeltes und der Jurte (daher ist der Große Schwarze auch Schutzherr der Mongolen) und Hüter der buddhistischen ethischen Klosterdisziplin.

Shinje (Yama, Chögyal), ist der Totengott; in einer weiteren, sehr ursprünglichen Deutung soll er in Tibet aber auch einen klaren Bezug zu Zeugung und Geburt aufweisen. Seine Wurzeln sind jedenfalls vielschichtig, denn es ergeben sich Beziehungen sowohl zum alten Indien als auch zu Persien.[1] Yama wird mit „Zwilling" übersetzt. Dies deshalb, weil Yama gemeinsam mit seiner Schwester Yami geboren worden sein soll. Nach dem Rigveda waren Yama und Yami das erste Menschenpaar. Zugleich war Yama also auch der erste Sterbliche. Als Chö Kyong in den Dienst des Dharma gezwungen, wurde Shinje zum Totenrichter. Er wacht über die gerechte Verteilung der Wiedergeburt, jener Existenzbereiche, die sich die unerlösten Wesen gemäß ihrer angehäuften Taten verdient haben. Meist wird Shinje stierköpfig, gedrungen und kräftig und mit erigiertem Glied dargestellt. Er tanzt gemeinsam mit seiner Zwillingsschwester *Yami* auf dem Rücken eines Stieres, der sich in sexueller Vereinigung mit einer als Stammutter gedeuteten Frau befindet. Als Dharmakönig *(Dharmaraja)* trägt Shinje das Rad der Lehre (Dharmacakra) auf der Brust.

Shinje Shedpo (Jig jig, Yamantaka) ist der Überwinder des Totengottes Yama (Shinje). Er wird daher auch *Yamari* („Feind des Yama") genannt. Als auffälligstes Merkmal trägt Yamantaka daher einen Stierkopf, und er tanzt auf einem Stier – Yamas Stier, den Yamantaka ihm weggenommen hat. Die Legende erzählt, daß Yamantaka einst Tibet vor dem Untergang gerettet habe, als der Totengott Yama wutschnaubend durch das Land zog und in einer Epidemie alles mit sich nahm, was ihm in den Weg kam. Jampalyang (Manjushri), der Bodhisattva der Weisheit, setzte dem Sterben schließlich ein Ende, indem er die Gestalt Yamantakas annahm und den todbringenden Yama besiegte.

Yamantaka ist der Anführer der „Acht Schrecklichen Henker". Als spezielle Schutzgottheit der Gelugpas (der Gelbmützen) steht er im Buddharang und ist eine der bekanntesten Gottheiten des nördlichen Buddhismus. In seiner wohl schreckenerregendsten Erscheinungsform, als *Vajrabhairava-Yamantaka* („Der Schreckliche mit dem Donnerkeilzepter"), erscheint er mit neun Köpfen (der oberste davon als friedvolles Antlitz des Manjushri, der Yamantakas Gestalt angenommen hat), 34 Armen und 16 Beinen, mit erigiertem Glied oder in sexueller Vereinigung mit seiner Yum. Yamantakas Füße treten verschiedene Wesen nieder, unter denen sich etliche Hindugötter befinden. Seine 34 Hände halten die verschiedensten tantrischen Kultinstrumente und andere Attribute – tiefe Symbolik für die Überwindung des Todes und zugleich der Wiedergeburt, denn wer nicht mehr stirbt, kann auch nicht mehr wiedergeboren werden. Yamantakas letztes Ziel ist somit, die Wesen aus dem leidvollen Kreislauf des Samsara zu erlösen.

Tamdin Gyelpo (Hayagriva) ist die Personifizierung des tantrischen Zauberdolches *Phurbu (Vajrakila)* und Beschützer der Pferde. Seine komplexe Gestalt vereint hinduistische, alttibetische und mongolische Kulturelemente. Er ist sowohl eine Emanation des Dhyanibuddhas Öpame als auch Mikyöpas. Als besonderes Kennzeichen trägt er einen oder mehrere Pferdeköpfe im Haar.

Lhamring (Begtse), „Der mit dem Panzer unter dem Hemd", stellt einen vorbuddhistischen Kriegsgott (vermutlich zentralasiatisch-mongolischen Ursprungs) dar. Er ist mit einem Schuppenpanzer und mit mongolischen Filzstiefeln bekleidet. Begtses besondere Kennzeichen sind das Schwert und ein Herz (Zeichen der besiegten Feinde), das er mit der Linken zum Munde führt. Darin zeigt sich, wie in den meisten anderen Fällen, erneut die ursprünglich blutrünstige, grimmige Natur dieser Götter, die sich jedoch durch deren Integration in eine Weltanschauung der Friedfertigkeit in eine positive Kraft des Schutzes und der Verteidigung gewandelt hat.

Namthösre (Kubera, Vaishravana oder *Jambhala)*, der „Unförmige", ist Weltenhüter der Nordrichtung und Gott des Reichtums. Als Hüter der Schätze trägt er reichen Schmuck, ein Panzerhemd und Filzschuhe. Namthösre reitet auf einem Schneelöwen. Seine kennzeichnenden Attribute sind die Schirmstandarte und der juwelenspeiende Mungo *(nakula)*.

Tsangpa Karpo (Sitabrahma), der „Weiße Brahma", ist die lamaistische Form des hinduistischen Schöpfergottes Brahma. Er zeigt weiße Körperfarbe und reitet auf einem Pferd oder auf einem Drachen.

Zu den wichtigsten Erscheinungsformen im tantrischen Buddhismus (Tantrayana oder Vajrayana) zählen die *Yidams*. Es sind einerseits Schutz- oder Wunschgottheiten von einzelnen Personen. Jeder, der den tantrischen Weg beschreitet, wählt eine persönliche Meditationsgottheit. Dem Adepten wird bei der Initiation (Weihe) von seinem Lehrer (Guru) das geheime Anrufungsmantra für seine persönliche Schutzgottheit (Yidam) überreicht. Auch benutzen Übende bei ihren Visualisierungspraktiken oft ein persönliches Meditationsbild *(thugs dam)*. Zweck der Visualisierung des Yidams ist die Identifikation des Meditierenden mit der „Göttlichen Energie". So wird im esoterischen Buddhismus ein rascher, ein direkter Zugang zur Erleuchtung angestrebt. Dem *Yidam (Sadhita)* kommt jedoch kein objektives Dasein zu. Er ist reine Geistprojektion, die vom Tantriker ideïert, erdacht wird und nur für ihn sichtbar ist.

Yidams sind aber auch bildliche Projektionen von magisch-mystischen Lehrsystemen, den sogenannten *Tantras*, von denen es vier verschiedene Klassen gibt. Jedes Tantrasystem hat seinen eigenen Yidam. Durch die Ideation des Yidams hofft der Tantriker, die esoterischen, schwer erfaßbaren Inhalte des Lehrsystems unmittelbar zu erfahren.

Meist erscheinen Yidams als männlich-weibliche Zwillingseinheiten, in *Yab-Yum-Stellung* (Vater-Mutter). Als solche symbolisieren diese tantrischen Paare die *Überwindung der Dualität* und führen den Tantriker zur Erkenntnis der alles beherrschenden Leere, der *Soheit*, die Anfang und Ende zugleich bedeutet. Durch meditative Versenkung in die Natur des Yab-Yum-Paares sollen Gier, Haß und Unwissen überwunden und so ein geläuterter Geisteszustand erreicht werden. Die Darstellung der Sexualität hat hier die Bedeutung einer kraftvollen, ekstatischen Energiequelle, die schließlich in der Erleuchtung gipfelt. Die vier bekanntesten tantrischen Schutzgottheiten im tibetischen Buddhismus repräsentieren gleichzeitig auch die vier wichtigsten Tantrasysteme (esoterische Lehrsysteme).

Guhyasamaja (Sangdui) steht für das *Guhyasamajatantra*, das „Tantra der Geheimversammlung". Dieses vermutlich älteste Tantrasystem stammt aus dem 5. Jhdt. n. Chr. Guhyasamaja symbolisiert das Absolute, das sich im Wesen und Wissen aller Buddhas ausdrücken läßt.

Cakrasamvara (Demchog), „Der das Rad der Wiedergeburt anhält", symbolisiert das *Cakrasamvaratantra*, das aus dem 8. Jhdt. stammt. Er repräsentiert die Erkenntnis der Einheit und Leerheit aller Dinge. Seine Yum *Vajravarahi (Dorje Phagmo)* ist selbst der bekannteste weibliche Yidam. Sie vermittelt geheimes Wissen. Cakrasamvara ist der Herr des Heiligen Berges Kailash.

Hevajra oder *Heruka (Kye Dorje)* vertritt das *Hevajratantra*, ein Muttertantra aus dem 9. Jhdt. Hevajra personifiziert Mitleid und Weisheit. Seine Yum, die hellblaue *Nairatma*, verkörpert die Leere.

Kalacakra (Dükyi khorlo), das „Rad der Zeit", symbolisiert das *Kalacakratantra* (10./11. Jhdt.). Es ist eine Einheitsschau von Makrokosmos und Mikrokosmos und bezieht die Astrologie wesentlich mit in den Heilsweg ein. Das Kalacakratantra ist das jüngste und komplexeste Tantrasystem, in dem alle Erscheinungen auf einen geistigen Urgrund zurückgeführt werden.

---

1   M. Hermanns: Mythologie der Tibeter

Der Burgberg von Tsaparang (rTsa brang = die Große Residenz) ragt knapp 200 Meter über die Uferterrassen des Elefantenflusses auf. Um den von zahlreichen Höhlenwohnungen durchlöcherten Berg sollen im 15. und 16. Jhdt. an die 3000 Menschen gelebt haben. Neben mehreren Ruinen sind die noch erhaltenen, außen restaurierten Gebäude erkennbar: unten links über dem Eingang das kleine Gelehrtentempelchen (rot), rechts davon der Weiße Tempel (Lhakhang Karpo); darüber der Tempel der Yidams (links) und der größere Rote Tempel (Lhakhang Marpo, rechts). Auf der Bergspitze die jüngst wieder aufgebaute „kleine" Residenz des Königs (weiß) und der rote Mandalatempel (Demchog Lhakhang, links), ideales Zentrum des historischen Reiches von Guge und Sitz von dessen oberster Schutzgottheit, Demchog (Cakrasamvara).

Eine unwirklich erscheinende Welt ... Blick vom Burgberg von Tsaparang nach Nordwesten über das Bett des Langchen Khambab auf die öde Lehm- und Schotterlandschaft des Hundes-Beckens.

5. Tsaparang – Juwel in der Ödnis

Nach der Ermordung des Buddhisten-Verfolgers Langdarma, des „abtrünnigen" letzten Königs des „Ersten Goldenen Zeitalters" (Ngadar), zerbrach das zentraltibetische Yarlung-Reich. *Wösung,* einer der Söhne Langdarmas, ließ sich weit im Westen von Tibet nieder und gründete das *Königreich Guge.* Die Bedeutung Tsaparangs als politisches Zentrum von Westtibet reicht bis in diese frühe Zeit (10. Jhdt.) zurück.

Die ehemalige königliche Residenz Guges liegt nur knapp 20 km (etwa 45 Fahrminuten) von Tholing entfernt, weiter im Westen. Die Anlage wirkt wie eine Festung: Tempel, Höhlenwohnungen, verfallene Gebäude und Mauerreste sind rund um einen knapp 200 m über die südlichen Schotterterrassen des Sutlej aufragenden Berg übereinandergetürmt. Tsaparang ist auf jenen wenig verfestigten, weiß-gelblichen, pliopleistozänen Sedimenten gegründet, die hier weitum das Landschaftsbild beherrschen. In der Blütezeit Guges, im 15.–16. Jahrhundert, sollen an die 500 Familien rund um den Burgberg gelebt haben. Der Name Tsaparang (rTsa-brang) bedeutet „Große Residenz". Das heutige Dorf von Tsaparang besteht nur aus ein paar Bauernhäusern, die weit unterhalb des Burgberges am Flußufer verstreut liegen. Das alte Tsaparang selbst ist eine einzige Ruine. Nach der Ankunft der Jesuiten (Antonio de Andrade) 1624 war das politische Schicksal Guges bald besiegelt. Es wurde 1630 von den Ladakhis erobert – angeblich wurden die Feinde sogar von der aufgebrachten Mönchschaft wegen des Königs Entgegenkommen den fremden „Lamas" gegenüber zu Hilfe gerufen. Eine natürliche Austrocknung trug außerdem wesentlich zur raschen Verödung des ganzen Gebietes bei.

Doch der äußere Eindruck trügt. Trotz des allgegenwärtigen Verfalls und der blinden Zerstörung birgt diese grotesk monumentale Ruinenstadt noch immer Kunstschätze, die zu den großartigsten und eindrucksvollsten im gesamten tibetischen Kulturkreis zählen. Ungleich Tholing wurden die Tempelanlagen von Tsaparang jedoch zumindest teilweise in Bildern dokumentiert. G. Tucci besuchte den Burgberg 1933 (s. Indo-Tibetica III/2), und Li Gotami und Lama Anagarika Govinda versuchten noch 1948 – kurz vor dem Einmarsch der Chinesen – in Bildern festzuhalten, was heute unwiederbringlich verlorengegangen ist. J. C. Aschoff zitiert Berichte, wonach vor der Kulturrevolution noch zwölf intakte Tempel existiert haben sollen.

Fünf Tempel sind einigermaßen erhalten geblieben, Dächer und Außenfronten wurden in den letzten zehn Jahren restauriert und neu gestrichen. Die Innenausstattung, insbesondere die vielgerühmten Bronzestatuen und bemalten Stuckfiguren, sind jedoch fast ausnahmslos verschwunden – oder wurden zertrümmert. Was geblieben ist, sind die unvergleichlichen Freskenmalereien und die bemalten Holzdecken, die als die kostbarsten im westtibetischen Kulturraum gelten.

In den Malereien dominiert der kashmirische Malstil, der später auch nepalesische und zentraltibetische Elemente aufnahm und sich im Laufe der Zeit zu einem eigenständigen Stil, dem *Stil von Guge,* entwickelte.

Hinter dem Eingangstor, das durch die Umfassungsmauer führt, erreicht man als erstes linker Hand vom Pfad ein kleines rotes Gebäude. J. C. Aschoff nennt es *„Gelehrtentempelchen".*[1] Die Decke des kleinen und leeren, fensterlosen Raumes wird von vier schlanken Holzsäulen getragen. Rundum an den vier Wänden sieht man unterschiedlich gut erhaltene Malereien in schwerem Rotgold. Die Rückwand zeigt den Buddha Shakyamuni, flankiert von Tsongkhapa und Atisha.

Nur wenige Meter weiter steht rechts vom Steig ein größeres, von außen eher unscheinbar wirkendes Gebäude: der *Weiße Tempel,* oder *Lhakhang Karpo,* eine ehemalige Versammlungshalle. Tritt man durch das Holztor in den von gedämpftem Licht durchfluteten Raum, wird jede Erwartung übertroffen. Der Weiße Tempel bildet ohne Zweifel den künstlerischen Höhepunkt von Tsaparang, ja, von ganz Westtibet. Er wurde in der ersten Hälfte des 16. Jahrhunderts unter König Jigten Wangchuk erbaut.

Der Eindruck im Lhakhang Karpo ist überwältigend. Schönheit und Zerstörung sind hier so unmittelbar miteinander verknüpft, daß beim Besucher eine eigenartige, zwiespältige Atmosphäre aufkommt. Die beiden monumentalen Torwächter, Vajrapani und Hayagriva, links und rechts vom Eingang, strahlen in ihrem halbzerstörten Zustand zugleich drohendes Entsetzen und Hilflosigkeit aus. Die Apsis gegenüber dem Haupttor wirkt desolat. Die zentralen Figuren sind verschwunden, die leeren Lotossockel an den

Wänden sind all ihrer Plastiken beraubt. Auch die lebensgroßen, schwer vergoldeten Plastiken an den beiden Seitenwänden, die unter anderem einen komplexen Zyklus des Transzendenten Buddha Vairocana darstellten, sind stark beschädigt oder verschwunden. Wände und Decke jedoch kontrastieren auf eigenartige Weise mit diesem Bild der allgegenwärtigen Zerstörung: vom Boden bis an die Decke ist die ganze Halle rundum in kräftigen, noch immer leuchtenden Farben, vorwiegend in Rot und Blau, bis in den letzten Winkel bemalt. Es gibt keine leere Fläche, alles strotzt von einer derartigen Detailfülle, daß Tucci Vergleiche zur Miniaturmalerei zieht. Und Lama Govinda schreibt in seinem „Weg der weißen Wolken" lapidar: *„Die Fresken waren die vollendetsten, die wir je innerhalb oder außerhalb Tibets gesehen hatten."* Verschiedenste Schmuckmotive, Figuren, Blumen, Tiere. Buddhas, Bodhisattvas, Götter, sowohl aus dem buddhistischen als auch aus dem hinduistischen Pantheon. Lamas, Könige, historische Persönlichkeiten, alles bis ins Kleinste perfekt ausgeführt. Und über all dem spannt sich eine Decke, von zahlreichen schlanken Säulen mit geschnitzten und bemalten Kapitellen getragen, die in Variationsbreite und Individualität der Motive als eine der bekanntesten Holzdecken in ganz Westtibet gilt.

Nur wenige Meter über dem Weißen Tempel steht der *Rote Tempel* oder *Lhakhang Marpo*. Er wurde um 1470 von der Königin Döndubma von Guge erbaut. Die Malereien stammen jedoch aus einer deutlich späteren Zeit, als das Königreich Guge schon knapp vor dem Untergang stand (Ende 16./Anfang 17. Jhdt.).

Durch ein kunstvoll geschnitztes Holztor betritt man die geräumige Halle, deren leuchtend bemalte, hochliegende Decke von zahlreichen schlanken Säulen getragen wird. Auch hier sind die meisten der berühmten Bronze- und Stuckfiguren, insbesondere die monumentale, vergoldete Statue des Shakyamuni, verschwunden oder zerstört worden. Erhalten sind lediglich einige der kleineren, auf höher an der Mauer angebrachten Konsolen aufgestellten Buddhas, die die 35 Buddhas der Sündenvergebung darstellen. Mitten im Raum türmen sich über dem verfallenen Sockel der ehemaligen Zentralstatue Teile von zertümmerten Figuren, abgeschlagene Köpfe auf einem Haufen von Stuck- und Mörtelresten. Auch hier im Roten Tempel sind die Malereien die im wesentlichen verbliebenen Kunstwerke. Die vorwiegend in schwerem, warmem Rot, Gold und Gelb gemalten Hauptfiguren sind ausgezeichnet erhalten. Sie stellen unter anderem die Acht Medizinbuddhas sowie verschiedenste weibliche und männliche Schutzgottheiten dar. Zwischenräume, Hintergrundmotive und Ornamente sind durch äußerste Präzision und Detailfülle charakterisiert, nicht weniger als im Weißen Tempel. Besondere Beachtung verdienen auch die unterhalb der großen Figuren umlaufenden Bänder, die wie in einer ausführlichen Geschichte Legenden aus dem Leben des Shakyamuni sowie die Erbauungs- und Einweihungsgeschichte des Roten Tempels selbst erzählen.

Nicht weit bergauf erreicht man links vom Pfad ein kleineres, ebenfalls in dunklem Lamarot gestrichenes Gebäude. Es ist der *Tempel der Yidams* (der Schutzgötter). Der relativ kleine Tempel soll einstmals dem Vorsteher der Präfektur Tsaparang als private Kapelle gedient haben. Wieder steht der Raum leer, nur die Fresken sind erhalten. Gelb, Rot, dunkle Töne und vor allem üppig aufgetragenes Gold dominieren die Farbpalette.

An der türseitigen Wand sind Namgyälma (Ushnishavijaya), die „Hüterin der Buddhaweisheit", der auf einem Schneelöwen reitende Hüter des Nordens, Namthösre, eine Weiße Dölma sowie der Herr des Totenreiches, Shinje (Yama), dargestellt. An der Vorderwand ist eine große Darstellung von Tsongkhapa zu sehen. Die Aura im Tempel der Yidams wird aber vollständig beherrscht von der Kraft und Dynamik mehrerer lebensgroßer tantrischer Paare in Yab-Yum-Stellung an den beiden Seitenwänden. Links drei verschiedene Aspekte des Yidams Sangdui (Guhyasamaja, dem Tantra der Geheimversammlung), dargestellt als sitzende, friedvolle Emanationen des Tathagata Mikyöpa (Akshobhya), des „Unerschütterlichen". An der rechten Wand dagegen tanzen drei tantrische Paare in zornvoller Erscheinungsform, mehrköpfig und mehrarmig. Es sind drei Heruka-Manifestationen desselben Tathagata Mikyöpa, nämlich Kye Dorje (Hevajra), Dükyi khorlo (Kalacakra) und Demchog (Cakrasamvara), in inniger Vereinigung mit ihrer Yum. Diese Darstellungen versinnbildlichen und umfassen somit alle der wichtigsten, der vier höchstentwickelten Tantrasysteme, der Geheimlehren des tibetischen Buddhismus, mittels deren Visualisierung der Übende schließlich zur letzten Wahrheit vordringt, zur Einsicht in die Leerheit aller Erscheinungen.

Der Pfad windet sich bergauf, vorbei an Höhlen und Ruinen, führt über steile Stufen durch einen Tunnel, und schließlich erreicht man durch einen engen, niedrigen Durchgang den höchsten Punkt des Burgberges auf 4000 m. Ein kleines Gebäude, erst kürzlich restauriert und weiß gestrichen, diente als „kleine königliche Residenz", von wo der Herrscher von Tsaparang den Berg und das weite Tal des Sutlej überblickte. In unmittelbarer Nähe steht der rot bemalte *Mandala-Tempel* oder *Demchog Lhakhang*. Der Mandala-Tempel wurde vermutlich knapp vor 1500 erbaut. Er war einstmals ein wichtiger Ort der Initiation, vor allem aber der eigentliche Wohnsitz von Demchog (Samvara, Cakrasamvara), dem obersten Schützer der königlichen Residenz – und zugleich des gesamten Reiches von Guge. Das dreidimensionale Mandala mit den 62 vergoldeten Statuen, das einst den nur etwa 5 × 5 m großen Raum innen ausfüllte, ist verschwunden. Die Wandmalereien und die wunderbare Holzdecke in diesem vollkommen dunklen, fensterlosen Raum zählen jedoch zu den eindrucksvollsten und vollendetsten Kunstwerken weitum. An der vorderen Wand des Tempels thronen die Fünf Tathagatas, die Transzendenten Buddhas des Mandalakreises, in reichem Schmuck, hier dreiköpfig und sechsarmig dargestellt. An den beiden Seitenwänden tanzen die Zehn Khandromas (Dakinis), die „Himmelstänzerinnen", jede von ihnen in mystischer Vereinigung mit einem Yidam: links vertreten durch Demchog, rechts durch fünf verschiedene Darstellungen des Kye Dorje, des „Rades der Zeit". Die Türseite bewachen seltene, lebensgroße Darstellungen von Gönpo Nagpo (Mahakala), weiters Shinje und tanzende tantrische Paare. Nicht nur die vollendete Kunst, die weitgehend gute Erhaltung dieser Kunstwerke und die alles beherrschende mystische Aura im Mandala-Tempel, sondern auch der atemberaubende Ausblick über die zerrissene, phantastisch-schöne Landschaft macht den Besuch auf dem Burgberg von Tsaparang zu einem unvergeßlichen Erlebnis.

1   J. C. Aschoff: Tsaparang – Königsstadt in Westtibet

Fresken von der türseitigen Wand des Gelehrtentempelchens, Tsaparang.

Eingang in die „Große Residenz". In Bildmitte der Tempel der Yidams.

Vajrapanis groteske Schönheit. Detail des rechten Torwächters im Weißen Tempel, Tsaparang.

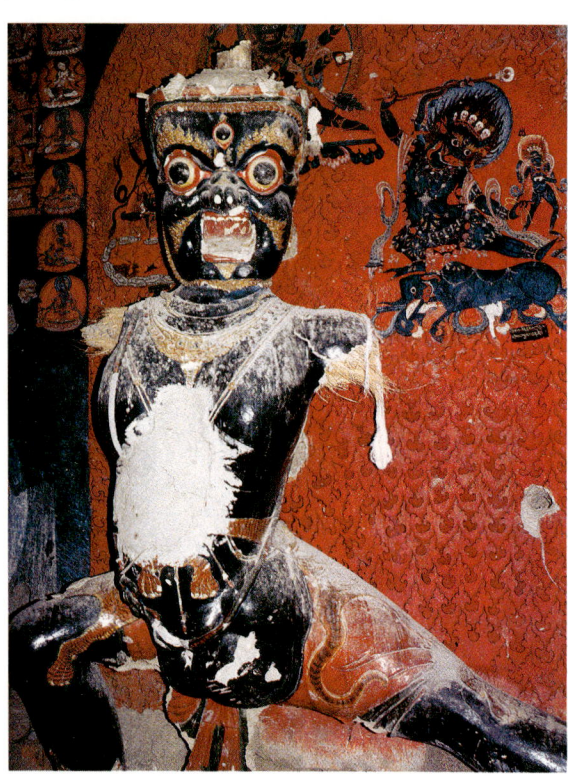

Kraft und Zerstörung. Chagna Dorje (Vajrapani), der etwa fünf Meter hohe Torwächter rechts vom Eingang zum Weißen Tempel in Tsaparang, strahlt trotz seiner Beschädigung noch immer eine ungebrochene Kraft aus. Im Hintergrund der auf dem Stier tanzende Totengott Chögyel (Yama) mit seiner Zwillingsschwester Yami.

Tamdin (Hayagriva), furchterregender Dharmapala und Gott der Pferde, ist Hüter der Heiligen Schriften. Er ist der zweite Torwächter, der links vom Eingang in den Lhakhang Karpo in Tsaparang steht. Den Mund wie in Entsetzen weit aufgerissen, hält er die bösen Mächte durch sein Wiehern vom Tempel fern.

Hinter Tamdins stark beschädigtem Haupt eine außergewöhnliche Erscheinungsform des sechsarmigen Yamantaka, auf dem Stier des überwundenen Totengottes Yama stehend. Lhakhang Karpo, Tsaparang.

Detail von einem umlaufenden Band an der türseitigen Wand des Roten Tempels von Tsaparang. Die Farben haben von ihrer ursprünglichen Brillanz nichts verloren. Links unten: Yama auf dem Stier und ein weißer, sechsarmiger, stehender Mahakala.

Im Roten Tempel (Lhakhang Marpo) von Tsaparang erscheinen die Dhyanibuddhas als Hauptfiguren im Kreise der Acht Medizinbuddhas. Gewänder, Begleitfiguren, Hintergrundmotive sind mit großer Detailfülle ausgeführt.

Zeugen der Verwüstung: Mitten im Raum türmen sich über dem Sockel der ehemaligen Zentralstatue zertrümmerte Plastiken, abgeschlagene Köpfe, Mauerreste.

Detail der berühmten Holzdecke im Lhakhang Karpo von Tsaparang (ca. 15. Jhdt.). Sie ist die wohl am feinsten gearbeitete und am besten erhaltene Holzdecke im gesamten westtibetischen Kulturraum (Tucci).

Ausschnitt aus der leuchtend bemalten, sehr individuell gestalteten Holzdecke im Roten Tempel von Tsaparang.

Blick vom Tempelberg von Tsaparang in Richtung Nordosten über die Terrassenlandschaft des Sutlej und auf die zerfurchte Canyonlandschaft aus Sand und Schotter. Im Vordergrund rechts der Tempel und Chörten des Lotsava Rinchen Zangpo.

Im Tempel der Yidams entfalten sich die esoterischen Lehrsysteme des Buddhismus, die Tantras, in Form von bildlichen Darstellungen als Yab-Yum Paare, die die Überwindung der Dualität repräsentieren. Hier drei Darstellungen des Yidams Sangdui (Guhyasamaja), der das „Tantra der Geheimversammlung" repräsentiert. Es sind friedvolle, sitzende Emanationen desselben dreiköpfigen-zehnarmigen Yidams, in mystischer Vereinigung mit der jeweils entsprechenden Yum (Guhyasamaja, Guhyasamaja-Akshobhya und Guhyasamaja-Manjuvara). Die Malereien stammen aus dem 16. Jahrhundert. Tsaparang.

Der Yidam Kye Dorje (Hevajra), sechsköpfig und sechzehnarmig, als rasende Erscheinungsform im tantrischen Tanzschritt mit seiner Yum. Kye Dorje, Verkörperung des Hevajratantra, symbolisiert Mitleid und Weisheit, seine Yum die Leere. Die visualisierte Darstellung der männlich-weiblichen Sexualität repräsentiert das metaphysische Prinzip der tantrischen Realität, der unverhüllten „Zwei-Einheit" kosmischer Polaritäten. Yidam-Tempel, Tsaparang.

Dem chog (Cakrasamvara), „Der das Rad der Wiedergeburt anhält", vierköpfig und zwölfarmig, in inniger Vereinigung mit seiner Yum Dorje Phagmo, der „Vermittlerin des geheimen Wissens". Das Paar symbolisiert die Erkenntnis der Einheit und Leerheit aller Dinge; die Nacktheit deutet an, daß jede trübende Illusion überwunden ist. Als Hüter des Heiligen Berges, Kailash, kommt dem Yidam-Paar hier in Westtibet ganz besondere Bedeutung zu. Rechte Wand des Yidam-Tempels, Tsaparang.

Dü kyi khorlo (Kalacakra), das „Rad der Zeit", Symbol der Einheitsschau von Makrokosmos und Mikrokosmos. Von der rechten Wand des Yidam-Tempels, Tsaparang.

Eine hundeköpfige und eine rabenköpfige Gottheit von einem Fries aus dem „Verborgenen Tempel" in Tsaparang. Diese tierköpfigen Gestalten erscheinen häufig im Gefolge von Dorje Phagmo („die Diamantsau"), der Partnerin Demchogs und Überwinderin der Unwissenheit

Der Mandala-Tempel, oder Demchog Lhakhang („Tempel des Höchsten Glücks"), auf der Spitze des Burgberges von Tsaparang (ca. 4000 m) war ein Ort der Initiation und Wohnsitz des obersten Schutzgottes von Guge, Samvara-Demchog. Im Inneren des kleinen Lhakhang waren in Form eines komplex kombinierten, dreidimensionalen Mandalas die Inhalte zweier wichtiger Tantrasysteme, des Cakrasamvaratantra (Demchog) und des Guhyasamajatantra (Sangdui), dargestellt.

Bedrückende Öde – phantastische Schönheit. Blick vom Burgberg von Tsaparang nach Südosten auf das vegetationslose, von unkontrollierbarer Erosion zerfurchte Land.

Detail der kunstvoll bemalten Holzdecke im Mandala-Tempel von Tsaparang.

An der Frontseite des Mandalatempels von Tsaparang sind die Fünf Dhyanibuddhas als gekrönte Tathagatas mit reichem Bodhisattvaschmuck dargestellt. Im Bildausschnitt Dorje Zhedang (Mikyöpa = Akshobhya, von durch die Decke eindringendem Niederschlagswasser stark beschädigt), hier als zentrale Figur des Mandalas, in blau, flankiert von Namdzä (Vairocana, weiß) und Öpame (Amithaba, rot). Die Fresken stammen vermutlich aus dem späten 15. Jahrhundert.

Bild unten: An den Seitenwänden des Mandalatempels erscheinen die Zehn Khandromas, oder Dakinis, als ein zentrales Element des tantrischen Rituals von Demchog. Sie weisen Bezug zu den „Himmelstänzerinnen" der tibetischen Mythologie auf, ihr kultischer Ursprung liegt aber im alten Indien. Später wurden sie in das Pantheon des esoterischen Buddhismus eingegliedert. Die in sexueller Vereinigung mit je einem Yidam (vertreten durch Demchog, an der linken, und Kye Dorje, an der rechten Seitenwand) dargestellten Dakinis sind Symbole jener kosmischen Energien, die im Geist des Meditierenden wirken und durch ihre mystische Kraft zu „Instrumenten der Erlösung werden können" (Tucci). Im Bild die rote Sung-di Khandro (Vag Dakini, die „Dakini des Wortes") und die dunkelblaue De-chen Khandro (Mahasukha-Dakini, die „Dakini der Großen Wonne", oder der Erkenntnis der All-Einheit). Rechts (an der Frontwand) Rinchen Jungdän (Ratnasambhava) aus dem Kreis der Fünf Tathagatas. Tsaparang.

Knapp unterhalb des Mandalatempels führt abseits des Weges ein geheimes Tor in einen kleinen, fensterlosen Tempel, dessen Wände bis an die Decke mit gut erhaltenen Fresken bemalt sind. Detail eines dreiköpfigen, sechsarmigen gekrönten Buddha (? Akshobhya) aus dem „Verborgenen Tempel". Tsaparang.

Bild unten: Vierarmiger Gönpo Nagpo (Mahakala), als Schützer der Weisheit, mit Flammenschwert, Dreizacklanze, Schädelschale und Hackmesser (nicht sichtbar) aus dem „Verborgenen Tempel", Tsaparang.

Detail aus einem seitlichen Fries im „Verborgenen Tempel", Tsaparang.

Ausschnitt aus einer Gruppe mehrköpfiger, mehrarmiger tantrischer Gottheiten im „Verborgenen Tempel", Tsaparang.

Chögyal (Yama), der Herr des Totenreiches und „König der Religion" (Chos rgyal, Dharmaraja), auf dem Stier tanzend, in Begleitung seiner Zwillingsschwester Yami. Türseitige Wand des Yidam-Tempels, Tsaparang.

Leerheit und Bedingtheit – die andere Sicht der Wirklichkeit

Eine in älteren Schriften weit verbreitete abendländische Auffassung der buddhistischen Philosophie und Religion weist in Richtung Nihilismus. L. Austine Waddell, ein britischer Offizier und Arzt, der um 1890 in Darjeeling intensive Studien zum Thema durchführte, nennt den Buddhismus eine *„griesgrämige, nihilistische Weltanschauung"*. Heute bezeichnen manche den Buddhismus nicht so sehr als Religion, eher als eine Art wissenschaftliche Erkenntnislehre, einen Versuch, intuitive Erfahrung und intellektuelle Erkenntnis miteinander zu verbinden.

Die Lehre des Buddha kennt keinen Schöpfergott in unserem Sinne, obwohl gottähnliche Kräfte und Wesenheiten in großer Zahl dargestellt werden (die jedoch eine ganz andere Bedeutung haben). Gleichermaßen kennt der Buddhismus keine Dogmen. Vor allem verneint er die Existenz eines dauerhaften *Selbst*. Dies ist als geistige Erkenntnis zu werten und hat nichts mit Unterdrückung oder totaler Verleugnung zu tun. Der Buddha selbst hatte ja beide extremen Lebensformen, nämlich jene des maßlosen Überflusses und jene der härtesten Askese verworfen und den „Mittleren Weg" vorgeschlagen.

Die Vorstellung, daß der Mensch kein dauerhaftes Ich, kein Selbst besitzt, entspringt der Lehre vom ewigen Wandel der Dinge und von der Vergänglichkeit von allem Existierenden. Alles, und damit auch der Mensch selbst, ist in ständiger Veränderung begriffen, daher kommt auch seinem Ich keine eigentliche Existenz zu. Dies ist die *Lehre von der Leerheit*. Gemeint ist Leerheit an inhärenter Existenz, und dies trifft auf jedes „Ding" zu. Diese Vorstellung von der Leerheit (Sanskrit: *shunyata*, tibetisch: *tong-pa-nyi*) ist einer der wesentlichsten Bestandteile buddhistischer Lehren.

Ganz im Gegensatz zur landläufigen Meinung ist diese Leerheit jedoch nicht gleichzusetzen mit „Nicht-Existenz", bedeutet also nicht, daß es die Dinge nicht gibt. Die Dinge existieren, aber nicht so, wie sie uns das Alltagsbewußtsein darstellt. Leerheit in diesem Sinne be-

Sandsteintürme am Rande des Canyons.

deutet, daß die Dinge keine Eigenexistenz besitzen. Die Welt an sich wird also von der buddhistischen Philosophie nicht in Frage gestellt, vielmehr geht es darum, zu definieren, wie wir diese erkennen. Da alles jederzeit im Wandel begriffen ist, ist jedes „Ding" in jeder kleinsten Zeiteinheit anders. Dies bringt uns zu einem zweiten wichtigen Grundgedanken des Buddhismus: die Dinge existieren nicht aus sich selbst heraus, sondern nur bedingt. Sie existieren *in Abhängigkeit.* Alles ist ständig mit allem in Verbindung. *„Es hat keinen Sinn, über etwas zu sprechen, was nicht in Beziehung zu etwas anderem steht",* sagt der Dalai Lama. Aus dieser Einsicht resultiert auch die Vorstellung der Tibeter von der Natur als einheitliches Ganzes. Ein gutes Beispiel für das ganzheitliche Denken ist die tibetische Medizin. Kaum irgendwo sonst wird der Mensch so sehr als ganzheitliches Wesen, in dem alle äußeren und inneren Einflüsse miteinander in Verbindung stehen, aufgefaßt wie bei den Tibetern.

Während für den Normaltibeter der ständige Wandel der Dinge sowie deren Existenz in Abhängigkeit durchaus selbstverständlich sein mögen, ist die Leerheit von Eigenexistenz wohl ein viel schwieriger begreifbarer Terminus, insbesondere wenn man ihn auf die eigene Person projiziert. Scheinen doch so viele Dinge in der Makrowelt, einschließlich des eigenen Körpers, so offensichtlich real und bis zu einem bestimmten Grade auch dauerhaft! Natürlich steht diese Sicht der Wirklichkeit auf den ersten Blick vollkommen im Gegensatz zu einem naturwissenschaftlich-materialistischen Weltbild der klassischen Physik. Jedoch ist interessant, darauf hinzuweisen, daß gerade Vertreter der sogenannten exakten Naturwissenschaften, wie Physiker, sich mehr und mehr einer analogen Auffassung von Existenz und Leerheit nähern, wie etwa P. Diracs Definition der „Materiellen Form des Nichts" durch die Antimaterie. Was aber versteht die buddhistische Philosophie unter Realität?

Realität in unserem Sinn gibt es nach dieser Auffassung nicht. Die „Wirklichkeit", wie sie uns insgesamt erscheint, kann als ein Spiegelbild der Leerheit verstanden werden, und in diesem Sinne ist vor allem die materielle Welt reine Illusion. Alle Gegenstände und Erscheinungen, einschließlich der eigenen Person, „existieren" nur als ein ständig sich veränderndes Zusammenspiel von *Faktoren,* die physisch oder nichtphysisch sein können und die insgesamt als ein System von Ursache und Bedingung verstanden werden. Eine Erscheinung oder ein Gegenstand „existiert" also (1) durch seine *Bestandteile,* (2) die *Prozesse seiner Zusammensetzung oder Auflösung,* (3) durch den *wahrnehmenden Beobachter* und schließlich (4) durch den *Wahrnehmungsvorgang des Betrachters.* Ein menschliches Individuum setzt sich nach buddhistischer Auffassung aus fünf Aggregaten, genannt *Skand-*

Abendlicht über dem Sutlejbecken. Am Horizont die Grenzberge zu Indien.

Einsames Land. Blick vom Göku La Richtung Süden.

has, zusammen, die in ständiger Wechselbeziehung zueinander stehen: Körperlichkeit (Materie, Stofflichkeit), Empfindungen, Wahrnehmungen, Geistregungen (Wille), Bewußtsein. Diese Skandhas sind vergänglich, das heißt einem ständigen Wechsel unterworfen. Daher ist das Individuum vergänglich, es besitzt kein eigenes Selbst.

Alle Dinge und Erscheinungen unterliegen in gleicher Weise und zu jeder Zeit diesem selben Entstehen, Bestehen oder Vergehen in Abhängigkeit. Tibeter verwenden hierfür das Wort *tendrel*. Das bedeutet, daß nichts als feste Einheit in Raum und Zeit existiert, sondern daß sich alles auf etwas bereits Vorhandenes, nämlich auf Ursachen und Bedingungen, stützt.

Im Grunde, würde man sagen, entspricht diese Auffassung ja weitgehend den Vorstellungen von „Existenz" nach der modernen Quantenphysik, zumindest insoweit, als Dinge außerhalb des eigenen Ichs in Betracht gezogen werden. Dies ändert sich jedoch grundlegend, wenn man bedenkt, daß Realität im buddhistischen Sinne durch das eigene „Ich" insofern beeinflußbar ist, als dieses über den Wahrnehmungsprozeß an ihr beteiligt ist, also immer auch einen Teil von ihr darstellt. Aber auch hier ergeben sich erstaunliche Parallelen zu den Auffassungen der modernen Quantenphysik. Sie vertritt die Auffassung, daß das Bewußtsein des Beobachters für die Konstruktion der materiellen „Wirklichkeit" als wichtiges Element zu berücksichtigen sei. Werner Heisenberg, einer der bekanntesten Quantentheoretiker, meinte dazu, daß „*... die Wirklichkeit verschieden ist, je nachdem, ob wir sie beobachten oder nicht*". Anders gesagt, der Beobachter erschafft „seine Wirklichkeit" bis zu einem bestimmten Grade selbst.

Was aber hat die Lehre von der Leerheit der Dinge für den Menschen nun für praktische Auswirkungen?

Um die Bedeutung der Einsicht in die Leerheit der Erscheinungen zu ermessen, müssen wir uns vor allem bewußt werden, welche Macht die Dinge über uns und unser Verhalten ausüben. Begierden, das *Anhaften an Erscheinungen,* machen uns ständig bewußt, daß wir die „Dinge" als real betrachten. Über unsere Wahrnehmung und unsere Sinne bewerten wir pausenlos Eindrücke von diesen Dingen in Hinblick auf ihre zu erwartende Auswirkung auf unser Ich, und zwar in zwei Kategorien, entweder als „gut" (hilfreich) oder als „schlecht" (schädlich).

Diese Dinge halten uns ständig in Atem, sie beherrschen uns. Nach der Vorstellung des tibetischen Buddhismus fesseln uns diese illusorischen Begriffe von „Dingen" an das *Leiden.* Im Grunde ist dies jedoch nur so, weil wir ständig um die Existenz unseres „Ich" fürchten, gewissermaßen darauf fixiert sind. Durch diese Ich-Fixiertheit werden all unsere Energien gebunden. Und selbst wenn

An der Südseite der Ayi La Kette.

es uns ab und zu gelingt, unsere Wünsche nach solchen Dingen zu erfüllen, ist die Freude daran nur vorgetäuscht, denn die Angst vor dem erneuten Verlust des Erreichten zerstört jede dauerhafte Freude. Durch die Einsicht in die Leerheit, einschließlich jener des eigenen Ichs, werden jedoch nicht nur unsere Energien frei, sondern jeder Widerspruch zwischen dem Ich und den Dingen (man kann sagen, dem Kosmos) ist aufgehoben.

Leere bedeutet auch in diesem Zusammenhang nicht absolutes Nichts, Erkenntnis der Leere wird vielmehr als das Erreichen einer Art offenen, *heiteren Zustands des Geistes* verstanden. Um diese *Leerheit als inhärente Eigenschaft von Existenz* zu erklären, wird oft der Vergleich mit dem Traum gezogen. Der Traum kann als eine Art mentale Erfahrung angesehen werden.

Für den Träumenden „existieren" Dinge während des Träumens, denn sie erzeugen in ihm Emotionen wie Freude oder Angst. Ist der Traum vorüber, haben solche für den Träumenden offenbar „reale Dinge" ihre Realität meist vollständig verloren. In gleicher Weise erwecken die Dinge in der Welt der Erscheinungen nach den Vorstellungen des Mahayana-Buddhismus den Anschein realer Existenz, in Wirklichkeit ist ihr Wesen aber Leere. Sie sind wie eine Illusion, die von einem Zauberer vorgespiegelt wird.

Diese letzte Vorstellung von der Wirklichkeit gipfelt in der *Lehre des „Mittleren Weges"*, dem *Madhyamika* des *Nagarjuna* (eines bedeutenden indischen Mönchsphilosophen aus dem 2. nachchristlichen Jahrhundert). Nach dieser Vorstellung ist die Welt der Erscheinungen weder existent („Form ist Leere"), noch ist sie nicht-existent („Leere ist Form").

Nach der Lehre des Nagarjuna entzieht sich die Natur der Phänomene jeglicher Erfaßbarkeit, sie ist *nicht-dual*. Die beiden letzten Wahrheiten, nämlich Samsara und Nirwana, können nicht voneinander unterschieden werden. Und so ist Leere das, was der stets in Veränderung begriffenen Welt der Erscheinungen fehlt. Die *Leere* ist frei von Irdischem, sie besitzt als einzige Wesenhaftigkeit. Sie ist das Unveränderliche, das *Absolute*.

Für den buddhistischen Tantriker bedeutet diese letzte Einsicht *Freiheit* im weitesten Sinne. Sie bedeutet *Befreiung von allen Fesseln der Abhängigkeit*, Erkennen der wahren Realität der Dinge. Es ist die Befreiung von jeder Art des Leidens, das ultimative Ziel jedes Buddhisten. Leere wird daher auch als „Große Mutter" (Yum Chenmo) oder als „Grund des Seins" bezeichnet. In der praktischen Lebenserfahrung des Buddhisten folgen aus diesem Ich-Verzicht nicht etwa Gleichgültigkeit und Apathie, sondern *aktives Mitgefühl (Karuna)* und Zuwendung zu anderen Lebewesen. Diese Philosophie fand schließlich ihren Niederschlag im Bodhisattva-Ideal.

Beim körperlichen Tod tritt das menschliche Wesen nach dem Glauben der Tibeter in den Bardo, den Nachtodzustand (oder das Zwischenreich) ein. In dieser insgesamt 49 Tage dauernden Phase erscheinen dem Geistwesen verschiedene „Gottheiten", aber in einer bestimmten Reihenfolge. Diese Nachtodvisionen können dem Menschen helfen, aus dem Kreislauf des Samsara auszubrechen und Buddhaschaft (Nirwana) zu erreichen, wenn er alle diese ihm erscheinenden Lichter als Spiegelbild seines eigenen Inneren, das heißt als leer, erkennt.

Dieses Thangka (das Original stammt aus dem 18. Jhdt.) zeigt „Die 42 Friedvollen", die in den ersten sieben Tagen des Bardo erscheinen. Sie sind nach Art eines Mandalas angeordnet. Im Zentrum, nackt auf einem Lotosthron sitzend und umgeben von einer regenbogenartigen Lichtaureole, der Adibuddha, Küntu Zangpo (Samantabhadra, der „Allgute"), in Vereinigung mit seiner Yum, Künto Sangmo (Samantabhadri, die „Allgute Mutter"). Als Spiegelungen in der Region der Reinen Formen erscheinen rund um das Ur-Paar die Fünf Dhyanibuddhas, gekrönt und reich geschmückt, ebenfalls in Vereinigung mit ihrer Yum. Jeder der Dhyanibuddhas ist von vier Bodhisattvas begleitet. Die Buddhas der Sechs Welten (Daseinsbereiche) sind stehend dargestellt; links oben erscheint der gelbe Buddha der Menschenwelt mit der Bettelschale in der Hand. In den vier Ecken tanzen die vier schreckenerregenden Torwächterpaare des Mandalas. Ölmalerei des Autors. Vorlage aus: D. I. Lauf, Das Erbe Tibets.

Im Angesicht des Heiligen Berges. Tibetische Pilger in der Barkha-Ebene zu Füßen des Kailash.

Türkis in der Hochsteppe. Nahe Göku La.

Farben der Natur. Auf dem Weg ins Cartang lung.

Die Südhänge des Transhimalaya westlich von Moincer, am oberen Cartang chu.

Goldenes Abendlicht über der „Stadt der Toten". Pilger auf der Kora von Tirthapuri.

Spirituelle Atmosphäre. Pilger schöpfen heiliges Wasser aus den dampfenden Quellen. „Wer Tirthapuri nicht besucht, dessen Pilgerreise zum Kailash ist unvollkommen".

117

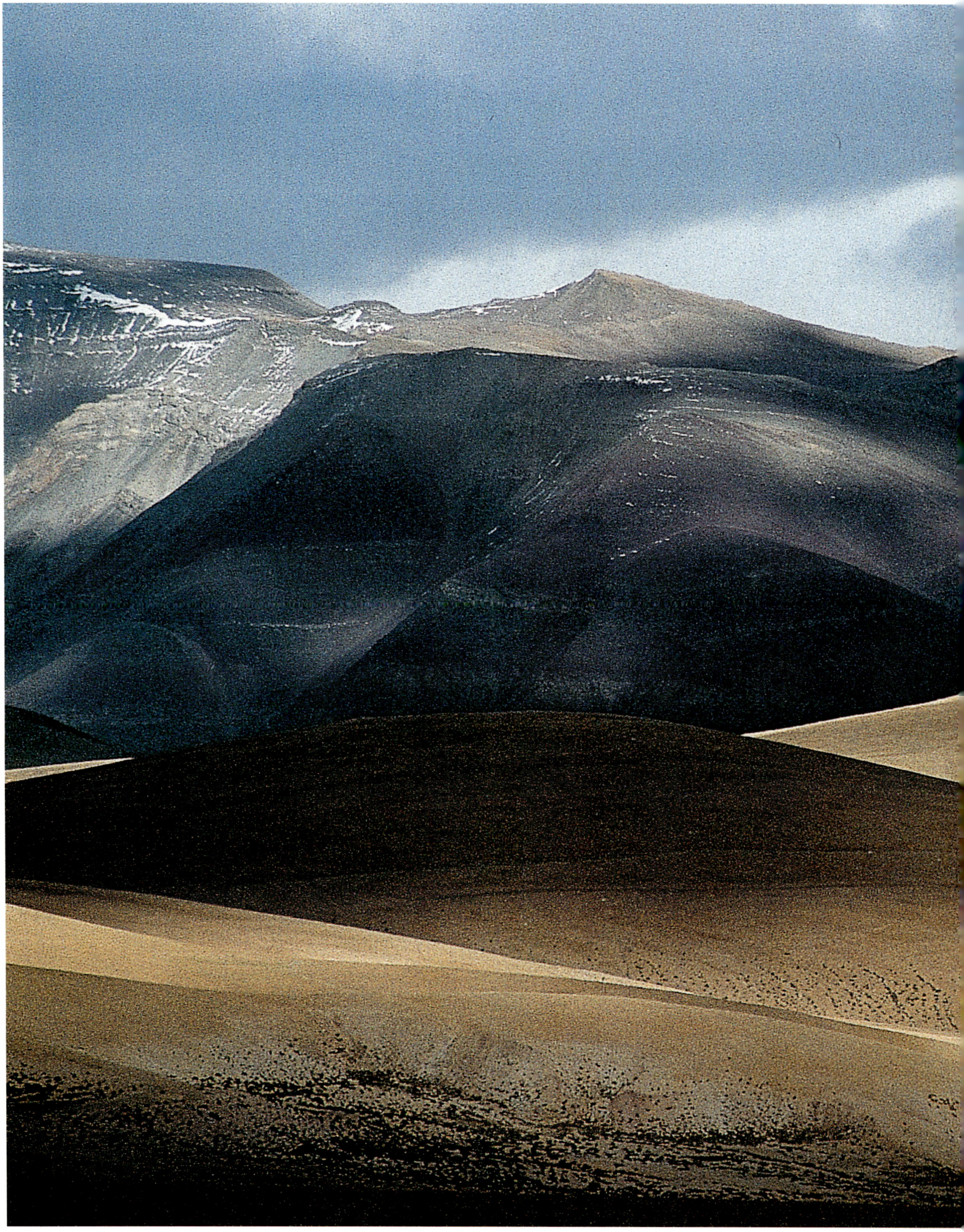

Mystischer Schneeberg. Wie irreal steigt der Kailash hinter den von der Abendsonne vergoldeten Hügeln aus dem Nebel.

6. Die Kailash-Kora – Pilgerreise um den Heiligen Berg

Die große Umwandlungsrunde des Kailash, die *Äußere Kora,* beginnt in *Darchen,* einem kleinen Dorf auf 4600 m am Südfuß des Heiligen Berges. Für die 53 km lange Route benötigt man etwa zweieinhalb Tage. Tibeter schaffen es allerdings auch an einem Tag. Diese Art der schnellen Umrundung nennt man *kyi-kor,* denn diese Pilger „laufen wie die Hunde" (kyi = Hund). Der Umwandlungsrichtung verehrter Stätten im Buddhismus entsprechend, führt die Kora im Uhrzeigersinn zuerst nach Westen. Auf einem kleinen Hügel, knapp über der weiten *Barkha-Ebene,* erreicht man die erste Fußfallstätte, *Chaktsel Gang.* Steinmanis und Gebetsfahnen kennzeichnen den Ort. Der Berg zeigt hier erneut sein Gesicht – wie ein weißes Juwel.

Ein tiefes, trogförmiges Tal senkt sich gegen Norden in die graubraune Gebirgsbarriere: *lha lung,* das „Tal der Götter". Es ist das Tal des *Öpame* oder Buddha Amithaba. Im Mandala nimmt Öpame die Westrichtung ein. Seine Farbe ist strahlendes Rot – wie die im Westen untergehende Sonne. Als historisch ältestem der fünf Transzendenten Buddhas des Mandalakreises kommt dem „Buddha von unermeßlichem Glanz" ganz besondere Bedeutung und Verehrung zu. Denn im Unterschied zu den anderen, zeitlosen, seit Ewigkeit wirkenden Dhyani-Buddhas soll sich Öpame seinen Rang als Transzendenter Buddha karmisch verdient haben. Auch unter den „Reinen Ländern", von denen je eines jedem einzelnen Dhyani-Buddha zugeordnet wird, ist jenes des Öpame das bekannteste: es ist *Dewachen (Sukhavati),* das westliche Paradies. Diese *Reinen Länder* sind jedoch nur Zwischenparadiese, wo der Erlösung Suchende günstige Bedingungen vorfindet, um die negativen karmischen Kräfte besser zu überwinden und schließlich den Kreislauf der Wiedergeburten verlassen und Nirwana erreichen zu können. Öpames oberste Emanation ist *Chenresig,* der bekannte Bodhisattva des Mitgefühls und der Güte. Er hat in Gegenwart seines Buddha-Vaters Öpame das Gelübde abgelegt, so lange in der Welt der Sterblichen zu bleiben, bis alle fühlenden Wesen aus dem Kreislauf der Wiedergeburten erlöst sind.

Auf einer Grasebene namens *Sershung* („Gold-Topf"), am Eingang des lha lung, steht der große Gebetsfahnenmast von *Darboche.* Der Ort soll vom großen Guru Rinpoche eingeweiht worden sein. Der Fahnenmast wird alljährlich zu Vollmond im Mai mit neuen Gebetsfahnen geschmückt und gehißt. Dieses Fest, *Saga Dawa,* erinnert an die Erleuchtung Buddhas, stellt im Grunde aber ein uraltes, vorbuddhistisches Ritual dar. Zahlreiche Menschen besuchen es.

Östlich davon liegt *Drachom Ngagye Durtrö,* der Friedhof, ein seit uralter Zeit verehrter Ort der Himmelsbestattung. Er wird auch „Friedhof der 84 Mahasiddhas" genannt. Etwas höher am Hang liegt *Naro Bönchung Phuk,* jene Höhle, wo der Bön-Magier Naro Bönchung vor seiner Auseinandersetzung mit Milarepa meditierte. Unterhalb der Höhle entspringt die Quelle *Menchu Nesel,* deren Wasser große Heilkraft zugeschrieben wird.

Hinter Darboche erreicht man den *Chörten Kangnyi,* den „Zweibeinigen". Er ist das spirituelle Tor zum Tal der Götter. Das Tal verengt sich, und die Sandstein- und Konglomeratwände türmen sich 2000 m über den Talboden. Die legendenumwobenen Klippen und Gipfel stellen nach dem Glauben der Bevölkerung Paläste von Göttern, Buddhas und Bodhisattvas dar. Einer von ihnen ist *Nyenri,* der Ort von *Ti se Lhabtsen* (Tsangpa Karpo), der ursprünglichsten Lokalgottheit des Kailash-Gebietes. An seinem steilen Ostfuß, über dem Talboden des lha chu, steht der Schrein des Gottes, dessen Errichtung in vorbuddhistische Zeit zurückreicht. Später wurde der Ort von *Lama Gotsangpa,* dem Haupt-Guru der Drukpa Kargyüpa-Schule, geweiht, als er den Pilgerweg um den Kailash für seine Anhänger „öffnete". So entstand an dieser Stelle *Chöku* (Chuku) *Gompa.* Es ist das erste Kloster an der Äußeren Kora. Chöku Gompa (der „Buddhakörper des Tiefen Gewahrsams") beherbergt die am meisten verehrte Buddhastatue in der ganzen Kailash-Gegend. Sie besteht aus weißem Marmor und soll der Legende nach von Chenresig selbst (in der Gestalt eines Yogis) im 11. Jahrhundert von Lahul nach Guge gebracht und dem König als Geschenk überreicht worden sein. Kaum weniger verehrt werden in Chöku Gompa zwei andere Gegenstände: ein Muschelhorn und ein Teekessel, die dem bekannten indischen Yogi Naropa, dem Lehrer von Milarepas Meister Marpa, gehört haben sollen.

Der Weg durch die Felslandschaft des westlichen Tales führt vorbei an zahlreichen weiteren Gestalten der hinduistisch-buddhistischen Götterwelt und Mythologie. Im Gefolge von Shiva Mahadeva erscheint *Gombo Bang,* der indische Dämon *Ravana,* mit seinem Yak und seinem Hund ebenso wie *Hanuman,* der bekannte Affengott. Auch *Guru Rinpoche* bewohnt ei-

Die Kailash-Kora

Die Pilgerroute (Kora, Khorra) rund um den Heiligen Berg, Kailash, nach S. Pranavananda (stark verändert). Gömpas, Chörten und andere Orte der Verehrung sind nach eigenen Aufnahmen (1990, 1998) skizziert.

nen eigenen Gipfel. An der westlichen Talseite erhebt sich der Chörten von *Namgyälma* (der Mutter aller Buddhas). Sieben kleinere Gipfel werden als die Heimat der sieben Brüder des sagenhaften Königs *Gesar von Ling* verehrt. Ein Stück weiter liegt direkt am Pfad ein schwarzer Stein, genannt *Tamdin Drongkhang*, in dem die Pilger eine Manifestation des Pferdegottes erkennen. Dann folgt erneut einer der Fußabdrücke des Buddha.

Im Talhintergrund leuchten bleiche Granitberge. An einer Gabelung weit im Norden führt die Route schließlich nach Nordosten, hinauf in das *Drong lung*, das „Tal des Wildyaks". Als *Lama Gotsangpa* im frühen 13. Jahrhundert den Heiligen Berg umrundete, folgte er an dieser Stelle einem Dri, einem weiblichen Yak, das plötzlich vor ihm aufgetaucht war. Das Tier verschwand ein Stück talaufwärts in einer Höhle und hinterließ dort nichts als den Abdruck seines Horns im Gestein. In einer Vision erkannte Gotsangpa, daß ihn nicht ein Dri, sondern *Sengge Dongchan*, die Löwengesichtige Khandroma (Dakini), an diesen Ort geführt hatte. Während der langen Zeit, die Gotsangpa meditierend in der Höhle verbrachte, wurde er von der Himmelstänzerin ernährt. So entstand hier ein besonderer Ort der Kraft und Spiritualität, man nennt ihn selther *Dri ra phuk*, „Hohle des weiblichen Yakhorns". Später wurde an dieser Stelle die *Gompa von Driraphuk* erbaut.

Der Ausblick vom Kloster ist über alle Maßen erhaben. Die senkrechte Nordwand des Kailash steigt so unmittelbar und symmetrisch in den blauen Himmel, daß sich der Berg wie ein überdimensionaler Tempelturm ausnimmt. Im Vordergrund wird die Bergsäule von den drei großen Bodhisattvas (Riksum Gompo), Symbole für Körper, Sprache und Geist, flankiert: *Jampalyang* und *Chenresig* an der Ostseite und *Chagna Dorje* an der Westseite.

Der Weg führt nun nach Osten und an der Nordflanke des *Dölma la chu* steil bergauf durch eine urtümliche Landschaft aus Granit. Bald tauchen zahlreiche Steinmale auf, und ein einfacher Steinkreis markiert *Shiwa chhal*, den Friedhof. In alter Zeit war dies einer der wichtigsten Ritualplätze an der Kora. Es ist ein Ort der Himmelsbestattung und das Reich des mächtigen *Dorje Jigje*, des Herrn des Totenreiches. Wer hier stirbt, gibt der Natur seine körperliche Hülle in einfachster Weise zurück, und sein Geist tritt in den Bardo ein. Aber auch wer nicht stirbt, visualisiert an diesem Ort seinen körperlichen Tod: Die Pilger legen sich eine Zeitlang wie tot hin, um sich ihr Hinscheiden aus dem jetzigen Leben zu vergegenwärtigen, ehe sie beim Überschreiten des *Dölma La* ihre spirituelle Wiedergeburt erleben. Denn das tiefere Ziel der Pilgerreise um den Kailash ist, ein neues Leben zu beginnen.

Dölma (Drolma), die tibetische Tara, „Retterin" oder „Befreierin", ist gewissermaßen ein weiblicher Bodhisattva des Mitleids. Einer Legende nach soll Dölma aus den Mitleidstränen des Chenresig in einer Lotosblüte geboren worden sein. Als Lama Gotsangpa auf seinem Weg um den Kailash in der öden Felslandschaft die Orientierung verlor, stieß er in der Gegend von Shiwa chhal auf ein Rudel von 21 Wölfen, die er sogleich als die 21 Emanationen von Dölma erkannte. Das Wolfsrudel führte den Suchenden hinauf zur Paßhöhe, wo es in einem riesigen Felsblock verschwand. Noch heute kann man die Abdrücke ihrer Pfoten darauf sehen. Der Stein wird *Dölma Do*, Dölmas Stein, genannt, und die ganze Paßregion ist der barmherzigen Mutter Dölma geweiht. Es ist eine große Opfer- und Gebetsstätte, hoch oben in der Stille und Einsamkeit der Gebirgslandschaft, deren befreiende Ausstrahlung einzigartig ist. Wie an anderen Stätten der Verehrung an der Kora werden hier am Dölma La die verschiedensten Gegenstände und Opfergaben zurückgelassen: Manis, Butteropfer, Kleidungsstücke, aber auch ganz „persönliche Dinge" wie Haare, Zähne oder Fingernägel.

In den öden Felsen nördlich des Passes steht der Palast der alten Berggottheit *Kangwa Zangpo*, des „Allgütigen".

Wer den Dölma La überschreitet, tritt geistig in einen neuen Lebensabschnitt ein. Für spirituell höher Entwickelte jedoch führt ein geheimer, kurzer Pfad, der sogenannte „Pfad der Himmelstänzerinnen" (der zugleich den fortgeschrittenen geistigen Zustand verkörpert), von Shiwa chhal nach Südost und weiter über den *Khandro Sanglam La* direkt hinab in das östliche Tal des *Lham chu khir*.

In einem einsamen Kar hinter dem Dölma La leuchtet ein türkisblauer See: *Tukdshe Chenpoi Tso*, der See des Großen Herrn des Mitleids. Die Hindus nennen ihn *Gaurikund*. Die Berührung seiner heiligen Wasser ist heilsam. Nach tantrischer Auffassung ist es ein Treffpunkt der *Khandromas* (Dakinis). Der See wird daher auch *Khandro Trum* tso genannt, Badeplatz der Himmelstänzerinnen, denn die Gegend um den Kailash gilt auch als das Reine Land dieser Himmelsboten. Sie sind es, die als Mittlerinnen die Verbindung zwischen dem irdischen Heilsucher und der Sphäre der Erlösung herstellen.

Die Felsen unterhalb des Khandro Trum tso sind der Wohnort von *Sengge Donchan*, der Löwengesichtigen Khandroma. Auch *Chagna Dorje* und *Tamdin*, der „Pferdenackige", wohnen hier. *Melong Teng,* die „Spiegelterrasse", zeigt Fußabdrücke von *Milarepa.*

Durch das östliche Tal des Lham chu wandert der Pilger zurück nach Süden. Neue Fußabdrücke werden dem Buddha, andere dem Großen Guru zugeschrieben. Östlich des Tales steht der fünfgipfelige Palast der Fünf Schwestern, *Tsering Chenga,* die im Auftrag von Milarepa über das Mandala des „Kostbaren Schneeberges" wachen. Auch *Gönpo Nagpo,* der „Große Schwarze", wohnt auf einem Gipfel weiter talabwärts. *Men lung,* das „Tal der Medizin", ist ein Ort, wo zahlreiche Heilkräuter wachsen und wo auch Erde und Mineralien für medizinische Zwecke gesammelt werden. *Men lha,* der Medizin-Buddha, bewacht den Ort.

Noch lange bevor das Tal des *Zhong chu* in die weite Ebene von Barkha austritt, erreicht man die „Wunderhöhle" des Milarepa. Hier steht das dritte Kloster an der Äußeren Kora, *Zutrul phuk Gompa.* Nach der Überlieferung kreuzten sich hier die Wege von *Milarepa* und dem Bön-Magier *Naro Bönchung,* als sie im Zuge ihres religiösen Wettstreites, jeder in der ihm eigenen Richtung, den Heiligen Berg umrundeten. Urplötzlich brach ein heftiges Gewitter los, und die beiden Kontrahenten beschlossen spontan, gemeinsam ein Heiligtum zu errichten. Während Naro Bönchung mit seinen magischen Kräften Steine spaltete, benützte Milarepa seinen konzentrierten Blick dazu, um Felsen zu durchbohren. Beim Einrichten der großen Deckplatte hinterließ der Yogi die Abdrücke seines Kopfes und seiner Fußsohlen im Fels. Seither ist die Wunderhöhle ein außergewöhnlicher Ort der Verehrung und Bewunderung für jeden, der des Weges kommt.

Durch die Talenge von *Trangser Trangmar* (die „golden-rote Schlucht"), in der die Gesteinsformationen in jeder denkbaren Farbenpracht leuchten, erblickt der Pilger den Rand der *Barkha-Ebene.* Rechtsdrehend folgt er dem Fuß der Berge – und erreicht den Ausgangspunkt der heiligen Umwandlungsrunde.

„Kostbarer Schneeberg". Blick von Darchen über die von Gebetsfahnen überspannte Darchan-Schlucht auf den Gipfel des Heiligen Berges.

Schmuckverkäuferin in Darchen.

Kiangs (tibetische Wildesel) an den Südhängen der Kailashkette.

Ausgangspunkt der heiligen Umwandlungsrunde. Chörten mit Manisteinen in Darchen.

Bazar und Gebetsstätte. Tibetische Pilger in Darchen.

Warten auf die nächste Umrundung. Yaks sind die idealen Trag- und Begleittiere auf der Kora.

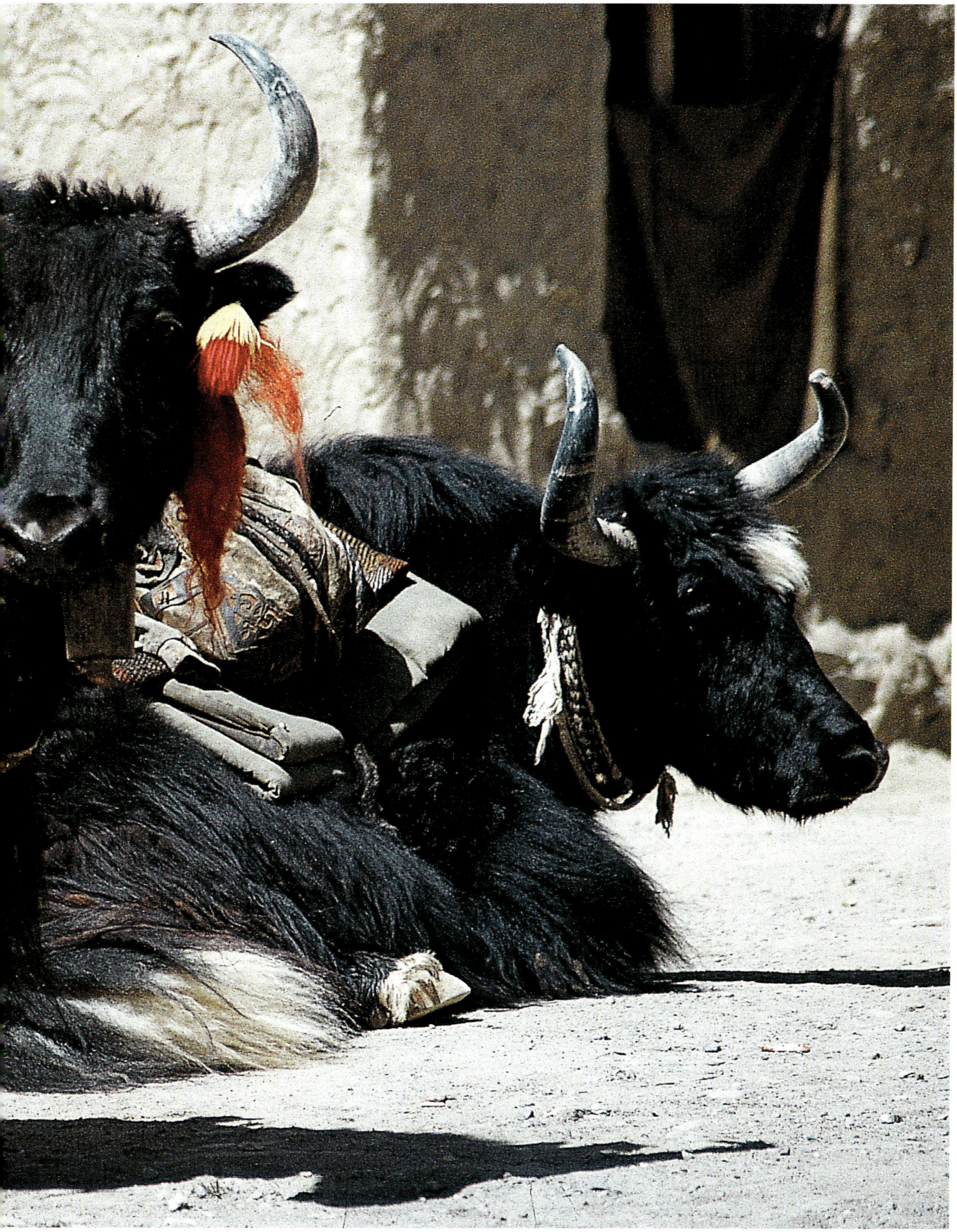

Lha lung. Blick über die Grasebene von Sershung mit dem großen Gebetsfahnenmast von Darboche (rechts vom Weg). Dahinter im Mittelgrund erkennt man am Fuß der Felswände Chöku Gompa. Darüber erhebt sich der Berg Nyenri, der Ort der ursprünglichen Lokalgottheit Tise Lhabtsen.

Chöku Gompa, „Der Buddhakörper des Tiefen Gewahrsams", am Felsfuß des Nyenri im unteren lha lung gelegen, ist das erste der drei Klöster an der Äußeren Kora.

Darboche. Blick durch den Gebetsfahnenwald auf das Schneejuwel.

In Stein gebannte Gestalten der tibetischen Götterwelt und Mythologie. Kahle Felsgipfel über der Westflanke des lha lung.

Opfergaben und Gebete. Großer Opferstein kurz vor dem Dölma La. Zahllose Münzen, Geldscheine und Wollfäden sind auf einer Schicht von Butter auf den Stein geklebt. Die senkrecht verlaufende, hell verfüllte Kluft soll den Pfad der Erleuchtung symbolisieren.

Abstieg vom Paß der Dölma. An der östlichen Talseite der „Palast der Fünf Schwestern", Tsering Chenga, die über das Mandala des Kostbaren Schneeberges wachen.

Berg der Götter. Blick über die Gebetsfahnen auf dem Dach von Driraphuk Gompa in die Nordwand des Kailash.

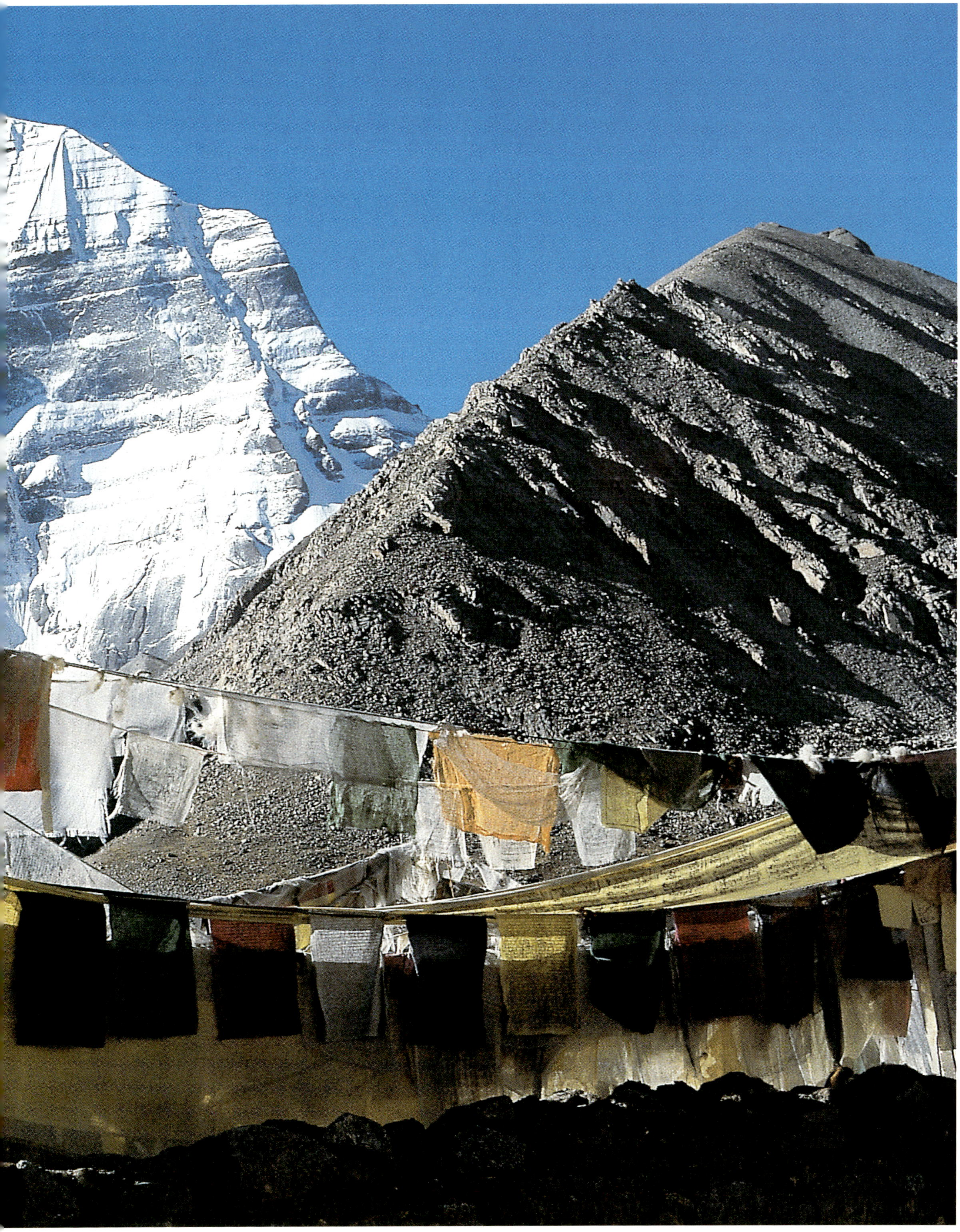

Durch das obere Lham chu khir. Hinter den Bergen am Horizont liegt die Quelle des Indus.

Abendlicht über dem östlichen Tal.

„Wunderhöhle" Zutrulphuk Gompa, Ort der Wundertaten Milarepas; es ist das dritte Kloster an der Äußeren Kora.

„Om mani padme hum" – das Ende der Kora in Darchen.

Manis – Berge – Götter. Blick von Darchen über die Barkha-Ebene auf den Himalaya.

Am oberen Darchan chu steht auf einem kleinen Hügel die einsame Gompa von Gyandhrag (Gengta), das älteste Kloster im Kailashgebiet. Chörten markieren den Weg zum Kloster.

Silung Gompa. Ein einziger Mönch (Lama Aga, rechts) betreut das Kloster.

Verblühte Pracht. Edelweiß am unteren Silung chu.

Wohnstatt des Schnees – Berge der Götter. Bis über 7800 Meter ragen die Himalayagipfel südlich des Kailash in den Himmel. Blick vom oberen Silung über die Barkha-Ebene und den Langa Tso auf das Nanda Devi-Massiv. Nach dem Glauben der Hindus thront auf ihrem Gipfel – dem höchsten Berg Indiens – die Große Göttin (Devi = die Göttin), während ihr Gemahl Shiva direkt gegenüber den höchsten Gipfel des Transhimalaya, den Kailash, bewohnt.

Tempel der Natur. Blick über das Tal des Silung auf die unverwechselbare Kailash-Südwand. Die zentrale Rinne, die der Legende nach von der Zaubertrommel des Bön-Magiers Naro Bönchung „geschlagen" wurde, ist deutlich zu erkennen. Rechts vorgelagert der Schrein des Nandi.

Ein endloses Gebet. Gegen in tiefer Verehrung vor dem Kostbaren Schneejuwel.

Nandi (Neten yelak-jung), der Stier, das Reittier von Shiva Mahadeva. Der Berg hat die Form eines überdimensionalen Schreins.

Bilder im Fels. Östliches Tal, nahe Tso Kapala.

Grau, geheimnisvoll, wie ein verschlossenes Tor. Der zentrale südliche Wandfuß des Kailash. Rechts der kleine Sattel, Verbindung zwischen Kailash und Nandi. Über diesen Sattel führt die Innere Kora in das östliche Tal; es ist der nördlichste Punkt, den der Pilger auf der Inneren Kora erreicht. Der Ort ist durch Gebetsfahnen und eine Reihe von Chörten (Serdung Chuksum = Die Dreizehn Goldenen Chörten) markiert.

Mystischer Schneeberg. Keines Menschen Fuß hat je seinen Gipfel betreten.

Aufregende Abendunterhaltung. Gegen und Lama Aga sind ganz Ohr für Radio Dharamsala. Silung Gompa, 28.9.1998.

142

Ins Innere des Mandalas

Nach alter buddhistischer Vorstellung bildete sich der Kosmos aus der Leere des Raumes durch die Kraft früheren kollektiven Karmas. Seine Form ist die eines *Mandalas*. Im Zentrum des Mandala-Universums erhebt sich eine gewaltige viereckige Bergsäule aus Gold, Silber, Lapis und Kristall: der Berg *Meru*.

Jambuling, die Welt des Südens und einer der vier Kontinente, die im Weltenozean rund um den Berg Meru gruppiert sind, ist die Welt der Menschen. Nach der tibetischen Kosmologie versteht man darunter Indien, wozu auch Südtibet (also ein wesentlicher Teil der buddhistischen Welt) gezählt wird. Hier verbindet sich die mythisch-visionäre Weltsicht mit der geographisch-realen, denn am Rande des Kontinents steht der Weltenberg, unmittelbar sichtbar dem Auge der sterblichen Wesen, die materialisierte Form der Weltenachse. Es ist *Rirab gyalpo*, der „König der Berge" im Zentrum der Welt, es ist der *Kailash*.

Die Analogie der realen Welt zu einem Mandala wird noch erweitert. Rund um den Kailash entspringen, einer vierblättrigen Lotosblüte vergleichbar, die vier großen Flüsse, jeder aus einer der Kardinalhimmelsrichtungen: *Sengge Khambab,* der Löwenfluß (der Indus), entspringt aus dem Maul eines Löwen. *Tamchok Khambab,* der Pferdefluß (der Tsangpo), entspringt dem Maul eines Pferdes, *Mapcha Khambab,* der Pfauenfluß (der Karnali, ein Nebenfluß des Ganges), dem eines Pfauen und *Langchen Khambab,* der Elefantenfluß (der Sutlej), dem Maul eines Elefanten.

Der weibliche Gegenpart des Berges ist der See, *Mapham Yum tso* (oder Mapang Yum tso, wie die Bönpos sagen). See und Berg bilden ein Gegensatzpaar und zugleich eine Einheit, sie sind Yab-Yum, wie Mann und Frau. In der Nähe des Tso Mapham wächst der Rosenapfelbaum. Jambuling ist der Kontinent des Rosenapfelbaumes.

Sowohl den Buddhisten als auch den Bönpos gilt der Kailash als Zentrum der Welt. Die am häufigsten verwendete, volkstümliche Bezeichnung bei den Tibetern ist *Gang Rinpoche*, „Kostbarer Schneeberg", „Schneejuwel" oder einfach „Kostbarer Schnee". Der ursprüngliche Name der Bönpos ist *Ti se* (auch Gang Ti se). Er stammt vermutlich aus der noch wenig erforschten Sprache des alten Zhang zhung, über die Bedeutung des Wortes ist man sich allerdings nicht einig. Manche übersetzen Ti se mit „Spitze des Wasserberges" (in Andeutung an die vier großen Flüsse, die rund um den Schneeberg ihren Ursprung haben), andere mit „Schneekoloß".[1] Eine andere Bezeichnung der Bönpos ist *Yungdrung Gu Tse*, „Neunstöckiger Swastika-Berg". Die volle Bedeutung des Berges für die vorbuddhistische Bönkultur kommt aber in der Bezeichnung *lha ri* („Berg-Seele") zum Ausdruck: Sie symbolisiert das Herz des alten Bönreiches von *Zhang zhung*, und manche glauben, daß Tönpa Shenrab, der Begründer des systematisierten Bön, hier vom Himmel auf die Erde gestiegen sei.

Nach der indischen Mythologie ist *Kailāsa* (der Kailash) der Wohnsitz von Shiva Mahadeva (Shri Kailash). Kailash bedeutet etwa soviel wie „Kristall". Auf dem Gipfel des Kailash steht auch die Stadt Brahmas, des obersten der Hindu-Götter.

Die größte Bedeutung hat der Kailash jedoch für die tantrischen Buddhisten. Der Berg ist der Wohnsitz, das physische Mandala von *Demchog* (Samvara, Cakrasamvara) und *Dorje Phagmo* (Vajravarahi, die Donnerkeil-

---

Links: Das Mandala (tibetisch kyil khor) repräsentiert die physische Welt, den Kosmos, zugleich ist es aber auch ein Spiegelbild der physisch-geistigen Welt des Menschen. Als vielfältige bildhafte Darstellung, etwa wie hier als Thangka (Rollbild), stellt es eines der wichtigsten Hilfsmittel für die Meditation auf dem tantrischen Erlösungsweg dar. Als wesentlichste Teile dieses Kosmo- und Psychogramms erscheinen im Zentrum des Bildes ein Kreis und ein darin eingesetztes Quadrat, wobei beide Formen ein gemeinsames Zentrum besitzen.

Indem sich der Meditierende die Leerheit aller Erscheinungen vergegenwärtigt, reinigt er zuerst sein Bewußtsein; so entsteht das Mandala vor seinem inneren Auge, und nach und nach dringt er ins Innere, zum eigentlichen Mandalapalast und Sitz von Buddhas und göttlichen Wesenheiten, vor allem aber zu seiner persönlichen Initiationsgottheit (Yidam), vor. Auf dem Weg dorthin muß er mehrere Hindernisse überwinden. Diese sind als vier konzentrische Kreise dargestellt: durch den äußeren Flammenring, den Ring mit den acht Leichenplätzen, den Vajraring und zuinnerst durch den Ring der Lotosblüten. Nach dieser geistigen Läuterung hat er ausreichend Klarheit, Gleichmut, Kraft und sittliche Reinheit erworben, um den kreisförmigen Vorhof zum „himmlischen Palast" betreten zu können. Durch eines der vier Tore, die die „vier Unermeßlichkeiten": Liebe, Gleichmut, Mitleid und Freude versinnbildlichen, erreicht der Meditierende schließlich das Innerste der Lotosblüte, wo er mit der Gottheit verschmilzt und so inneren Frieden findet. Alle scheinbaren Gegensätze der äußeren Welt sind aufgehoben, wenn der Übende die in ihm selbst verborgene Buddha-Natur erkennt: Das Ziel, die eigene Mitte, ist erreicht. Thangka aus der Privatsammlung des Autors.

sau) samt ihren zweiundsechzig Begleiterinnen. In dieser Funktion eines Yab-Yum-Paares symbolisiert das Schneejuwel die letzte aller Erkenntnisse. Es ist die Erkenntnis der Einheit aller Dinge und zugleich der Leerheit aller Erscheinungen, wobei Dorje Phagmo, als oberste aller weiblichen Yidams, das geheime Wissen vermittelt.

Nach religiös-mythologischer Vorstellung wurde durch die bloße Anwesenheit und das Wirken von Buddhas, Yogis und Heiligen im Laufe der Jahrtausende die gesamte Gegend rund um das Schneejuwel zu einem außergewöhnlichen Ort der spirituellen Energie. Seit urdenklichen Zeiten ist der Berg ersehntes Pilgerziel für Anhänger verschiedener Religionen: für Bönpos, Hindus, Jainas und vor allem für Buddhisten. Zahlreiche Legenden ranken sich um den Berg. Klöster, heilige Schreine und andere Orte der Verehrung säumen seinen Fuß. Seinen Gipfel aber, der rein ist wie der jungfräuliche Schnee, hat noch nie eines Menschen Fuß betreten. Die Tibeter glauben fest daran, daß jeder, der dies auch nur versuchen sollte, auf jeden Fall auf irgendeine Weise umkomme. Nur *Milarepa,* der große Yogi, hat die Spitze des Kailash im Wettbewerb mit dem Bön-Magier *Naro Bönchung* mit seiner geistigen Kraft berührt – und, nach dem Glauben der Buddhisten, endgültig für ihre Religion in Besitz genommen. Es geht die Legende, daß der *Buddha* selbst, zusammen mit 500 Arhats, in einer seiner zahlreichen Emanationen den Berg einweihte. Dies sollen seine Fußabdrücke, je einer an den vier Seiten des Berges, beweisen. In dem von negativen Kräften beherrschten Zeitalter des Kali-Yuga halten nur diese vier „Nägel" die von Spiritualität durchwobene Bergsäule an das Reich der materiellen Welt fest; zugleich verhindern vier unsichtbare Gebetsfahnen, die an starken Eisenketten befestigt sind, daß der Berg in die Unterwelt gezogen wird.

Umrundung von Objekten, künstlicher (Chörten, Tempel) gleich wie natürlicher (Berge oder Seen), ist die einfachste Form der Verehrung heiliger Plätze. Sie heißt *Kora* (Tibetisch: *Khor ra,* Sanskrit: *Parikrama*). Wichtig dabei ist nicht nur, daß der physische Körper die rituelle Praxis vollzieht, es kommt vor allem auf die Geisteshaltung an. Die Tibeter wandern nicht zum Kailash, um die Großartigkeit und Schönheit der Natur zu bewundern. Vielmehr wirkt die Natur mit der ihr innewohnenden Kraft unmittelbar auf den Menschen. Steine, Felsen, Wasser erscheinen als Orte der Kraft, der spirituellen Energie, und erwecken allmählich jenen Glauben, der als „Befreiung durch Sehen"[2] beschrieben wird und den Wanderer zum Pilger werden läßt.

Der Kailashgipfel vom südöstlichen Wandfuß aus gesehen. Die östliche Flanke ist vergletschert.

Wer den Kailash umrundet, durchwandert ein gewaltiges „*Mandala der Natur*".³ Das *Mandala* ist nach tantrisch-buddhistischer Vorstellung das Symbol für die Einheit von Mensch und Kosmos, und wohl nirgendwo sonst wird dieser Zusammenhang so klar, wird dieser Symbolismus dem einzelnen Menschen so unmittelbar bewußt wie bei der Umrundung des Heiligen Berges. Für den geistig Fortgeschrittenen ist die Kora wie die Vollziehung eines Mandala-Rituals. Das tibetische Wort für Mandala, *kyil khor,* bedeutet etwa „Zentrum-Umfang". Wer immer ein Mandala visualisiert, der bewegt sich geistig – und/oder physisch – um das Zentrum (des Universums). Es geht darum, das Menschliche dem Göttlichen näherzubringen, denn das Göttliche, nicht der Mensch, bildet nach tantrisch-buddhistischer Vorstellung das Zentrum des Weltganzen. Durch die Vollziehung des Mandala-Rituals erkennt der Pilger schließlich das Göttliche im Menschen.

Die große Umwandlungsrunde, die *Äußere Kora,* führt den gläubigen Pilger über Grasebenen, durch Täler, Kare und Steinlandschaften, bis er hoch oben auf dem Paß der Dölma, dem Himmel ganz nahe, alle negativen Einflüsse seines jetzigen Erdendaseins hinter sich läßt – und, durch die Verdienste der Pilgerreise, in einen neuen Lebensabschnitt eintritt. Wer immer, durch das östliche Tal kommend, den heiligen Kreis vollendet und heiteren Geistes zum Ausgangspunkt zurückkehrt, der ist nach der Überzeugung der Tibeter ein anderer geworden. Denn eine Umrundung des Kailash auf der Äußeren Kora tilgt das negative Karma eines ganzen Lebens, 108 Umrundungen führen direkt ins Nirwana.

Neben der Äußeren gibt es aber auch noch eine *Innere Kora (nangkhor).* Es ist ein kurzer, direkter Weg, gewissermaßen ein tantrischer Pfad, der ganz nahe an den Fuß der Südwand des Heiligen Berges heran-, aber nicht um den Gipfel herumführt. Diese Route ist jenen vorbehalten, die den Kailash wenigstens dreizehnmal auf der Äußeren Kora umrundet haben. Nur sie haben nach der traditionellen Auffassung ausreichend Verdienste angesammelt, um diesen inneren Weg – als geistig Fortgeschrittene – wagen zu können. Es heißt aber auch, wer die Äußere Kora in einem Pferdejahr absolviere (das Pferd symbolisiert die irdische Stammlinie des Buddha), dessen Verdienste würden automatisch verdreizehnfacht, und er sei dann unmittelbar in der Lage, die Innere Kora zu beschreiten.

Die außerordentliche spirituelle Bedeutung, die der Inneren Kora zugeschrieben wird, wird durch die fol-

Memo Nani (Gurla Mandhata), der himmlische Palast der tantrischen Gottheit Sangdui (Guhyasamaja), der die Essenz der Buddhaweisheit symbolisiert. Im Vordergrund der Langa Tso (Rakas Tal) und die Ebene von Barkha. Oberes Silung.

gende Begebenheit verdeutlicht. Als einst eine Pilgerin aus Kham auf ihrer Umrundung des Kailash den Tukdshe Chenpoi Tso hinter dem Dölma La erreichte und sich über das Wasser beugte, um davon zu trinken, entglitt ihr ihr Baby – und ertrank. Um ihre Unvorsichtigkeit zu sühnen, begann die Frau auf der Stelle mit weiteren Umrundungen um den Berg. Nach der dreizehnten Umrundung schließlich hinterließ sie ihre Hand- und Fußabdrücke im Stein und erreichte den Regenbogenkörper im Reinen Land der Himmelstänzerinnen am Dölma La.

Der Pilgerweg führt von Darchen geradewegs nach Norden. Hinter der ersten Anhöhe, von wo sich lange Schnüre mit Gebetsfahnen über die braunen Felsen der *Darchan-Schlucht* spannen, öffnet sich ein steiles, sackförmiges Tal. Auf einer kleinen Erhebung, mitten in dieser stillen Bergeinsamkeit, thront die Gompa von *Gyandhrag (Gengta)*. Es ist das erste der beiden Klöster an der Kailashsüdseite, die nicht an der Äußeren Kora liegen. Das Haupttal, vom *Silung chu* entwässert, macht einen Bogen nach Westen. Folgt man seinem Lauf, so dauert es nicht lange, bis hinter den kahlen Hängen der makellos weiße Schneegipfel wie ein Phantom in den azurblauen Himmel ragt. Ganz nah – und doch seltsam entrückt – wirkt der Berg aus dieser Entfernung. Dem Wandfuß unmittelbar vorgelagert steht ein graubrauner, symmetrischer Felskoloß, der wie ein überdimensionaler Schrein wirkt. Es ist *Nandi* (oder *Neten yelak-jung*, wie die Tibeter sagen), der Stier, das Reittier Shivas. Nach der Vorstellung gläubiger Hindus ist Kailāsa der Wohnsitz von *Shiva Mahadeva*.

Die klaren Wasser des Silung chu sind nicht tief. Über seinem westlichen Ufer taucht bald das rote Gemäuer eines einzelnen, unscheinbaren Steinbaues auf: *Silung* (oder Seralung) *Gompa,* das zweite Kloster am Südfuß des Heiligen Berges. Aga ist der einzige Mönch, der hier lebt. Er ist vorerst etwas mißtrauisch wegen des unerwarteten fremden Besuchers, freut sich aber umso mehr über Gegen, der ihm in aller Ausführlichkeit die Neuigkeiten aus Darchen erzählen muß.

Silung Gompa hat gerade wegen seiner Einfachheit eine ganz besondere Ausstrahlung. Die Aussicht auf den Berg jedoch ist wohl von keinem anderen Ort so eindrucksvoll wie von hier. In seiner ganzen Klarheit zeigt sich das Schneejuwel dem Beschauer, und wenn man bei Sonnenuntergang oder auch zeitig am Morgen vor dem Kloster sitzend in die symmetrisch gebaute Südwand blickt, weicht die Neugierde und Spannung nach und nach einer eigenartigen Gelöstheit, und eingetaucht in die

Om mani padme hum. Manistein in Form einer sechsblättrigen Lotosblüte. Darchen.

Stille und Einsamkeit dieses Hochtales, vermeint man die Seele des Berges zu spüren. Alle Dinge der Welt haben in diesem Augenblick ihre scheinbare Wichtigkeit verloren.

Der Abend vergeht bei Geplauder, Tsampa und Buttertee, der hier besonders herb schmeckt. Dann kommt Radio Dharamsala zu Wort. Die moderne Zeit hat auch hier Einzug gehalten. Ich kann es kaum glauben, es ist so unerwartet, daß es jedem möglich ist, hier so freimütig den Worten des Dalai Lama zu lauschen. Lama Aga und Gegen, mein Begleiter, sind aufgeregt und für eine halbe Stunde ganz Ohr. Die Spannung ist beiden ins Gesicht geschrieben.

Spät habe ich mich auf dem Lehmboden in einer finsteren Kammer zur Ruhe gelegt. Der Raum ist erfüllt von den verschiedensten Gerüchen, einige getrocknete Schafsschenkel baumeln von der Decke. Schon geraume Zeit habe ich vor mich hingedöst, da fahre ich plötzlich aus dem Halbschlaf hoch. Trommelwirbel und schrille Klänge aus einer Knochentrompete. Lama Aga hat in dem kleinen Tempelraum eine mitternächtliche Zeremonie eingeleitet. Es klingt wie erregt, an- und abschwellend, wie eine Beschwörung von Geistern. Silung Gompa ist ein Ort Guru Rinpoches, des großen Zauberers.

Am Morgen leuchtet der Himmel wie ein klarer Spiegel. Der Berg strahlt wie ein Kristall. Erst gegen zehn Uhr

Freundlicher Abschied. Tibeterin im Zeltdorf von Darchen.

brechen wir auf. Der Weg durch das Hochtal zieht sich. Es herrscht absolute Stille rundum, nicht einmal Wasserrauschen ist zu hören. Der obere Silung chu fließt offenbar unterirdisch. Ein Lämmergeier zieht seine Kreise, dann ein paar Chukka-Hühner, die mit ihrem Geschnatter die Stille brechen.

Um die späte Mittagsstunde erreichen wir die Steinmanis am Eingang des letzten großen Kares. Vor uns erhebt sich die Wand, senkrecht, grau, undurchdringlich, wie ein verschlossenes Tor in eine unbekannte Welt. Obwohl schon einundsiebzigjährig, beginnt Gegen ohne zu rasten sogleich, wie im Takt Niederwerfungen zu vollziehen, und sein monotones *„Om mani peme hum"* wird nun durch komplexere, melodischere Mantras ersetzt, die ich nicht verstehe. Dann unterbricht er kurz und gibt zu erkennen, daß er keinen Schritt weiter in Richtung Berg gehen werde – und fährt gleich mit seinen Gebeten fort. Ich verstehe seinen Beweggrund. Ich spüre irgendwie, daß es wirklich keinen Grund gibt, sich dem Berg weiter zu nähern, obwohl dies leicht möglich wäre, ja, die Route der Inneren Kora dies sogar verlangen würde. Durch das Fernglas beobachte ich die „13 goldenen Chörten", *Serdung Chuksum;* sie stehen unmittelbar am Wandfuß des Berges auf einem kleinen Sattel, der ins östliche Tal der Inneren Kora führt und gleichzeitig eine Verbindung zwischen der Bergsäule des Kailash und dem Schrein des Nandi darstellt. Instinktiv erkenne ich, daß Gegen recht hat. So oder so verspüre ich kein Verlangen, weiter in den Berg vorzudringen. Es ist mir, als wäre ich am Ziel schon angekommen.

Eigentlich ist es eine trostlose Steinwüste, die uns umgibt, rundum ist nichts Lebendes zu sehen, kaum Flechtenbewuchs auf den Steinen. Sonne, Himmel, Schnee, Fels, Wolken – und eine undurchdringliche Stille, die alles beherrscht. Die Zusammenhänge aller Dinge und Erscheinungen wurden mir noch nirgendwo klarer bewußt als hier. Es ist eine spontane Schau der Verwobenheit von Äußerer und Innerer Welt, die sich nach tantrisch-buddhistischer Auffassung im Mandala widerspiegelt.

Die Vorstellung von der Äußeren, sichtbaren Welt,

Morgenlicht über dem Schneeberg. Silung Gompa.

148

dem Kosmos, als *Äußerem Mandala* hat ihre Entsprechung im menschlichen Körper, dem *Inneren Mandala*.[4] Das höchstentwickelte Tantrasystem des tibetischen Buddhismus, das *Kalacakra-Tantra* oder „Tantra des Zeitrades", führt diese Zusammenhänge im einzelnen aus. In dieser Analogie zwischen Kosmos und menschlichem Körper, oder Äußerer und Innerer Welt, entspricht der Berg Meru, in unserer Welt durch den Kailash repräsentiert, dem Rückgrat des Menschen. In einem detaillierten Bild werden die verschiedenen anderen Teile des Körpers mit jenen des Universums verglichen: Die Haut entspricht der goldenen Basis des Kosmos, Beine und Arme den vier Kontinenten oder Himmelsrichtungen, der Kopf gilt als Sitz der auf dem Weltenberg wohnenden Gottheiten, und das Augenpaar wird mit Sonne und Mond gleichgesetzt. Eine andere Gliederung unterscheidet drei Bereiche, oder Ebenen, die das Innere Mandala, den Menschen, charakterisieren. Das Zentrum eines Äußeren Mandalas gleicht einem Palast. In dieses Zentrum projiziert, entspricht der untere Teil, die Beine des Menschen, dem *Körper-Mandala;* der mittlere Bereich, der Oberkörper (mit Brust und Lungen als den wichtigsten Teilen), wird als *Sprach-Mandala* bezeichnet und der Kopf als *Geist-Mandala*.

Das Körper-Mandala wird durch die *Fünf Skandhas,* oder Aggregate, aufgebaut: Körperlichkeit, Empfindung, Wahrnehmung, Geistregung, Bewußtsein. Sie stehen in komplexer Wechselbeziehung zueinander und sind als vergänglich zu betrachten. Weiters besteht der Mensch aus den *Fünf Elementen:* Raum, Luft, Feuer, Wasser, Erde. Ein sechstes Element bzw. Aggregat wird dieser Fünfgliederung nach der Tradition des „Zeitrades" hinzugefügt: Das *Tiefe Gewahrsam* (Die Große Wonne). Die Fünf (oder Sechs) Elemente und Skandhas stehen auf der Ebene des Sprach-Mandalas in direkter Beziehung zu den *Sechs Cakras* (oder Sechs Padmas = Lotosblumen). *Cakras* sind Energiezentren, oder „Energieräder", in die in gebündelter Form jene unsichtbaren Energiekanäle münden, die den menschlichen Körper nach tantrischer Auffassung in sehr großer Zahl durchziehen und durch

Ein Berg im Zentrum der Welt ... Ri rab gyal po, der König der Berge. Wie ein Phantom steigt der Schneegipfel des Kailash aus dem Gewirr grauer Felsbastionen, alle Gipfel des Transhimalaya überragend.

die jene energiegeladenen Winde *(lung)* strömen, die als die wesentlichsten Bestandteile des Sprach-Mandalas gelten. Es gibt drei Hauptenergiekanäle, *tsa* (oder *nadi*) genannt. Der zentrale Kanal *(bu ma)* verläuft von den Geschlechtsorganen entlang der vorderen Seite des Rückgrates zum Scheitel, während der zweite und dritte Hauptkanal links und rechts von der Wirbelsäule angeordnet sind. Die Sechs Cakras werden als Lotosblüten mit unterschiedlicher Anzahl an Blütenblättern dargestellt, sie sind entlang des zentralen Windkanals angeordnet, und zwar in der Höhe des Sexualorgans *(Sexual-Cakra)*, des Nabels *(Nabel-Cakra)*, des Herzens *(Herz-Cakra)*, der Kehle *(Kehl-Cakra)*, der Stirn *(Stirn-Cakra)* und des Scheitels *(Scheitel-Cakra)*. Die Winde, die durch die Energiekanäle strömen, gelten nach tantrischer Tradition als Motor für die körperlichen und geistigen Aktivitäten. Insbesondere sind sie Träger von Bewußtseinskomponenten. Das Tantra des Zeitrades unterscheidet zehn Hauptwinde, die mit den Elementen und den Hauptrichtungen in der Äußeren Welt in Verbindung stehen. Es ist daher äußerst wichtig, die Bedeutung dieser Winde zu erkennen und sie zu reinigen, das heißt, sie im positiven Sinne zu nutzen, denn sie sind es, die den Weg des Menschen auf seiner Reise durch die Zeit bestimmen und letztendlich auch den Schlüssel zur Erleuchtung in sich tragen.

Das „Rad der Zeit" beschreibt daher neben dem Äußeren (Kosmos) und dem Inneren (Mensch) noch ein weiteres Mandala, gewissermaßen eine dritte Ebene. Es ist das *Andere Mandala* (das Alternative Zeitrad). Dieses Andere Mandala repräsentiert die *tantrische Methode*, die Praxis des Yoga, mittels der die Zusammenhänge und Entsprechungen in der Äußeren und in der Inneren Welt erkannt und schließlich kontrolliert werden. Dies geschieht durch die Läuterung der Winde von Verunreinigungen, die im Inneren Mandala (im Körper) in den Energiekanälen als Träger von Bewußtseinskomponenten pulsieren, also sämtliche körperlichen und geistigen Vorgänge kontrollieren. Indem der Meditierende ein Meditationsdiagramm, ein Mandala (kyil khor), als Hilfsmittel benutzt und sich durch die Visualisation von „Gottheiten" der Analogie zwischen Äußerem und Innerem Mandala (zwischen Äußerer und Innerer Welt) bewußt wird, reinigt er sich selbst und stößt schließlich zur letzten aller Erkenntnisse vor. Es ist die Realisierung der Leere, der Einsicht in die Zusammenhänge aller Erscheinungen, und daß nichts aus sich selbst existiert – und jeder Widerspruch, jede falsche Betrachtung der Dinge ist aufgehoben.

Der Blick nach Süden ist von hier gleichermaßen überwältigend. Hinter den blauschimmernden Wassern des Rakas Tal, des Sees der Dämonen, steigen die gleißenden Schneeberge des Himalaya wie eine weiße Mauer in den Himmel, verschleiert vom Dunst des Nachmittags. Gegen ist noch immer im Gebet versunken. Über Geröll und Schutt, der sich in mächtigen Fächern aus den Flanken des Nandi ergießt, erreiche ich das östliche Tal des Silung. Auf einer Art Terrasse liegt über dem Tal, fast wie in einer Absicht der Natur dem Auge des Wanderers verborgen, das Zwillingsgletscherseenpaar von *Tso Kapala, Rukta* und *Durchi*.[5] Es ist ein Ort der *Khandromas*, der Himmelstänzerinnen. Rukta ist schwarz wie Chang, das tibetische Bier, Durchi dagegen ist weiß wie Milch. Seine Wasser, die den Samen der Buddhas symbolisieren, bergen den Schlüssel zum Heiligen Berg; wer bis hierher vordringt, sollte nach der Vorstellung der Lamas geistig einen fortgeschrittenen Zustand erreicht haben.

Um sechs Uhr stehe ich vor einem markanten Steinmal im obersten Talabschnitt. Hier ist die Einsamkeit noch bedrückender, die Steinlandschaft noch grandioser. Es ist ein riesiges Amphitheater mit phantastischen Formen und einer seltsam bunten Monotonie der Farben. Modelliert über die Jahrhunderttausende aus dem ursprünglichsten Element der Natur, dem Stein, der hier, als Schutt eines rasch wachsenden Gebirges, vor 30 Jahrmillionen bunt zusammengemischt und ins Meer gespült, durch die formenden Kräfte der Erosion in dieser unbeschreiblichen Landschaftsarchitektur zu neuem Leben erweckt wird, werden so dem einsamen Wanderer jene unendlichen Zeiträume der Erdgeschichte vergegenwärtigt, die die Äußere Welt seit Anbeginn beherrschen. Ob vom religiös-mythologischen oder vom wissenschaftlichen Standpunkt betrachtet – es ist kein Unterschied. Hier in dieser atemlosen Stille, wo kein einziger künstlicher Gegenstand die Anwesenheit der Natur stört, wird sich der Mensch auf seiner Reise durch die Zeit der Zusammenhänge von Äußerer und Innerer Welt zutiefst bewußt.

Unmittelbar vor mir erhebt sich der Berg, dessen weiße Firnflanke, über einem chaotischen Gletscherbruch an seinem Fuß jäh aufsteigend, von hier noch eindrucksvoller wirkt als vom westlichen Tal. Unverkennbar ist das Gesicht – es erscheint mir im Augenblick wie eine symbolische Verbindung der Äußeren zur Inneren Welt. Eine Reise zum Kailash ist eine Reise nach innen. Es ist eine Reise ins Innere des Mandalas.

---

1 J. V. Bellezza: Divine Dyads
2 K. Dowman: The Sacred Life of Tibet
3 Lama A. Govinda: Der Weg der weißen Wolken
4 M. Brauen: Das Mandala
5 S. Pranavananda: Kailas – Manasarovar

Literatur

Literatur zu Westtibet

Allen, Ch.: A Mountain in Tibet. – London (Futura Publications), 1984.
Aschoff, J.C.: Tsaparang – Königsstadt in Westtibet. – Eching vor München (MC Verlag GmbH), 1989.
Bellezza, J.V.: Divine Dyads. Ancient Civilization in Tibet. – Library of Tibetan Works and Archives, Dharamsala, 1997.
Cameron, I.: Mountains of the Gods. – London (Brookmount House), 1984.
Dowman, K.: The Sacred Life of Tibet. – London (Thorsons), 1997.
Först, H.: Verbotene Königreiche im Himalaya. Guge-Spiti-Mustang. – Graz (Weishaupt Verlag), 1994.
Goepper, R. & Poncar, J.: Alchi. Ladakh's Hidden Buddhist Sanctuary. The Sumtsek. – London (Serindia Publ.), 1996.
Goldstein, M. & Beall, Ch.M.: Nomads of Western Tibet. The Survival of a Way of Life. – Hong Kong (Serindia Publ.), 1989.
Govinda, Lama A.: Der Weg der weissen Wolken. – Bern, München, Wien (Scherz Verlag), 1978.
Govinda, Li G.: Tibet in Pictures, Vol. I and II. – Berkeley, Cal. (Dharma Publ.), 1979.
Hedin, S.: Transhimalaja. – Leipzig (F.A.Brockhaus), 1909.
Heim, A. & Gansser, A.: Thron der Götter. – Zürich und Leipzig (Morgarten-Verlag), 1938.
Hein, E. & Boelmann, G.: Tibet – Der Weiße Tempel von Tholing. – Ratingen (Melina Verlag). 1994.
Hermanns, M.: Mythologie der Tibeter. – Cavlyle J.P. (Hrsg.): Essen (Phaidon Verl.GmbH.), ohne Erscheinungsjahr.
Heß, D.: Yeshe-Ö: König in Tibet. Ein fast historischer Roman vom Dach der Welt. – Zürich (Oesch Verlag), 1998.
Johnson, R. & Moran, K.: Kailas – Auf Pilgerfahrt zum heiligen Berg Tibets. – München (J. Berg Verlag), 1990.
Kawaguchi, E.: Three Years in Tibet. – Delhi (Book Faith India), 1995.
Klimburg-Salter, D.E. et al.: Tabo - a Lamp for the Kingdom. – Milano (Skira Edit.), 1997.
Kvaerne, P.: The Bon Religion of Tibet. – London (Serindia Publ.), 1995.
Landor, H.S.: Auf verbotenen Wegen. – Leipzig (F.A.Brockhaus), 1900.
Maxwell, N.: India's China War. – Harmondsworth, Middlesex/England (Pelican Books Ltd.), 1972.
Müller, C.C. & Raunig, W.: Der Weg zum Dach der Welt. – Innsbruck (Pinguin-Verlag), ohne Erscheinungsjahr.
Olschak, B.C., Gansser, A. & Gruschke, A.: Himalaya. Wachsende Berge, lebendige Mythen, wandernde Menschen. – 1. Auflg., Köln (vgs), 1987.
Pal, P. (Ed.): On the Path to Void. Buddhist Art of the Tibetan Realm. – Mumbai India (Marg Publ.), 1996.
Poncar, J. & Keay, J.: Tibet. Tor zum Himmel. – Köln (vgs verlagsges.), 1988.
Pranavananda, S.: Kailas-Manasarovar. – New Delhi (Surya Print Process), 1983.
Schuyler, J.: Tibetan Nomads. – London (Thames and Hudson), 1996.
Sherring, Ch. A.: Western Tibet and Indian Borderland. – Delhi (Cosmo Publications, Reprint), 1974.
Strachey, H.: Physical Geography of Western Tibet. – Reprint: New Delhi – Madras (Asian Educational Services), 1995.
Taylor, M.: Mythos Tibet. – Braunschweig (Georg Westermann Verlag GmbH.), 1988.
Tichy, H.: Zum heiligsten Berg der Welt. – Wien (Seidel & Sohn), 1937.
Tucci, G.: Sadhus et Brigands du Kailash. – Edition Raymond Chabaud – Peuples du Monde, 1989.
Tucci, G.: The Temples of Western Tibet and their Artistic Symbolism. – Indo-Tibetica III/2. – New Delhi (Publ. Rakesh Goel for Aditya Prakashan), 1989.
Tucci, G.: Tibet ignoto. – Roma (Newton Compton ed.), 1978.
Valli, E. & Summers, D.: Aufbruch am Ende der Welt. – Paris (Ed. de La Martinière), 1994.
Varma, R. und Varma, S.: Himalaya Kailas-Manasarowar. – Neuenburg (Lotus Bücher), 1986.
Weyer, H. & Aschoff, J.C.: Tsaparang. Tibets großes Geheimnis. – Freiburg i. Br. (Eulen Verlag), 1987.
Young, G.M.: A Journey to Toling and Tsaparang in Western Tibet. – Calcutta (The Panjab Historical Society), 1991.

Weiterführende Literatur zu Tibet

Bachhofer, J. (Hrsg.:) Verrückte Weisheit. Leben und Lehre Milarepas. – Windpferd Verl.mbH., Aitrang, ohne Erscheinungsjahr.
Brauen, M.: Das Mandala. Der Heilige Kreis im tantrischen Buddhismus. – Köln (DuMont Buchverlag), 1992.
Cameron, I.: Mountains of the Gods. – London (Brookmount House), 1984.
Chalon, J.: Alexandra David-Néel – Das Wagnis eines ungewöhnlichen Lebens. – Frankfurt-Berlin (Ullstein Verlag), 1991.
Chan, V.: Tibet Handbook. – Chico, Cal. (Moon Publications Inc.), 1994.
Dalai Lama: Das Buch der Freiheit. Die Autobiographie des Friedensnobelpreisträgers. – Bergisch Gladbach (Gustav Lübbe Verlag GmbH.), 1990.
Dargyay, E. u. G.L. (Hrsg.): Das Tibetische Buch der Toten. – Bern-München-Wien (Otto Wilhelm Barth Verlag), 1978.
David-Néel, A.: Heilige und Hexer. – Wiesbaden (F.A. Brockhaus Verlag), 1981.
Decter, J.: Nicholas Roerich. Leben und Werk eines russischen Meisters. – Basel (Sphinx Medien Verlag), 1989.
Dowman, K.: Der heilige Narr. – München (Knaur; Scherz-Verlag), 1980.
Edou, J.: Machig Labdrön and the Foundations of Chöd. – Ithaca, New York (Snow Lion Publ.), 1996.
Elchert, C. & Sugden, P.: White Lotus. An Introduction to Tibetan Culture. – Ithaca New York (Snow Lions Publ.), 1990.
Essen, G.-W. & Thingo, T.T. : Die Götter des Himalaya. Buddhistische Kunst Tibets. – 2 Bände, München (Prestel-Verlag), 1989.
Geo Special: Himalaya. Nr. 3/Juni 1996
Govinda, Lama A.: Grundlagen tibetischer Mystik. – Frankfurt (Fischer Taschenbuch Verlag), 1975.
Harrer, H.: Sieben Jahre in Tibet. – Wien-Berlin (Ullstein Verlag), 1959.
Henss, M.: Tibet. Die Kulturdenkmäler. – Zürich (Atlantis Verlag), 1981.
Heurck, P. van : Alexandra David-Néel (1868-1969). Mythos und Wirklichkeit. – Ulm (Fabri Verlag), 1995.
Hilton, J.: Der verlorene Horizont. – Frankfurt (Fischer Taschenbuch Verlag), 1997.
Huc, R.E.: Reise durch die Mongolei nach Tibet und China 1844-1846. – Frankfurt (Societäts-Verlag), 1986.
Kunst- und Ausstellungshalle der BRD: Mythos Tibet. Wahrnehmungen, Projektionen, Phantasien. – Köln (DuMont), 1997.
Lauf, D.I.: Das Erbe Tibets. – Bern (Kümmerly & Frey), 2. Aufl., 1975.
LePage, V.: Shambhala. The Fascinating Truth Behind the Myth of Shangri-La. – The Kern Foundation, Madras, India (Quest Books), 1996.
Mookerjee, A. et al.: Tantra. – Ausstellungskatalog, London, 1971.
Nebesky-Wojkowitz, R. de: Oracles and Demons of Tibet. – Graz (Akad. Druck- u.Verlagsanst.), 1975.
Ngakpa Chögyam Rinpoche: Der Biß des Murmeltiers. – Paderborn (Junfermann Verlag), 1993.
Norbu, T.J. & Turnbull, C.: Tibet. Its History, Religion and People. – Bungay/ Suffolk/ England (Richard Clay, The Chaucer Press; Pelican Books), 1972.
Norbu, T.J. (erzählt von Heinrich Harrer): Tibet. Verlorene Heimat. – Frankfurt/M.-Berlin (Verlag Ullstein), 1960.
Olschak, B.C. & Wangyal, G.Th.: Mystik und Kunst Alttibets. – Bern, Stuttgart (Hallwag Verlag), 2. Auflg., 1977.
Rampa, L.: Das Dritte Auge. – Berlin (Goldmann Verlag), 1979.
Rhie, M.M. & Thurman, R.A.F.: Wisdom and Compassion. The Sacred Art of Tibet. – New York (Harry N. Abrams, Inc.), 1991.
Richardson, H.E.: Tibet. Geschichte und Schicksal. – Frankfurt am Main (Alfred Metzner Verlag), 1964.
Sanyal, P. K.: Himalaja – Erlebnisse mit Menschen, Bergen, Göttern. – Stuttgart (Europäischer Buchklub), ohne Erscheinungsjahr.
Schäfer, E.: Fest der weissen Schleier. – Braunschweig (Vieweg & Sohn), 1952.
Schumann, H.W.: Buddhistische Bilderwelt. – Köln (Eugen Diederichs Verlag), 1986.
Stein, R.A.: Die Kultur Tibets. – Die Deutsche Bibliothek, Berlin (Ed. Weber), 1993.
Syllaba, A.: Tibet – sein stilles Sterben. – Zürich (R. Hofmann-Verlag), 1992.
Ti Tonisa Lama: Das Felsenkloster. – Seeon (Ch. Falk Verlag), 1994.
Uhlig, H.: Tantrische Kunst des Buddhismus. – Berlin-Frankfurt-Wien (Verlag Ullstein GmbH.), 1981.

Anhang

Zur Geologie des Himalaya–Tibet-Raumes

„In Hunderten von Götteraltern ..." – Mythos und Zahlen

Das Hochland ist voller Mythen und Legenden, die eine innige Verwobenheit von indischem und bodenständigem tibetisch-himalayanischem Gedankengut widerspiegeln. Die Zyklik des Werdens und Vergehens von allem Natürlichen liegt sowohl hinduistischen als auch buddhistischen Glaubensvorstellungen zugrunde. Dies gilt nicht nur für einzelne „Dinge", sondern auch für den Kosmos als Ganzem. Nach der altindischen Mythologie erschafft Brahma, der das Transzendente Absolute symbolisiert, das Universum immer wieder neu, wenn es von Shiva, dem Zerstörer, ausgelöscht worden ist. (Eine Analogie zu dem in Jahrmilliarden-Zyklen pulsierenden Weltall – von Energie zu Materie zu Energie – nach der Urknalltheorie mag sich hier aufdrängen.)

Für uns geradezu erstaunlich sind die Zahlenangaben! In den alten asiatischen Kulturen kam der Dimension Zeit auch in dieser Hinsicht schon immer ein gänzlich anderer Stellenwert zu als im Abendland. Im altindischen Kulturraum wurden die Zyklen des Werdens und Vergehens in „kleinen", „mittleren" und „großen kosmischen Zeiteinheiten" angegeben. Ein Zyklus des Universums oder ein Weltzeitalter, im Sanskrit *Kalpa* genannt, umfaßt einen Tag und eine Nacht des Schöpfergottes Brahma. Es wird mit einer exakten Zahl von 8640 Millionen Jahren angegeben. Interessant dabei ist, daß die Hälfte dieser Zeit, ein Tag Brahmas, ziemlich genau jener Zahl entspricht, die mit wissenschaftlichen Methoden – übrigens erst vor einigen Jahrzehnten – als das Alter unserer Erde ermittelt worden ist. Wie immer solche Zahlen in den alten Schriften zustandegekommen sind oder wie immer sie zu verstehen sein mögen, sie verdeutlichen jedenfalls, wie tief die Vorstellung von geradezu unendlich anmutenden Zeiträumen und vom hohen Alter von Materie und Leben im indischen Denken verankert ist. Das in Tausenden von Jahrmillionen zählende Alter des Kosmos galt hier schon lange vor unserer Zeitrechnung als Selbstverständlichkeit. Geradezu lächerlich kurzlebig muten demgegenüber Angaben zum Alter der Welt an, die im christlichen Abendland noch im 17. Jahrhundert allgemeines Gedankengut waren. Hier wurden naturwissenschaftliche Vorstellungen und Fakten weit über Kopernikus und Galilei hinaus durch theologische Dogmen diktiert. Noch 1650 schrieb der anglikanische Bischof Ussher in seiner annalistischen Weltgeschichte, daß die Erde im Jahre 4004 vor Christus erschaffen worden sei. Obwohl in wissenschaftlichen Kreisen schon viel frühere Ansätze zu erkennen sind, begann erst mit dem Schotten *James Hutton,* dem eigentlichen Begründer der Geologie als Wissenschaft, die Vorstellung von Millionen Jahre dauernden Zeiträumen das abendländische Denken zu durchdringen und sich allmählich, bis gegen Ende des 18. Jahrhunderts, zu etablieren.

Was die Geologie Tibets betrifft, so scheint so manches Naturereignis aus vorgeschichtlicher Zeit als Legende verschlüsselt der Nachwelt überliefert zu sein. Die wohl bekannteste erzählt von jenen Zeiten, als ganz Tibet noch ein großer See war. Nach der späten, buddhistischen Ausdeutung erbarmt sich Chenresig, der Bodhisattva des Mitleids, schließlich des Landes, indem er mit einem Schwerthieb die Barriere des Himalaya öffnet. So kann das Wasser abfließen, und das Hochland wird vor dem Ertrinken gerettet.

Da nach neuesten archäologischen Forschungsergebnissen das tibetische Hochland jedenfalls im späten Quartär schon besiedelt war, ist anzunehmen, daß solche Legenden aus dem einst mit riesigen Seen bedeckten, aber auch von reger tektonischer Aktivität betroffenen Gebiet nicht nur einen mythologisch-religiösen, sondern auch einen sehr realen, geologischen Erlebnis-Hintergrund haben.

Tibet und der Himalaya – zwei herausragende geologische Strukturen auf der Erde

Dach der Welt – Maßstab der Erde

Tibet und der Himalaya stellen geologisch-morphologisch zwei unübertroffene Superlative auf unserer Erde dar. Tibet bildet das größte und höchstgelegene Hochplateau, der Himalaya das höchste Gebirge. Das „Dach der Welt" ist mit seinen rund drei Millionen Quadratkilometern auf einem maßstäblich gebauten Globus als herausragende Struktur einer zusammenhängenden, hochgelegenen Landmasse sehr gut zu erkennen. Im Norden begrenzt das fast viertausend Kilometer lange und bis über siebeneinhalbtausend Meter aufragende Gebirgssystem des Kun lun, das „Himmelsgebirge" der alten Chinesen, das Hochland. Der gewaltige Karakorum-Himalaya-Bogen, den der indische Dichter Kalidasa „Maßstab der Erde" nannte, umspannt Tibet über zweieinhalbtausend Kilometer weit im Süden. Hier liegen alle auf der Erde bekannten 14 Achttausender: Chomolungma (Mt. Everest; 8848 m), K2 (8611 m), Kangchenzönga (8597 m), Lhotse (8511 m), Makalu (8481 m), Dhaulagiri I (8172 m), Cho Oyu (8153 m), Nanga Parbat (8125 m), Annapurna (8091 m), Gasherbrum I (8068 m), Broad Peak (8047 m), Gasherbrum II (8035 m), Shisha Pangma (8013 m).

Man mag sich die Frage stellen, warum sich gerade hier eine so beeindruckende Morphologie herausgebildet hat.

Im Vergleich zu einem Kalpa, einem Weltzeitalter nach der altindischen religiös-mythologischen Vorstellung, also Zahlen, in denen man heute in der Wissenschaft geologische Zeiträume rechnet, ist der Himalaya geradezu sehr jung. Er ist in der Tat nicht nur das höchste, sondern auch das jüngste Gebirge unserer Erde. Die Entwicklungsgeschichte, die zur weltweit einmaligen Struktur des tibetischen Hochplateaus und des Himalaya führte, reicht allerdings mehr als zweihundert Millionen Jahre in die Zeit zurück. Und das Baumaterial von Gebirge und Hochland ist zum Teil noch viel älter.

Gesteine, formende Kräfte und die Untersuchungsmethoden der modernen Geologie

Von den drei großen Gesteinsgruppen[1], die unsere Erdkruste bilden, nämlich Erstarrungsgesteine, Sedimentgesteine und metamorphe Gesteine, sind alle am Aufbau Tibets und des Himalaya beteiligt. Ihre Entstehungsgeschichte und damit ihre Aussagekraft zur Entwicklung von Gebirge und Hochland wird mit Hilfe moderner erdwissenschaftlicher Untersuchungsmethoden wie der Sedimentologie, Paläontologie, Geochemie, Strukturgeologie, Geochronologie, Petrologie, Paläomagnetik und der Satellitenbild-Auswertung rekonstruiert.

In tiefen Bereichen der Erdkruste sind es neben der mineralogisch-chemischen Zusammensetzung und der Temperatur vor allem Verformungsprozesse, die ein Gestein prägen und damit Rückschlüsse auf dessen Entstehungsgeschichte zulassen. Es ist das Forschungsgebiet der *Strukturgeologie*. Die Art der Gesteinsdeformation ändert sich mit der Tiefe, d.h. mit zunehmender Temperatur. Während für die oberen fünf bis zehn Kilometer der Erdkruste bruchhaftes (sprödes) Verformungsverhalten typisch ist, wandelt sich die Reaktion von Gesteinen auf Druck, Zug und Scherung in größeren Tiefen: die Minerale reagieren zunehmend plastisch, sodaß es möglich wird, dicke Gesteinspakete zu strecken oder zu verfalten, ohne daß sie zerbrechen. Wir befinden uns im Bereich des *duktilen* Verformungsverhaltens für gesteinsbildende Minerale. Eine wichtige Rolle dabei spielt das meist in geringen Mengen noch immer vorhandene Wasser (oder andere sogenannte Fluide). Bei ausreichend hohen Temperaturen und starker scherender/plättender Beanspruchung beginnen Gesteine zu „fließen". Ihre charakteristischen Strukturen, ihre *Gefüge*, lassen Rückschlüsse auf Bewegungsrichtung und -geschwindigkeit von größeren Gesteinseinheiten, bis hin zu ganzen Gebirgsmassiven, zu.

Wechselnde chemische Zusammensetzung von Mineralen, wie beispielsweise der Eisen- oder Magnesiumgehalt, geben wichtige Hinweise darauf, bei welchen Drucken und Temperaturen und damit in welchen Tiefen ein Gestein gebildet wurde. Dies ist vor allem für metamorphe, aber auch für Erstarrungsgesteine von Bedeutung. Es ist das Aufgabengebiet der *Petrologie*.

Manche gesteinsbildende Minerale, wie Glimmer oder Granat, enthalten Elemente, die für die absolute Zeitmessung verwendet werden. Dies ist für alle Gesteine von Bedeutung, die keine Fossilien enthalten, oder wo solche durch die Überprägung der Ausgangsgesteine bei hohen Temperaturen zerstört worden sind, also für Metamorphite und Magmatite. Einige dieser radioaktiven Isotope, wie etwa jene der Spurenelemente Uran, Rubidium, Samarium oder Lutetium, unterliegen einem langsamen, aber stetigen radioaktiven Zerfall. Bestimmt man die Menge dieser Stoffe sowie deren Zerfallsprodukte, so kann man unter günstigen Voraussetzungen das Alter der Gesteinsbildung in Millionen Jahren messen. Es ist damit also möglich, jene Zeit zu erfassen, in der ein bestimmtes Gestein einer bestimmten Temperatur ausgesetzt war oder in einer bestimmten Tiefe lag. Wendet man mehrere solcher Methoden an ein und demselben Probenmaterial an, so ist es unter Umständen möglich, eine Abkühlkurve zu erstellen und somit den Weg der Gesteine in der Zeit aus großen Tiefen bis nahe an die Erdoberfläche zu verfolgen. Dies ist für die Rekonstruktion der eigentlichen Gebirgsbildung unerläßlich. Solche Untersuchungen fallen in das Aufgabengebiet der *Geochronologie* und *Isotopengeologie*.

Sedimentgesteine liefern andere wichtige Informationen. Materialzusammensetzung, Korngröße usw. spiegeln das Ablagerungsmilieu, wie Wassertiefe, Wassertemperatur oder Strömungsverhältnisse wider. Die *Sedimentologie* untersucht diese Sachverhalte. Fossilien, versteinerte Reste von Tieren und Pflanzen, geben zusätzliche Hinweise zur Umgebung, in der die Sedimente abgelagert wurden (etwa, ob im Flachwasser oder in großer Wassertiefe im Meer), vor allem aber zum Alter der Gesteine, in die sie eingeschlossen sind, denn die Entwicklung des Lebens auf der Erde nahm einen bestimmten, heute schon recht gut bekannten Verlauf. Sehr wichtige Informationen zum Alter von Sedimenten liefern vor allem die im Meerwasser in großer Zahl lebenden Mikroorganismen, das sogenannte Plankton. Diese Kleinstlebewesen haben schon in sehr alten Gesteinen eine weltweite Verbreitung. Ihre Kalk- oder Kieselsäureschalenreste sind oft geradezu gesteinsbildend und haben daher große Bedeutung für die weltweite Korrelation von geologischen Zeiträumen. Dies ist das Aufgabengebiet der Paläontologie, bzw. der Mikropaläontologie.

In den letzten Jahrzehnten hat sich aus der Theorie *Alfred Wegeners* (1880–1930) von der Drift der Kontinente das Konzept der *Plattentektonik* in den Erdwissenschaften auf breiter Basis durchgesetzt. Dieses Modell sieht die Bewegungen der Kontinente, die Dehnungszonen in den Ozeanen, dabei entstehende großräumige Strukturen im Kilometermaßstab sowie Erdbebentätigkeit und Vulkanismus in engem Zusammenhang und vermag so erstmals ein geschlossenes Bild für die Entwicklung unserer Erde zu zeichnen. Nach dieser Vorstellung bewegen sich die obersten, kalten und daher steifen Gesteinslagen der Erde, die sogenannte *Lithosphäre*, auf einer viel mobileren, heißen Unterlage, der *Asthenosphäre*, dahin. Die Lithosphäre weist starke Unterschiede in Dichte und Zusammensetzung und in der Dicke der Gesteinsplatten auf, je nachdem, ob es sich um ozeanische (Tiefwasserbereiche der Weltmeere) oder um kontinentale Räume (Festland und Schelfbereiche) handelt. Die Dicke variiert von wenigen Kilometern an den sogenannten Ozeanischen Rücken bis hin zu deutlich über 200 Kilometern unter den Kontinenten. Diese äußerste Schale der Erde ist jedoch nicht zusammenhängend, sondern sie besteht aus einer größeren Anzahl starrer, verschieden großer Körper, sogenannten *Tektonischen Platten*, die sich in einem Wechselspiel der Kräfte ständig gegeneinander verschieben. Man kann diese Plattenbewegungen heute mittels *GPS-Satellitenbild-Geodäsie* millimetergenau vermessen; die Driftgeschwindigkeiten sind sehr unterschiedlich, sie können jedoch 10 Zentimeter im Jahr überschreiten, was eindeutig zeigt, daß solche Platten in Zeiträumen von Jahrmillionen mit Leichtigkeit Hunderte oder Tausende von Kilometern weit wandern können. Die Antriebskräfte für die Bewegung von Platten sind Konvektionsströmungen in der heißen *Asthenosphäre*, die so die überlagernden starren Krustenblöcke gewissermaßen huckepack mitführt. Die dabei auf die darüberliegenden Platten übertragenen Extensions- (Zug) oder Kompressionskräfte (Schub) bewirken zwei gänzlich unterschiedliche Strukturtypen an der Oberfläche der Erde. Dort, wo Platten auseinanderdriften oder zerreißen, entstehen *Kontinentale Gräben* (wie heute etwa in Ostafrika oder im Rheintal) oder *Ozeanische Rücken* (z.B. die zentrale Achse des Atlantiks). Hier werden junge, neue Gesteine, meist in Form von Laven, aus dem oberen Erdmantel nachgeliefert. Wir nennen solche Plattengrenzen *konstruktiv,* weil hier neue Kruste gebildet wird. Wo hingegen zwei Platten aufeinander zu driften und schließlich zusammenstoßen, in den sogenannten *Kollisionszonen,* kommt es früher oder später zum Unterfahren, zur *Subduktion,* der einen Platte unter die andere. Bei fortschreitender Kompression kommt es zu Faltung, Zerscherung und Stapelung bzw. Überschiebung der oberen Plattenbereiche in Form von kilometerdicken Gesteinspaketen. Werden diese vollständig von ihrer ehemaligen Unterlage abgetrennt, sprechen wir von *Deckenbildung*. Die Überschiebungsweiten solcher Gesteinsdecken betragen gebirgsintern, in den Alpen wie im Himalaya, viele Zehner, ja, Hunderte von Kilometern. In diesen Kollisionszonen entstehen also neue Gebirge. Solche Plattengrenzen nennen wir *destruktiv,* weil hier Gesteine verschwinden und bei ihrer Subduktion in die Tiefe auch wieder in den oberen Erdmantel gelangen und dort neu „eingeschmolzen" werden können. Die eigentlichen Kontaktzonen, an denen zwei kontinentale Platten zusammenstoßen und an denen oft weite ozeanische Räume durch extreme Verformung, Verkürzung und Subduktion verschwinden, nennen wir *Suturen*.

Will man eine Vorstellung davon gewinnen, welche Bewegungen die verschiedenen Platten im Laufe der Erdgeschichte auf dem Globus beschrieben haben, so liefern einige der genannten Untersuchungsmethoden, wie etwa jene der Paläontologie, qualitative Hinweise. Genauere Angaben dazu erhält man jedoch durch Messungen des remanenten Magnetismus bestimmter Minerale (vor allem von Magnetit und Hämatit), die die natürliche Magnetisierung aus der Zeit ihrer Bildung gespeichert haben. Solche Daten liefern Hinweise auf die Lage der geomagnetischen Pole und somit auch auf die Umdrehungsachse oder die Pole der Erde in der geologischen Vergangenheit. Daraus läßt sich die jeweilige geographische Lage der verschiedenen Kontinente und deren Wanderung im Laufe der Erdgeschichte rekonstruieren. Dies ist das Forschungsgebiet der *Paläomagnetik*.

Wandernde Kontinente –
das Plattenmosaik Hochasiens

Die Entstehung von Hochländern und Gebirgen in *Hochasien* erklärt man durch Andriften unterschiedlich großer Krustenstücke (Platten) aus dem Süden und sukzessives „Anschweißen" derselben an einen nördlich vorgelagerten Großkontinent. Eine wichtige Beweislinie für die Rekonstruktion dieser Vorgänge lieferten unter anderem vergleichende Studien an fossilen Korallen aus den unterschiedlichsten Gegenden des Hochlandes. Wie in der Jetztzeit stellten diese Meerestiere sensible Indikatoren bezüglich Wassertiefe und -temperatur dar.

Nach neuesten geologischen Forschungen gliedert man das heutige Plattenmosaik dieses Großraumes von Norden nach Süden in folgende Einheiten (Platten oder Mikroplatten, englisch: *Terranes*)
1) Der *Tarim* und *Nordchinesische Block*
2) der *Kun lun Block* (Kun lun Terrane)
3) die *Chang Thang Platte* (Chang Thang oder Qiangtang Terrane)
4) die *Lhasa Platte* (Lhasa Terrane)
5) der *Himalaya*, als nördlichster Teil der *Indischen Platte*.

Intern können diese Terranes in mehrere Subterranes gegliedert werden. Die paläontologische Auswertung von Korallen und anderen Meeresfossilien aus der Zeit des späten Erdaltertums (Paläozoikum), zirka 350 – 250 Millionen Jahre vor heute, hat ergeben, daß sich alle diese Platteneinheiten zu jener Zeit in einem tropisch-subtropischen Bereich, und zwar in relativer Nachbarschaft zueinander befunden haben. Ihre ursprüngliche Lage war im Vergleich zur heutigen und auch im Vergleich zu jener des großen Eurasiatischen Kontinents weit im Süden, südlich des Äquators. Sie waren ein Teil des südlichen Superkontinents *Gondwana*. Auch Funde von sogenannten *Tilliten*, das sind Sedimente, die typisch für vergletscherte Gebiete sind und im Oberkarbon des großen Südkontinents weit verbreitet waren, belegen (etwa aus der westlichen Chang Thang Platte) die Gondwana-Herkunft dieser Krusten-Blöcke.

Gondwana zerbrach im späten Paläozoikum in einzelne Plattenstücke, und einige dieser Platten begannen langsam nach Norden zu driften. Sukzessive wurden dabei die dazwischenliegenden ozeanischen Räume eingeengt. Den Zeitpunkt des eigentlichen Zusammenstoßes und Aneinanderschweißens von Plattenfragmenten (Kollision bzw. Akkretion) – und damit das endgültige Schließen von dazwischenliegenden Ozeanen – kann man ermitteln, indem man das Alter der jüngsten ozeanischen Sedimente und das Einsetzen der ersten Schuttbildung aus dem wachsenden Gebirge (der sogenannten Molasse) bestimmt. Im Falle von Hochasien zeigt sich eine ziemlich kontinuierliche, von Norden nach Süden jünger werdende Abfolge von Plattenkollisionen und Suturbildungen.

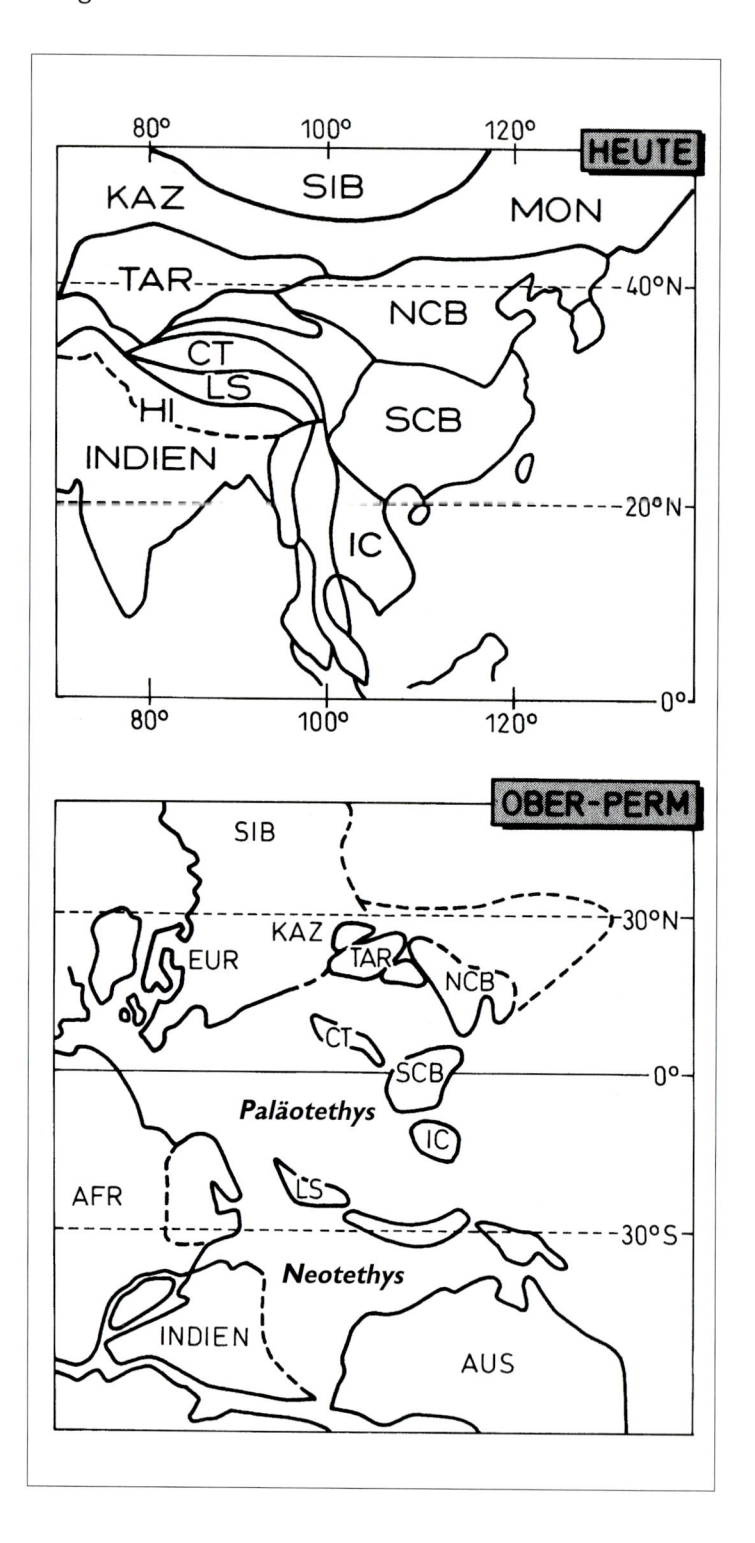

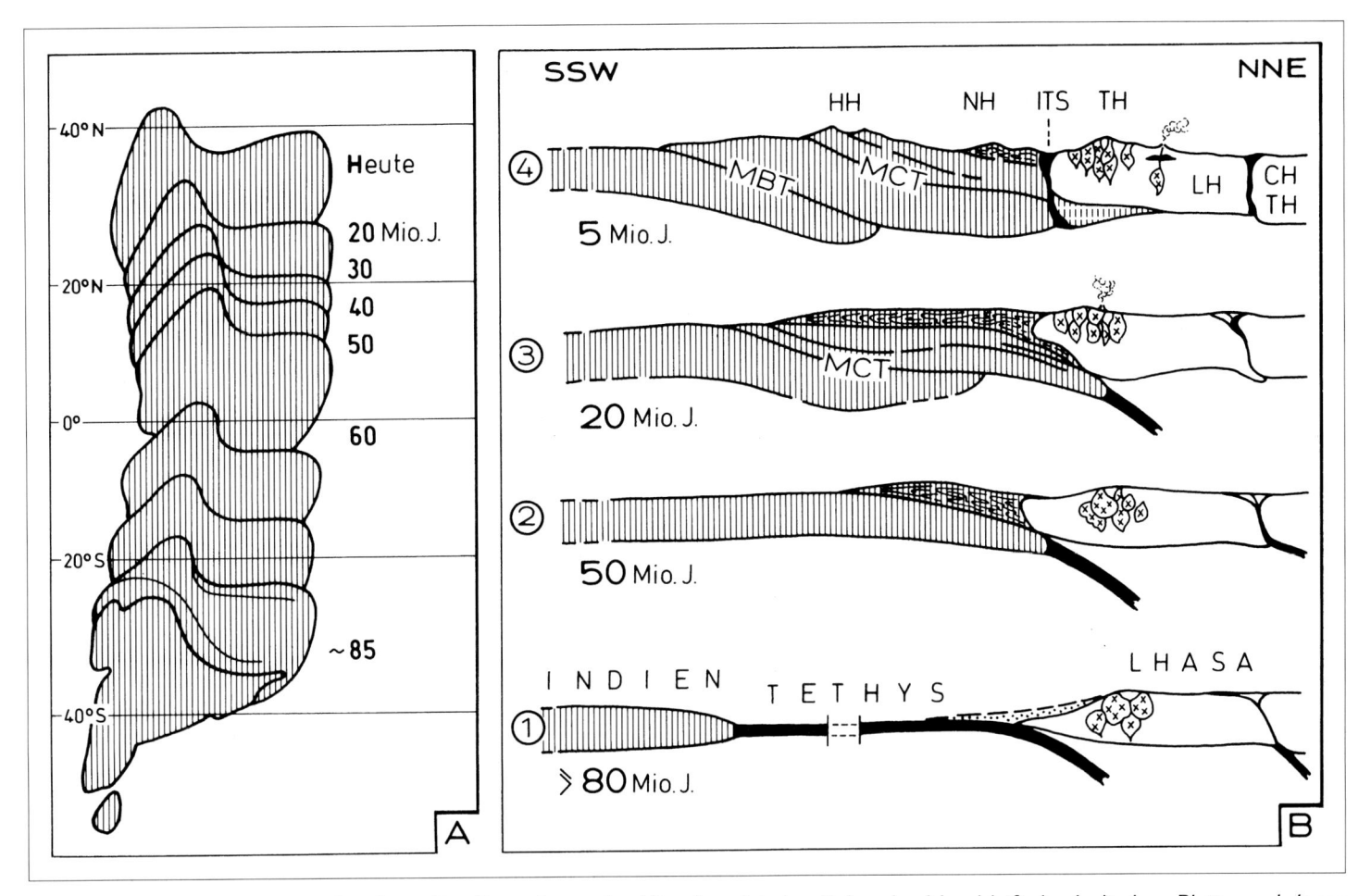

Oben: Die Entwicklung des Himalaya: Die Entstehung des Himalaya ist eine Folge der Norddrift der Indischen Platte und deren Kollision mit den nördlich vorgelagerten Krustenblöcken, insbesondere der Lhasa Platte (Südtibet).
Abbildung A (links) zeigt die jüngere Phase der Driftbewegung des „Größeren Indien", also des heutigen Indien, der zum Himalaya gehörenden Krustenstücke sowie jener, die unter Tibet subduziert wurden, wie aus paläomagnetischen Daten ermittelt. Seit der oberen Kreidezeit (ca. 85 Millionen Jahre vor heute) hat sich Nordindien mehrere tausend Kilometer (ca. 60 Breitengrade) von Süden nach Norden bewegt. Eine dramatische Verlangsamung der Driftgeschwindigkeit von nahezu 20 Zentimetern pro Jahr auf etwa 5 Zentimeter pro Jahr wird im Zeitraum 60 bis 50 Millionen Jahre vor heute registriert. Dies ist die Zeit, als der Indische Block mit Südtibet kollidierte.
Abbildung B (rechts) illustriert in vier Schritten die strukturelle Umgestaltung in der Kruste in einem stark vereinfachten, etwa N-S verlaufenden Profil. Vor 60 Millionen Jahren lag zwischen Indien und der südtibetischen Lhasaplatte noch ein breites Meer: die Tethys. Die Subduktion der ozeanischen Platte (des Meeresbodens in der Tethys; schwarz) und der Magmatismus im Transhimalaya hatten jedoch schon eingesetzt. Um 50 Millionen Jahre vor heute war die Kollision von Indien mit Südtibet vollzogen, die Subduktion von kontinentaler indischer Kruste begann. Durch das weitere Vordriften Indiens nach Norden bildeten sich südgerichtete Überschiebungsbahnen in der verdickten Nordstirn der Indischen Platte heraus: Es begann die Bildung des Himalaya, sie dauert bis in die Jetztzeit an. Weitere Erklärungen siehe Text.
Abkürzungen: MBT = Große Randüberschiebung, MCT = Große Hauptüberschiebung, HH = Hoher Himalaya, NH = Nördlicher (Innerer oder Tibet) Himalaya, ITS = Indus-Tsangpo-Sutur, LH = Lhasa Platte, CH TH = Chang Thang Platte. Die Kreuze symbolisieren den Magmatitgürtel des Transhimalaya.
Abbildung A nach C.T. Klootwijk et al. (1992), Abbildung B nach P. Le Fort (1996).

Links: Das Plattenmosaik Süd- und Zentral-Asiens im Ober-Perm (unten) und heute (oben). Es ist ersichtlich, daß sich die wesentlichen Bauteile des heutigen Indien und Tibet im späten Erdaltertum (Ober-Perm; ca. 250 Millionen Jahre vor heute) als Plattenstücke des zerdrifteten Großkontinents Gondwana noch unterschiedlich weit im Süden befanden. Die Annäherung dieser Mikrokontinente an das asiatische Festland (Großkontinent Eurasien) erfolgte etappenweise: Zuerst wurde die Chang Thang Platte, später die Lhasa Platte und zuletzt der Indische Subkontinent, als „Größeres Indien", an Asien „angeschweißt".
Abkürzungen: SIB = Sibirische Platte, EUR = Eurasische Platte, KAZ = Kazachstan, TAR = Tarim Block, NCB = Nord-China Block, MON = Mongolischer Block, CT = Chang Thang Block, LS = Lhasa Block, SCB = Süd-China Block, HI = Himalaya (= Nordteil des „Größeren Indien"), IC = Indo-China, AFR = Afrika, AUS = Australien.

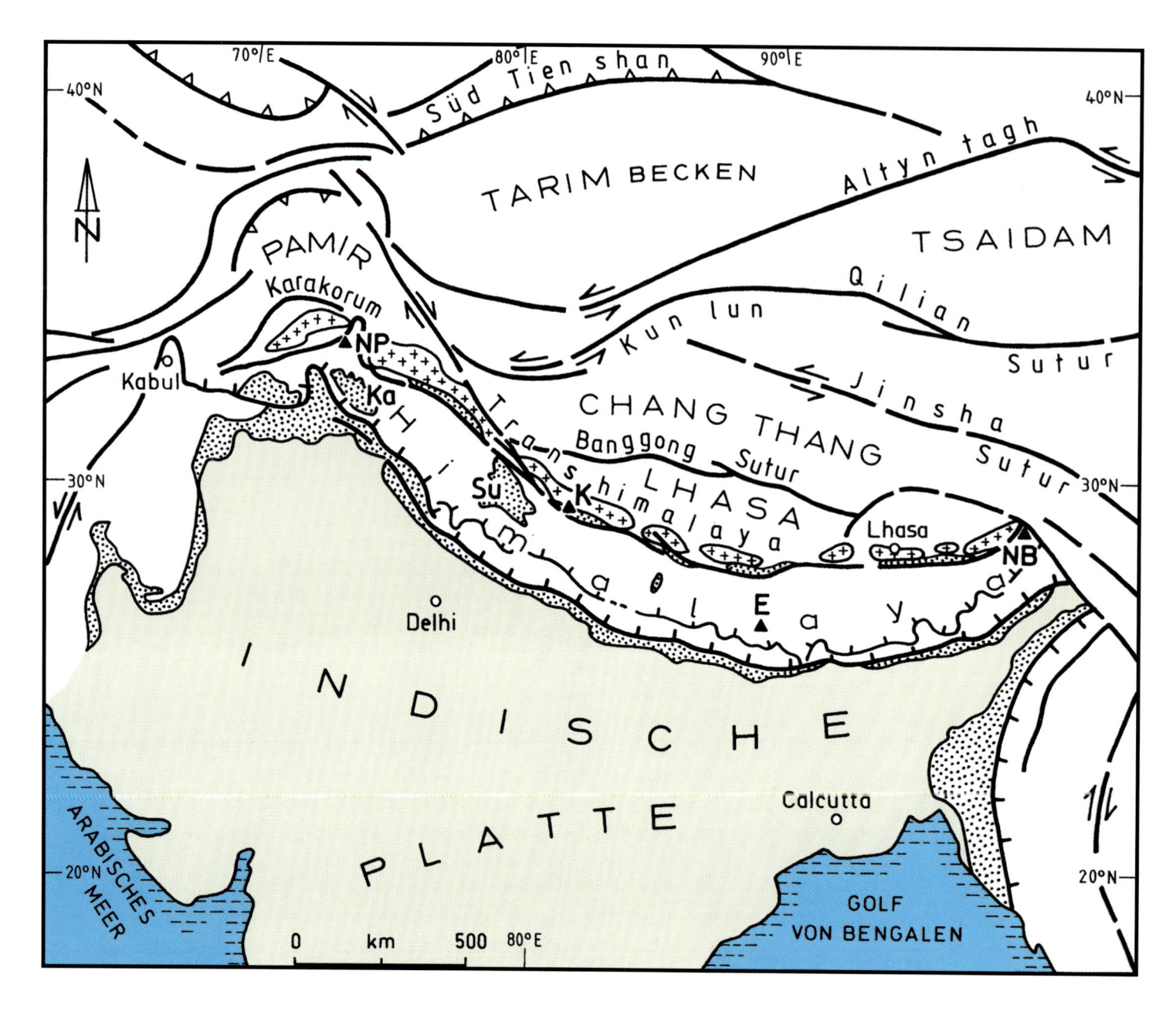

Tektonische Gliederung im Raume Nordindien – Hoch-Zentralasien:

Die dicken schwarzen Linien stellen tektonische Begrenzungsflächen (steilstehende Faults, Seitenverschiebungen und/oder Überschiebungen) zwischen den verschiedenen Krustenblöcken dar. Pfeile geben relative Bewegungsrichtungen an. Der über 2500 Kilometer lange Batholith-Gürtel des Transhimalaya ist mit Kreuzsignatur herausgehoben. Die Punktsignatur markiert die wichtigsten tertiären/quartären Molasse-Sedimente, die Erosionsschutt des rasch aufsteigenden Gebirges darstellen und entlang der Nord- und Südfront des Himalaya verbreitet sind. Als wichtigste intramontane Sedimentbecken sind Kaschmir (Ka) und das obere Sutlejtal (Su) in Westtibet hervorzuheben. Abkürzungen: NP = Nanga Parbat, K = Kailash, E = Everest, NB = Namche Barwa.

Die Abbildung rechts hebt schraffiert jene Zonen heraus, wo in der Jetztzeit die hauptsächliche Verformung konzentriert ist. Pfeile geben relative Bewegungsrichtungen für Einengung, Dehnung oder für seitenverschiebende Vorgänge in Zentimetern pro Jahr (cm/a) an. Nach M. P. Searle (1996), verändert.

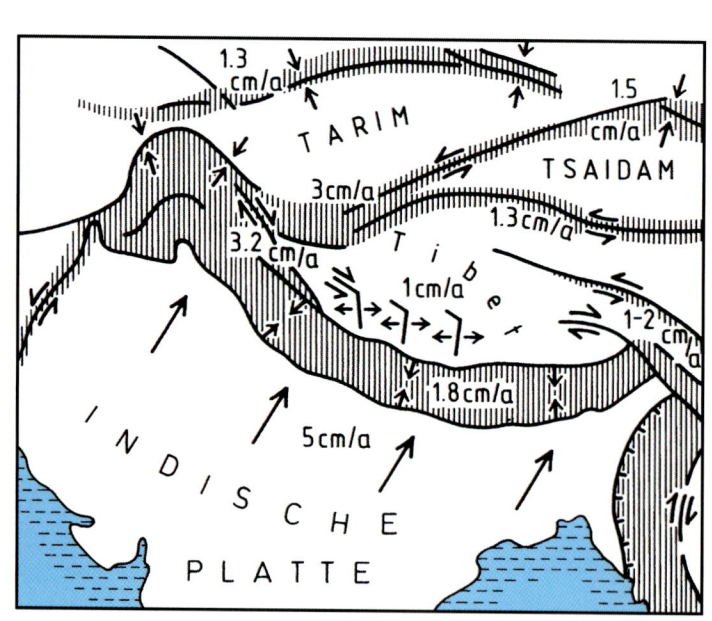

1. Der Tarim/Nordchinesische Block kollidierte entlang des heutigen *Tien shan Gebirges* mit Eurasien schon im Perm, vor etwa 290–260 Millionen Jahren.

2. Zu gleicher Zeit, oder schon etwas früher, erfolgte die Akkretion des Kun Lun Blockes an einer Sutur, die heute entlang des Kun Lun Gebirges selbst verläuft *(Kun lun-Qilian Sutur)*.

3. Die südlich anschließende Chang Thang Platte kollidierte mit dem Kun Lun Block entlang der *Jinsha Sutur* zur Zeit Obertrias bis Mitteljura, vor 220–170 Millionen Jahren.

4. Der Chang Thang Block grenzt im Süden an der *Banggong Sutur* an die Lhasa Platte. Diese Kollision erfolgte im Oberjura, vor zirka 150 Millionen Jahren.

5. Die letzte, gewaltigste Kollision schließlich, jene des eigentlichen Indien mit der Lhasa Platte (dem heutigen Südtibet), erfolgte erst im Eozän, vor etwa 55–50 Millionen Jahren (neueste paläontologische Befunde aus Indien und Ladakh wollen jedoch beweisen, daß ein Landkontakt zwischen der Indischen Platte und „Eurasien" schon vor 65 Millionen Jahren, also in der obersten Kreidezeit, stattfand). Sie ist durch die spektakuläre *Indus-Tsangpo Sutur* markiert, die heutige Grenze zwischen Transhimalaya und Himalaya.

Himalaya und Transhimalaya – Struktur und Entwicklung des höchsten Gebirges auf der Erde

Betrachten wir das Gebirgssystem des Himalaya im Detail, so können wir in einem süd-nordwärts verlaufenden Schnitt (Profil) vereinfacht folgende Zonen oder Struktureinheiten unterscheiden:
- Die *Siwalik-Zone,* auch *Subhimalaya* genannt, die südliche Molassezone;
- der *Niedere Himalaya,* mit mehreren komplexen Deckeneinheiten;
- der *Hohe Himalaya;*
- die *Tibet-Zone;*
- die *Indus-Sutur,* samt In;dus-Molasse;
- die *Transhimalaya-Plutone* der südlichen Lhasa Platte.

Die große Sutur, die die letzte Plattenkollision markiert, liegt demnach am Nordrand des Himalaya, die Entwicklung des Gebirges erfolgte von Norden nach Süden. Um das zeitliche Nacheinander der gebirgsbildenden Vorgänge besser zu verstehen, ist es von Vorteil, die verschiedenen Baueinheiten von Norden nach Süden zu betrachten. Als Grundlage mag ein Profil dienen, das etwa aus der Gegend des Indus-Ursprungs, nördlich des Heiligen Berges Kailash (südliche Lhasa Platte), über den Gebirgshauptkamm hinweg zum Oberlauf des Ganges verläuft.

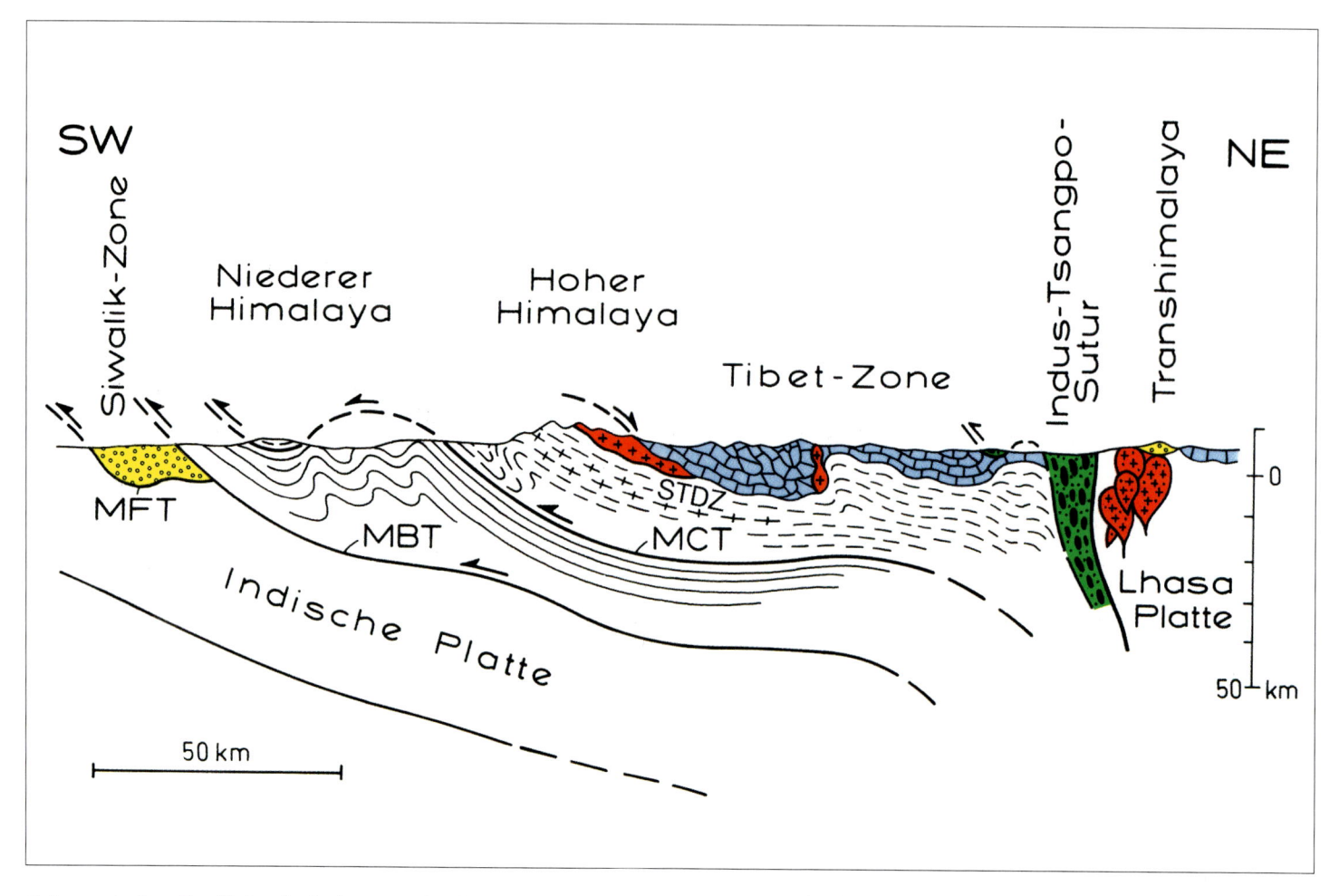

Schematisches Profil durch die heutige Struktur des Himalaya. Der Schnitt verläuft in Südwest-Nordostrichtung und zeigt die wesentlichen Baueinheiten: Die Siwalik-Zone, der junge Erosionsschutt an der Südfront des Gebirges; der Niedere und der Hohe Himalaya, beides abgescherte und nach Süden überschobene Teile der nördlichen Indischen Platte; die Tibetzone, Sedimente vom Südrand der Tethys bzw. vom Nordrand des Indischen Schildes; die Indus-Tsangpo-Sutur, der extrem verkürzte und steilgestellte Ozeanboden der Tethys; schließlich das nördliche „Widerlager", die Lhasa Platte, die an ihrem Südrand von mächtigen Intrusivstöcken und Vulkaniten durchdrungen ist (rot, mit Kreuzsignatur) und von der tertiären Molasse (z.B. Kailash-Molasse) lokal überlagert wird (gelb).

Abkürzungen: MFT = Große Frontalüberschiebung (Main Frontal Thrust); MBT = Große Randüberschiebung (Main Boundary Thrust); MCT = Große Hauptüberschiebung (Main Central Thrust); STDZ = Südliche Abscherungsfläche der Tibetzone (South Tibetan Detachment Zone).

Der *Transhimalaya* –
Magmatitgürtel über der Subduktionszone

Die Lhasa Platte stellt, wie oben erwähnt, einen selbständigen kontinentalen Block mit eigener Geschichte dar. Ähnlich wie die Chang Thang Platte ist sie im weltweiten Vergleich mit gut 2000 Kilometern Länge und einer maximalen Breite von 500 Kilometern allerdings eher klein. Ihr Südrand wurde im Zuge der Annäherung, Kollision und schließlich Subduktion der Indischen Platte vollkommen umgestaltet. Durch diese Plattenkollision wurde das einstmals Tausende Kilometer breite Meer des Tethysozeans endgültig geschlossen.

Über der nordwärts subduzierten ozeanischen Platte des sich schließenden großen Tethysmeeres kam es, durch die teilweise mitsubduzierten, stark wasserhältigen Ozeanboden-Sedimente begünstigt, zu extensiver Schmelzbildung. Ungeheure Mengen heißer Gesteinsschmelzen stiegen als mächtige Plutone in hohe Bereiche der Kruste empor oder erreichten später als Vulkanite die Oberfläche. Diese Erstarrungsgesteine markieren heute als ein 2000 Kilometer langer Magmatitgürtel den Nordrand der Indus-Tsangpo-Sutur und bauen über weite Bereiche ein eigenständiges Gebirge in Südtibet auf, nämlich den *Transhimalaya*. Das absolute Alter dieser Vorgänge ist für das Verständnis der weiteren Entwicklung des eigentlichen Himalaya von großer Bedeutung; man kann es auf unterschiedliche Weise ermitteln.

Erstens weisen die Ausdehnungsmuster am Meeresboden des heutigen Indischen Ozeans in jenen Gesteinseinheiten, die dem frühen Eozän entsprechen, auf eine markante Verlangsamung der Norddrift der Indischen Platte vor etwa 55–52 Millionen Jahren hin. Dies wird im Sinne eines Kollisionsvorganges interpretiert. Weiters dokumentieren die Sedimente entlang der heutigen Indus-Tsangpo-Sutur für eben diese Zeit einen drastischen Wechsel von mariner zu kontinentaler Entwicklung. Schließlich gibt es zahlreiche Altersbestimmungen an den Erstarrungsgesteinen des magmatischen Bogens selbst.

Diese Daten zeigen, daß die Intrusions- und Eruptionstätigkeit über die gesamte Länge des Transhimalaya (von Ladakh im Westen bis östlich von Lhasa) einerseits lange vor der eigentlichen Kollision der beiden Kontinentalblöcke einsetzte, anderseits diese Vorgänge aber auch überdauerte. Die gemessenen Alterswerte fallen in den Zeitraum 120 bis 40 Millionen Jahre (aus dem Nyen chen Thang lha Gebirge wurden neuerdings jedoch noch deutlich jüngere Alter gemessen). Nach einer unterschiedlich raschen Hebung und Auskühlung der Plutone folgte schließlich ein vielfältiger Vulkanismus im Jungtertiär. Wenngleich die Kontaktnahme der beiden Platten, nämlich von Lhasa Platte und Indien, nicht über die ganze Front von gut 2000 Kilometern gleichzeitig stattfand, sondern schräg erfolgte und sich wohl über mehrere Jahrmillionen erstreckte, so weisen doch alle diese Beobachtungen darauf hin, daß der Kollisionsvorgang um die Zeit 50 Millionen Jahre vor heute vollzogen war und so zu einer drastischen Verlangsamung der Konvergenzrate (schätzungsweise von zehn auf fünf Zentimeter pro Jahr) sowie zu einer Änderung der Driftrichtung von Indien führte.

Blick auf die südlichen Ausläufer des westlichen Kun lun Gebirges, dem Grenzgebirge zwischen dem eigentlichen Tibetischen Hochplateau und dem Kun lun Terrane. Aksai Chin, westlicher Chang Thang.

Gebirgszüge mit mesozoischen Sedimenten der Lhasa Platte an der Grenze von Tibet zur Region Xinjiang, Aksai Chin Gebiet, westlicher Chang Thang.

Ost-West streichende Peridotitzüge (Bildmitte) an der nördlichen Sutur, Grenze Lhasa Platte – Chang Thang Platte. Nähe Sangsang.

Der Nord- und Ostteil Ladakhs ist zu einem guten Teil aus Intrusivgesteinen, die dem Transhimalaya-Batholithgürtel angehören, aufgebaut. Blick von Hemis Gompa (Ostladakh) auf die vegetationslose Granitlandschaft nördlich des Industales.

Im Detail zeigt der Transhimalaya eine bunte Gesteinsvergesellschaftung, wie hier an den verschiedenen Farbtönen (hell-dunkel) zu erkennen ist. Neben Graniten treten Diorite und Gabbros, aber auch jüngere Ganggesteine auf. Blick nahe Shey Gompa (Ladakh) Richtung Norden.

Dünnschliffbild eines Gabbros aus dem Magmatitgürtel in Ladakh (nahe Kargil). Typisch ist die frisch erhaltene magmatische Textur kaum geregelter Minerale. Neben Plagioklas (weiß-grau, mit deutlicher Zwillingslamellierung) sind vor allem Pyroxen und Olivin (bunte Farben) zu erkennen. Bildlängsseite: ca. 4 mm.

Granit aus dem Batholithgürtel (magmatischen Bogen) der südlichen Lhasa Platte mit zahlreichen schollenförmigen dunklen Einschlüssen. Ostseite Dölma La, Kailash, Westtibet.

Dünnschliffbild eines Diorits der Kailashkette. Der große, beige-braune Kristall in Bildmitte ist ein Pyroxen, der teilweise in Amphibol umgewandelt bzw. von diesem überwachsen wird (heller äußerer Rand). Nahe Dölma La, Westtibet. Bildlänge: ca. 9 mm.

Die *Indus-Tsangpo Sutur* – Zeuge der Tethys

Wie der Name sagt, folgt diese relativ schmale Zone über weite Strecken dem Lauf der beiden großen Flüsse Indus und Tsangpo. Sie umfaßt Gesteine des ehemaligen Meeresbodens sowie des nördlichen Kontinentalhanges von Indien. Es handelt sich um verschiedenste Ausgangsmaterialien, die im Zuge der großen Kollision zu einem bunten chaotischen Durcheinander, zu einer sogenannten *tektonischen Mélange* durchmischt worden sind: Peridotite und Serpentinite, magnesiumreiche Gesteine des oberen Erdmantels; verschiedenste Vulkanite, wie Basalte, Andesite und pyroklastische Gesteine; rote und violette Radiolarite, das sind sehr feinkörnige Sedimente der Tiefsee, die aus mikroskopisch kleinen Schalenresten von Radiolarien aufgebaut sind; Sand-, Silt- und Tonsteine, die z.T. sogenannten Flyschen entsprechen, Absatzgesteinen, die durch das Abgleiten wassergesättigter Sedimentstapel vom Kontinentalhang zum Meeresboden aus Trübeströmen gebildet wurden. Immer wieder findet man darin auch bunt gefärbte oder weiße Kalkkomplexe, die als exotische Blöcke bezeichnet werden, weil sie als Fremdlinge in ihre heutige Umgebung eingebracht wurden. Solche Abschnitte bezeichnet man auch als Wildflysch.

Altersmäßig reichen manche dieser Gesteine bis ins späte Erdaltertum, also mehr als 250 Millionen Jahre zurück. Sie umfassen demnach nahezu die gesamte Geschichte des Tethysozeans. Dies zeigt, daß in der schmalen Zone der heutigen großen Sutur Gesteine nebeneinander liegen, die einstmals einen Tausende Kilometer breiten Ozean bildeten. Strukturell ist die Indus-Tsangpo Sutur eine steilstehende Zone, wo die Kollisionskräfte eine gewaltige Verkürzung der ehemaligen Gesteinsabfolge bewirkt haben. Ja, die andauernde Kompression nach der eigentlichen kontinentalen Kollision, also nach 50 Millionen Jahren v.h., führte sogar dazu, daß Teile des Ozeanbodens aus dem ehemaligen Verband gelöst und als Decken weit nach Süden überschoben wurden. Entlang der knapp 2500 Kilometer langen Nordfront des Himalaya sind heute drei solche „Klippen" unterschiedlicher Größe bekannt: Die Spongtang Klippe in Ladakh, die Jungbwa-Kiogar Klippe im Kumaon-Himalaya und die Ophiolithdecke von Shigatse in Zentraltibet. Für die Jungbwa Klippe ist eine Überschiebungsweite von 80 Kilometern gesichert.

Die jüngste Gesteinsbildung der Suturzone ist die Molasse, häufig als *Indusmolasse* bezeichnet. Im Zuge der postkollisionalen Einengungsvorgänge, dem raschen Schwinden des Meeres und einsetzender Deckenbewegungen kam es zu einem Wechsel von mariner zu kontinentaler Sedimentation. Diese Molasse besteht aus sehr bunten Sedimenten: rotvioletten, weiß-gelben und grünen Silt-Sandstein-Abfolgen und dick gebankten Konglomeraten. Die verschiedensten, auf engem Raum zusammengedrängten Gesteine des Tethysbodens wurden erneut abgetragen und aufbereitet. Typischerweise überlagert die Molasse häufig die Erstarrungsgesteine des Transhimalaya, aus denen sie durch Erosion großteils entstanden ist. Das wohl bekannteste Beispiel hierfür ist der Heilige Berg in Westtibet, in dessen Umkreis die bis über zwei Kilometer mächtige Kailash-Molasse eine sehr intensive Abtragung des jungen Transhimalayagebirges nach der Plattenkollision und der weitgehenden Auskühlung der Transhimalaya-Plutone dokumentiert. Das Alter der Molassesedimente ist natürlich klar postkollisional, ihre Reichweite wird insgesamt mit Eozän bis etwa Mittelmiozän, also 45–20 Millionen Jahre v.h., angegeben.

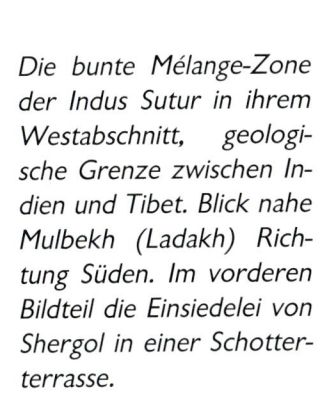

Die bunte Mélange-Zone der Indus Sutur in ihrem Westabschnitt, geologische Grenze zwischen Indien und Tibet. Blick nahe Mulbekh (Ladakh) Richtung Süden. Im vorderen Bildteil die Einsiedelei von Shergol in einer Schotterterrasse.

Der reich gegliederte und tektonisch stark überformte Übergangsbereich zwischen dem nördlichen Schelf der Indischen Platte und dem Tiefseebereich der Tethys. Kalkrippen in einer Hülle von Schiefern und Sandsteinen. Nahe Mulbekh, Ladakh.

Tiefseesedimente (Radiolarite und bunte Schiefer) der Mélange-Zone. Göku La, Westtibet.

Die Indusmolasse (mittlerer Bildteil) zeigt eine sehr bunte Farbpalette in der Gesteinsabfolge: weiß-beige, grau-grün, rot-violett. Im Hintergrund Granitberge, vorne rechts junge Fluß-terrassenschotter. Blick über das Industal nahe Lamayuru (Ladakh) Richtung Nordost.

Die Kailashmolasse wurde wesentlich durch die Erosion einer Granitlandschaft gebildet. Sie besteht aus Konglomerat, Sandstein und Arkose, fluviatilen Deltasedimenten, die in der Zeit zwischen dem Ober-Oligozän und dem Unter-Miozän (ca. 30–20 Millionen Jahre vor heute) am Südrand des aufsteigenden Lhasa-Blockes in ein südlich vorgelagertes intramontanes Becken geschüttet wurden. Das Bild zeigt den klassischen sedimentären Kontakt der Kailashmolasse über den Kailashgraniten an der Westseite des oberen lha chu, Westtibet.

Helle Kalkklippen in einer Matrix aus Vulkaniten und Schiefern belegen die komplexe tektonische Struktur der Gesteinsserien nahe an der Hauptsutur. Nähe Dras, Westladakh.

Verfaltung der Kailash-Molasse (Konglomerat) und jüngere nordgerichtete Rücküberschiebung (Nordrichtung = rechts) durch bunte, flyschartige Gesteinsserien im Zhong chu, nahe Zutrulphuk Gompa, Kailash-Ostseite.

Blick über die Barkha-Ebene auf die Südabdachung des Mount Kailash. Die bunte, feinerkörnige (weiter vom Festland abgelagerte) Kailashmolasse (oberer Bildteil, horizontale Schichtung) überlagert die stark verformten Serien der Mélange-Zone (Tethysboden). Deutlich zu erkennen sind darin die dunkelgrünen Ultrabasite (Erdmantelgesteine). Westtibet.

Oben: Aufschluß von grobkörniger Kailash-Molasse (Konglomerat). Die großen Komponenten werden zu einem guten Teil von gut gerundeten Granitgeröllen gestellt (Bildmitte). Mittleres lha chu, Kailash-Westseite. Im oberen lha chu erreichen die einzelnen Geröllkomponenten eine Größe von mehreren Kubikmetern.

Die beiden Flanken des tief eingeschnittenen lha chu (Westteil der Kailash-Kora) werden von mehr als 2000 Meter mächtigen Konglomeratwänden der Kailash-Molasse aufgebaut. Westtibet.

Bunte Indusmolasse mit mittelsteil nach Süden einfallenden Schichtflächen und von älteren Schichtgliedern der Dras-Lamayuru-Einheit (braun) überschoben. Pashkhyum, West-Ladakh.

Helle, karbonatreiche Lagen in der Indusmolasse. Östlich Pashkhyum, West-Ladakh.

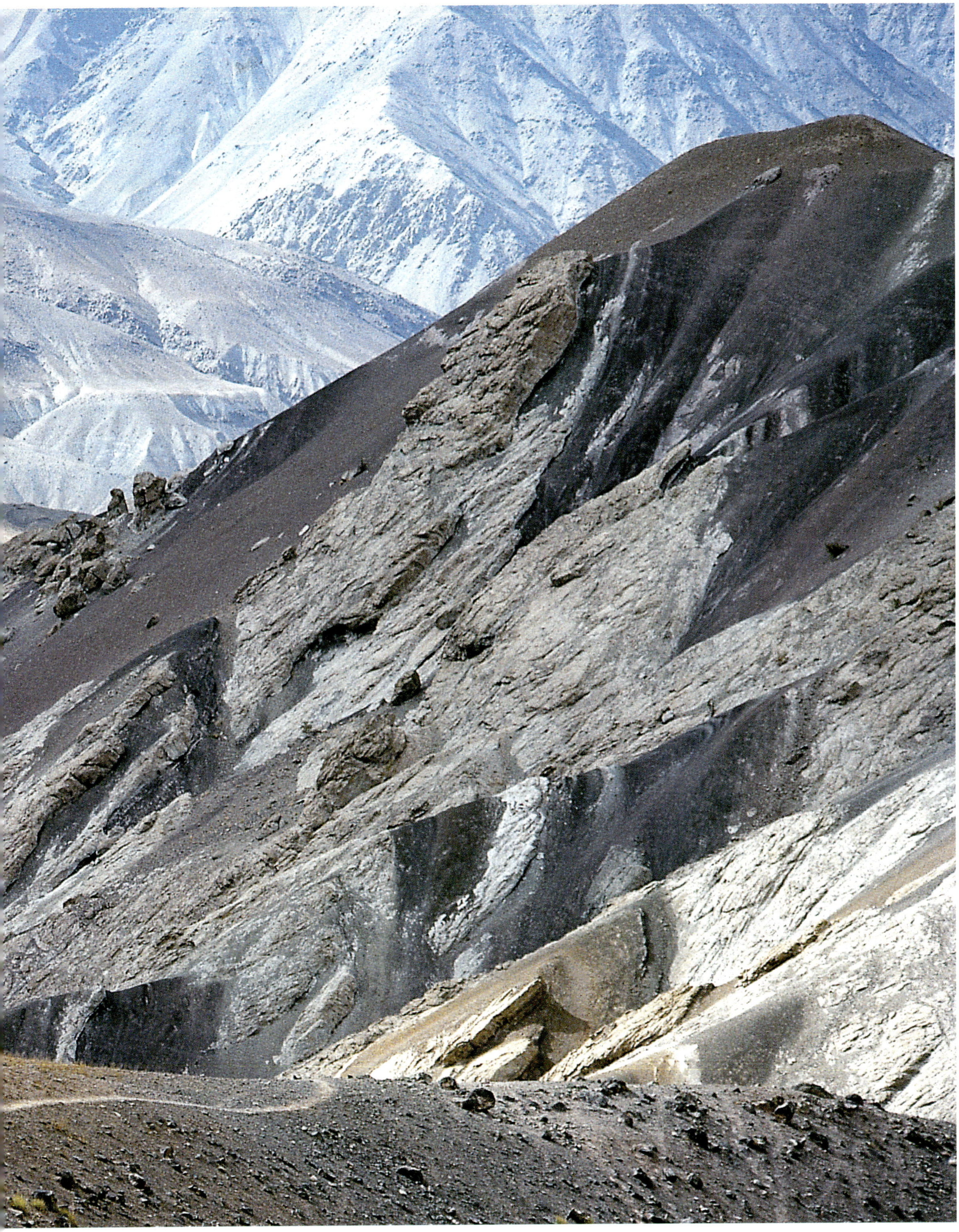

Die *Tibetzone* – der nördliche Schelf von Indien

Eine bis zu 200 Kilometer breite Zone, die südlich an die Indus-Tsangpo-Sutur anschließt, wird von einer mächtigen Abfolge von Sedimenten aufgebaut. Es handelt sich um Tonschiefer, Siltsteine, Quarzite, Konglomerate, vor allem aber um Karbonate, also dicke Kalk- und Dolomitserien. Zwar ist die Tibetzone abschnittsweise stark verformt, die Schichtstöße sind in große Falten gelegt und mancherorts wurden Teilbereiche durch die Einengungskräfte auch kilometerweit übereinander geschoben, doch weisen Feldbeobachtungen aus einigen Gebieten darauf hin, daß die basalen Teile dieser Sedimentabfolge noch relativ ungestört mit ihrer ursprünglichen Unterlage verbunden sind, also eine mehr oder minder autochthone Position einnehmen.

Neuere Feldanalysen haben jedoch eindeutig gezeigt, daß die basalen Teile der Tibetzone über weite Strecken stark deformiert und von ihrer ehemaligen Unterlage abgeschert worden sind. In Zanskar etwa läßt sich eine Relativbewegung von über 30 km nachweisen. Diese Bewegungszone ist eine Extensionsstruktur (Dehnungsstruktur), sie wird als *Südlicher Abscherungsbereich der Tibetzone (South Tibetan Detachment Zone, STDZ)* bezeichnet. Die STDZ war etwa gleichzeitig mit der Großen Hauptüberschiebung (Main Central Thrust, siehe unten), im Zeitraum nach 30 Millionen Jahre vor heute aktiv und wirkte als Nord-Ost-gerichtete Abschiebung: Die Gesteinsserien der Tibetzone wurden relativ nach Nordosten bewegt, während die verdoppelte Indische Platte darunter (= der Hohe Himalaya) wie ein Keil nach Süden „extrudierte".

Der Materialbestand der Sedimente der Tibetzone ist meist nicht grundlegend verändert, denn sie wurden nie in große Tiefen versenkt. Aus diesem Grund sind darin zahlreiche Fossilien gut erhalten, die eine direkte Altersbestimmung der Gesteine zulassen. Daraus ergibt sich, daß die Sedimente der Tibetzone einen Zeitraum von nahezu 500 Millionen Jahren mit weitgehend ungestörter mariner Sedimentation umspannen, vom Kambrium bis in die Kreidezeit.

Das Ablagerungsmilieu dieser Sedimentgesteine ist jenem der Indussutursedimente entgegengesetzt. Es handelt sich nicht um Bildungen der Tiefsee, sondern diese Sedimente entstanden weitgehend im Flachmeer. Man geht davon aus, daß sie am Nordrand, dem Schelf der Indischen Platte, und damit im Süden des großen Tethysmeeres abgelagert wurden. Paläogeographisch-strukturell, im Sinne der Prä-Himalaya-Plattensituation, zählt die Tibetzone also zu Indien.

Blick über die Flyschserien der Lamayuru-Einheit (sanfte Geländeformen im Vordergrund) auf die mächtigen Kalkkomplexe der Tibetzone. Diese Gesteine wurden im Übergangsbereich des nördlichen Schelfs von Indien zum Ur-Tethys-Ozean vor etwa 300–200 Millionen Jahren abgelagert. Westlich Namika La, Ladakh.

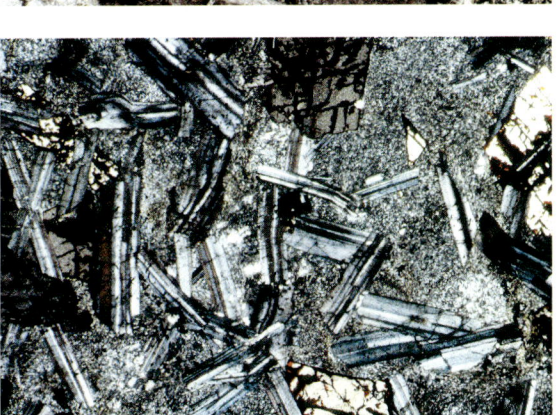

Links: Kilometergroße, steilstehende Falte in Trias-Sedimenten der Tibetzone. Shillakhong, Ladakh.

Oben: Fossilkalk-Geröll von den Ufern des Manasarowar. Das Gestein entstammt den jungpaläozoischen Schichten der Tibetzone. Der Dünnschliff zeigt neben verschiedenen anderen Fossilresten (Korallen, Bryozoen) die für diese Zeit typischen Foraminiferen aus der Gruppe der Fusulinen (helle gekammerte Formen, links und rechts) und belegt, daß die Sedimente zur Zeit des Perms im Flachwasser, am Nordrand des Indischen Kontinents, abgelagert wurden. (Bestimmung: J. Hohenegger, Institut für Paläontologie, Universität Wien). Bildlänge: ca. 4,5 mm.

Darunter: Abschnittsweise wurden die Sedimente der nördlichen Indischen Platte zusammen mit dem Grundgebirge im Zuge der gebirgsbildenden Prozesse beachtlich tief versenkt und erwärmt, die Temperaturen erreichten mehr als 400°C. Das Dünnschliffbild zeigt Kristallisation von Chloritoid in einem kalkhältigen Schiefer. Westliches Zanskar-Gebiet. Bildlänge: ca. 5 mm.

Blick über die tiefen Einheiten (Paläozoikum, links im Vordergrund) der nördlichen Tibetzone. Berge im Hintergrund: Kristallindecke mit eingefalteten Sedimenten. Nahe Nara Lekh, östlich Khojarnath, Westtibet.

Das steilgestellte und schwach metamorphe Zanskar-Mesozoikum, Tibetzone. Nördlich Honupatta, Ladakh.

Verfaltete Sedimente des Zanskar-Mesozoikums im obersten Tal des Suru an der Auffahrt zum Pensi La. Links im mittleren Bildteil auf einem Hügel die Gompa von Rangdum. Ladakh.

Der *Hohe Himalaya* – uraltes Baumaterial, junge Metamorphose

Weite Teile der Zentralzone des Gebirgsstranges mit den höchsten Erhebungen werden von kristallinen Gesteinen aufgebaut. Sie weisen einen hohen Grad der metamorphen Umwandlung auf, d.h. die Minerale, aus denen diese Gesteine bestehen, und weitgehend auch ihre Strukturen, wurden bei hohen Temperaturen von 500–750°C und beachtlich hohem Druck in Tiefen von mindestens 20–30 km gebildet.

Neueste Untersuchungen zeigen, daß stellenweise jedoch noch weit größere Tiefen erreicht wurden. Es handelt sich großteils um *Gneise* und *Glimmerschiefer*, die sich ursprünglich aus sehr alten Sedimenten ableiten lassen. Daneben treten z.T. mächtige *Granitstöcke* auf, die im wesentlichen um die Zeit 500 Millionen Jahre vor heute intrudiert sind.

Aus heutigem Verständnis geologischer Prozesse ist es naheliegend, die intensive Verformung und Umwandlung (Deformation und Metamorphose) dieser kristallinen Gesteine in unmittelbarem Zusammenhang mit den oben geschilderten Kollisionsprozessen zu sehen. Altersbestimmungen, die in den vergangenen 25 Jahren an Mineralien aus den verschiedensten Abschnitten des Hohen Himalaya durchgeführt wurden, haben dies eindrucksvoll bestätigt. Ihre Bildungs- oder Abkühlalter sind insgesamt sehr jung, in jedem Fall aber jünger als der Vorgang der kontinentalen Kollision, also jünger als etwa 50 Millionen Jahre.

Die ältesten dieser Mineralalter wurden erst vor wenigen Jahren an Gesteinen des Nordwest-Himalaya-Karakorum-Abschnittes gemessen. Sie stammen typischerweise aus sogenannten *Eklogiten*, das sind Hochdruckgesteine, die bei sehr hohem Druck in Tiefen von mindestens 60 km gebildet und dann rasch in hohe Krustenbereiche verfrachtet wurden. Neueste Funde von Coesit, einer Hochdruckmodifikation von Quarz, zeigen, daß diese Gesteine sogar noch wesentlich tiefer (über 90 km; Bereich der Ultrahochdruckmetamorphose) subduziert wurden. Ihr Bildungsalter liegt bei 49 Millionen Jahren. Ähnliche Hochdruckgesteine, mit Altern von 55–45 Millionen Jahren, wurden in jüngster Zeit auch in zwei weiteren Gebieten, nämlich in der Umgebung des Tso Morari in Ost-Ladakh sowie nordöstlich des Mount Everest entdeckt. Im Zuge der Schließung des Tethysmeeres und der beginnenden Kollision der beiden Kontinentalränder von Südtibet (Lhasa Platte) und Nordindien begann sich die gesamte Oberkruste stark zu verdicken und in großem Maßstab zu verformen. Ein mehrere hundert Kilometer breiter Krustenstreifen der nördlichen Indischen Platte muß in diese Verformungsprozesse einbezogen worden sein. Im Zuge dieser Verdickung begann die Stirn der Indischen Platte sukzessive unter Südtibet abzutauchen. Damit kam es zu starker Erwärmung und Umkristallisation der tief versenkten Bereiche bei hohen Druckbedingungen. Die genannten Hochdruckgesteine dokumentieren diese frühen Subduktionsprozesse.

In der Folge bewirkte die fortdauernde Kompression der beiden Platten inhomogene Verformung. Durch die Ausbildung von schmalen Zonen mit konzentrierter scherender Verformung innerhalb der warmen, plastischen Gesteinspakete entwickelten sich richtige Überschiebungsflächen, an denen mehrere Kilometer dicke Gesteinspakete von der Plattenstirn gelöst und weit nach Süden zurücküberschoben wurden. Der Hohe Himalaya, auch als obere oder *große Kristallindecke* bezeichnet, stellt so gewissermaßen die verdoppelte, bei der Kollision stark erwärmte und später rasch südwärts extrudierende Stirn des nördlichen Kontinentalrandes von Indien dar. Die Überschiebungsbahn ist himalayaweit erfaßt, sie wird als *Große Hauptüberschiebung* (englisch: *Main Central Thrust*) bezeichnet. Als Mindestüberschiebungsweite für die Stirnteile der Decke können einhundert Kilometer Horizontaldistanz angegeben werden. Die große Hauptüberschiebung wurde im Zeitraum von 30–25 Millionen Jahren vor heute (im Frühmiozän) aktiv.

Bei der Aufschiebung der heißen Gesteinsplatte auf die kühleren Bereiche des südlichen Vorlandes wurden aus der weitgehend noch nicht metamorphen, überfahrenen Unterlage Porenwässer und Gase mobilisiert, die beim Aufstieg in die heißen, überschiebenden Einheiten und infolge von Druckentlastung zu massiver Schmelzbildung in den unteren Stockwerken der Kristallindecke führten. So entstanden die bekannten jungen *Leukogranite*, die „weißen Berge", die auch bekannte Gipfel, wie etwa den Pumori, den Ama Dablan oder Teile des Nuptse, aufbauen. Die Platznahme dieser jungen Gesteinsschmelzen erfolgte im wesentlichen im Zeitraum 24–20 (18) Millionen Jahre vor heute. Durch die andauernde Überschiebung und beginnende Heraushebung kam es zu mehrminder rascher Abkühlung der Kristallindecke. Heute an der Oberfläche liegende Gesteine kühlten erst in der Zeit 15–10, ja teilweise erst 8–4 Millionen Jahre vor heute, auf unter 300°C aus.

Spätkinematische Kristallisation im Hochkristallin des Hohen Himalaya. Das Dünnschliffbild aus einem Paragneis zeigt Staurolithkristalle (gelb), die das restliche Gefüge überwachsen. Dies zeigt, daß die Hauptverformung in großer Tiefe stattfand und daß die Temperaturen im Kristallin zu Beginn seines Aufstiegs aus der Tiefe (Exhumation) noch etwa bei 600°C lagen. Die Probe stammt aus der Umgebung von Khoksar im Chandratal, Lahul, Indien. Bildlängsseite: ca. 10 mm.

Dünnschliffbild aus einem Gneis mit Staurolith- und Disthenkristallen, die vom Glimmergefüge „umflossen" werden, also relativ früh gebildet wurden. Im Detail betrachtet, war die Verformung der Gesteine in der Tiefe also durchaus unterschiedlich intensiv, heterogen verteilt und auch zu unterschiedlichen Zeiten wirksam. Kulutal bei Kallath: Himachal Pradesh, Indien. Bildlängsseite: ca. 7 mm.

Die meist vor etwa 500 Millionen Jahren entstandenen, „alten" Granite der Kristallindecke enthalten gelegentlich Schollen von metamorphen Sedimenten. Dies belegt, daß diese Gesteine durch Wiederaufschmelzung von kontinentaler Kruste, aber lange vor der eigentlichen Bildung des Himalaya, entstanden sind. Westseite Deo Tibba, oberes Kulutal, Indien.

Die Bildung metamorpher Minerale in den Gesteinen der Kristallindecke (die großteils den „Hohen Himalaya" aufbaut) geht im wesentlichen auf die Himalayagebirgsbildung selbst zurück. Relikte älterer Phasen sind selten. Das Aufschlußbild zeigt zentimetergroße Granate in einem Gneis mit Feldspatsegregation. Durch ihre Asymmetrie geben die Granate nicht nur Hinweis auf Durchbewegung des Gesteins während der Kristallisation (dynamische Kistallisation), sondern auch auf die Scherrichtung und damit auf die Bewegungsrichtung der warmen Gesteinspakete. Östlicher Teil des Gurla Mandhata Kristallins, oberes Tal des Humla Karnali, nahe Muchu, Westnepal.

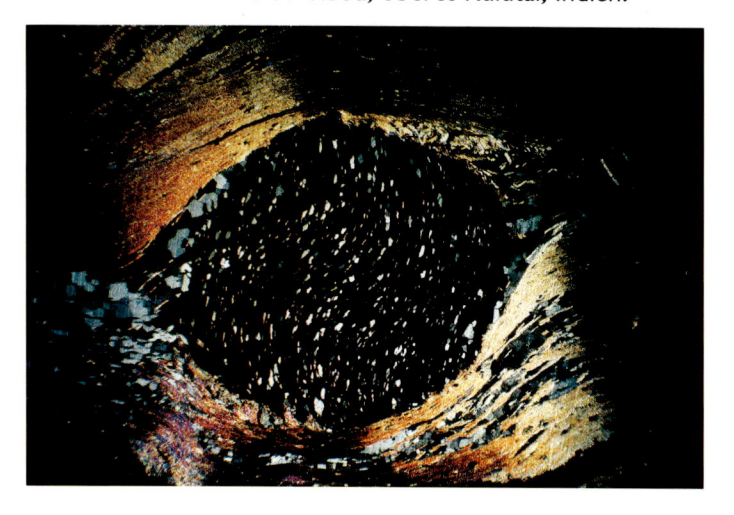

Links: Granat mit „verlegten" Einschlußzügen aus Quarz. Sie belegen synkinematische Kristallisation, das heißt die Verformung fand während des Granatwachstums statt. Nahe Kulu, Himachal Pradesh, Indien. Bildlänge: ca. 3 mm.

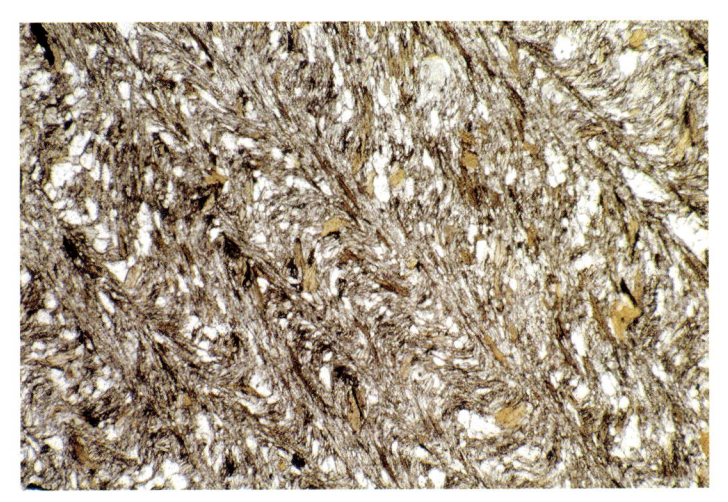

Die südlicheren, frontalen Bereiche der Kristallindecke zeigen meist deutlich schwächere metamorphe Umwandlung, das heißt sie wurden weniger tief versenkt als die zentralen und nördlichen Teile. Das Dünnschliffbild zeigt neben Quarz und Hellglimmer vor allem Biotit (braun), die Kristallisation erfolgte bei 300-400°C in Tiefen von „nur" 10 – 12 Kilometern. Das Ausgangsmaterial war ein Siltstein. Erkennbar ist außerdem eine typische Crenulationsschieferung, der sedimentäre Lagenbau wird von einer metamorphen Schieferung (von rechts unten nach links oben verlaufend) überformt. Westlich Kulu, Himachal Pradesh, Indien. Bildlänge: ca. 3 mm.

Mylonitisierung eines Gneises. Ein Mylonit ist ein Gestein, dessen Minerale bei intensiver dynamischer Beanspruchung einer starken Kornzerkleinerung unterliegen. Dies findet bevorzugt bei scherender Verformung, etwa an Überschiebungsbahnen, statt. Mylonite zeigen daher oft Fließgefüge. Wie auch im vorliegenden Fall weisen darin häufig gößere Mineralbruchstücke (sogenannte Klasten; Glimmer: blau-lila Minerale mit „Fischform", Feldspäte: grau, unten), die in der feinkörnigen „Matrix" schwimmen, durch ihre Asymmetrie auf die Bewegungsrichtung der den Mylonit über- und unterlagernden Gesteinspakete, also auf die Bewegungsrichtung der Decken, hin. Gurla Mandhata-Massiv, Westtibet. Bildlängsseite: 3.6 mm.

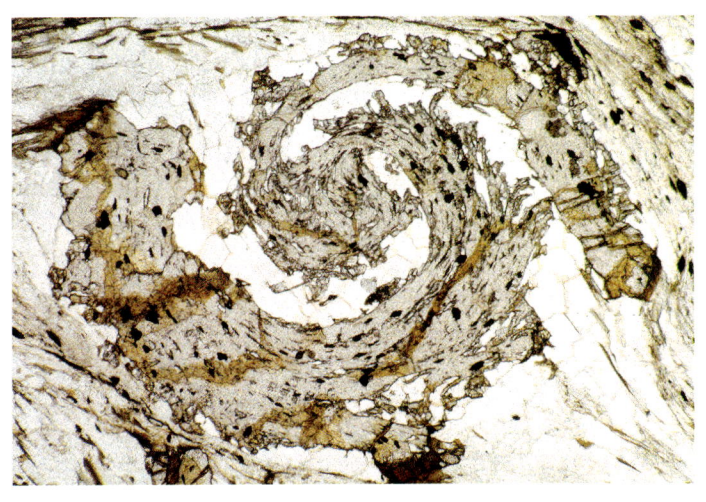

Extremes Beispiel eines rotierten Granates als Hinweis auf die hohe Verformungsrate des Gesteins im warmen Zustand. Der etwa 4 Millimeter große Granat zeigt eine „Einrollung" von mehr als 360 Grad. Malana Nala, Himachal Pradesh, Indien.

Dünnschliffbild eines typischen hochmetamorphen Gneises, bestehend aus Feldspat (grau, mit engen Lamellen), Glimmer (blau, braun), Quarz (weiß, gräulich) und Granat (schwarz). Die Regelung der Glimmer läßt zwei Schieferungen erkennen. Nahe Manikaran im Parvatital, Himachal Pradesh, Indien. Bildlänge: ca. 9 mm.

Granite und Vulkanite wurden bei der Gebirgsbildung des Himalaya zu Augengneisen umgeformt. Kalifeldspäte bilden darin zentimetergroße, augenförmige Strukturen. Nahe Nyalam, Südtibet.

Die südliche Kristallindecke im oberen Malana-Parvatital. In den hochmetamorphen Gneisen und Schiefern sind mächtige Granitstöcke (verschneite Gipfel in der linken Bildhälfte) eingelagert. Blickrichtung Nordost. Himachal Pradesh, Indien

- +++ granites / Granite
- augengneisses / Augengneise
- s-planes of meta / s-Flächen der M
- bio = biotite, Biotit
- ga = garnet, Granat
- st = staurolite, Staurolith

Der *Niedere Himalaya* – alte Sedimente am Indischen Kontinent

Im geologischen Sinn verstehen wir unter der Bezeichnung „*Niederer Himalaya*" eine breite Zone, die große Teile der weitgehend bewaldeten Südseite des Schneegebirges aufbaut. Dem Gesteinsinhalt nach handelt es sich um eine sehr vielfältige, mehrere tausend Meter dicke Abfolge, deren einzelne Gesteinskomplexe jedoch über sehr weite Strecken in der Streichrichtung des Gebirges zu verfolgen sind: Schiefer, Silt- und Sandsteine, Quarzite, Konglomerate und unterschiedliche Kalke und Dolomite. Obwohl alle diese marinen Sedimente kaum oder höchstens schwache metamorphe Prägung erfahren haben, sind sie weitgehend fossilleer. Über ihr Ablagerungsalter herrscht noch immer Unklarheit, doch sind viele Forscher der Auffassung, daß sie sehr alt sind, also aus der Frühzeit der biologischen Entwicklung, dem Proterozoikum, vor mehr als etwa 600 Millionen Jahren, stammen. Direkte Hinweise dazu geben beispielsweise die charakteristischen Stromatolithendolomite, also versteinerte Algenrasen aus dem Flachmeer, die vor allem im Präkambrium weit verbreitet waren. Auch manche in die Sedimente des Niederen Himalaya eingeschalteten Granite/Vulkanite sind nahezu zwei Milliarden Jahre alt.

Strukturell bildet der Niedere Himalaya nicht eine Einheit, sondern mehrere (meist drei) einander überlagernde Zonen. Bei der starken Einengung, die seit der kontinentalen Kollision durch den weiteren Vorstoß der Indischen Platte nach Norden bis heute andauert, wurden nach und nach weiter südlich gelegene Teile in die Verformung einbezogen. Die dem Hohen Himalaya im Süden vorgelagerten Gesteinseinheiten wurden sukzessive nicht nur von jenem (d.h. den Kristallindecken) überschoben, sondern auch in sich verfaltet und schließlich dachziegelartig südwärts übereinandergestapelt. So entstanden die verschiedenen Decken des Niederen Himalaya. Die tiefsten Einheiten sind an der sogenannten *Großen Randüberschiebung* (englisch: *Main Boundary Thrust*) von ihrem Untergrund, dem nördlichen Indischen Schild, abgetrennt.

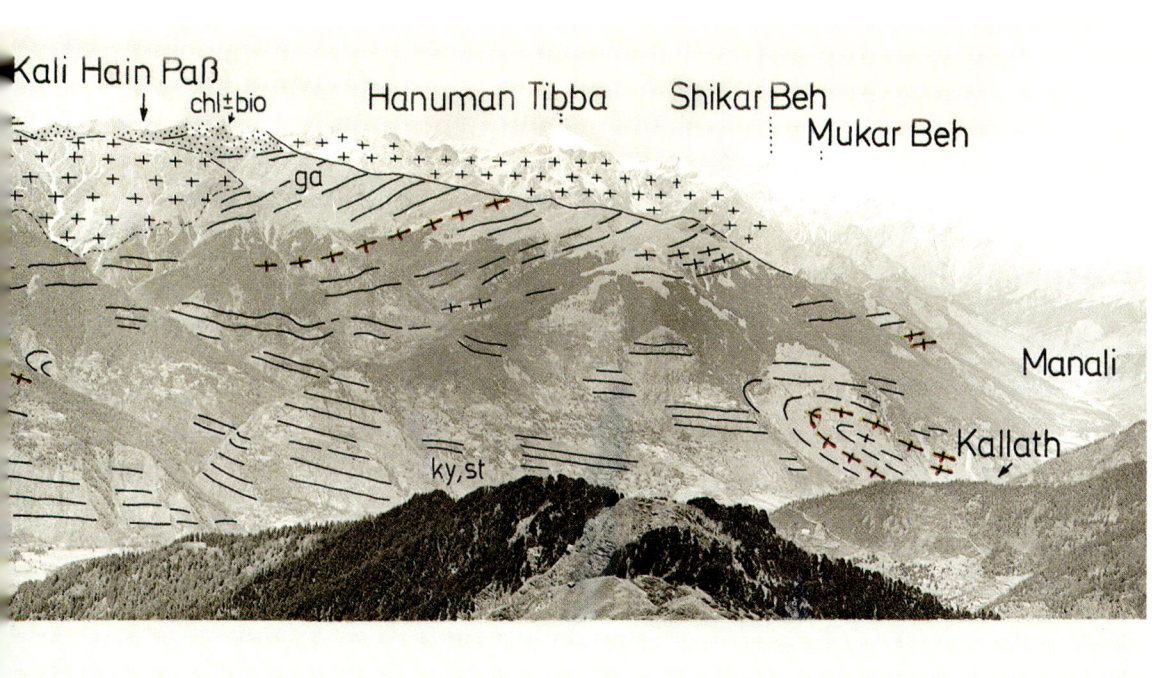

Bei der Abscherung und der südvergenten Überschiebung der großen Kristallindecke (dem nördlichen Teil der Indischen Platte) nach der Kollision wurden die warmen Gesteinspakete übereinandergestapelt, teilweise aber auch im großen Maßstab verfaltet. Das Bild zeigt eine dieser Großfalten des zentralen südlichen Himalaya aus dem Bereich des Kulutales, Himachal Pradesh, Indien. Die Struktur reicht über mehrere Zehner Kilometer in Nord-Süd-Richtung und ist am Ausbiß der Schieferungsflächen von Glimmerschiefern und Gneisen zu erkennen (im Bild: dick nachgezogene schwarze Linien). Kreuzsignatur markiert Granitstöcke und Granitgneise, Punktsignatur Quarzite.

Der *Subhimalaya* – Schutt des wachsenden Gebirges

Die südlichen Vorberge des Himalaya werden als *Subhimalaya* oder als *Siwalik Zone* bezeichnet. Es handelt sich um eine mehrere tausend Meter mächtige Süßwasserabfolge von Tonschiefern, Silt- und Sandsteinen sowie Konglomeraten. Die Korngröße der Sedimente nimmt von den älteren zu den jüngeren Schichten zu, ihr Alter reicht insgesamt etwa vom Mittelmiozän bis ins Pleistozän, also ab etwa 15 Millionen Jahre vor heute bis in die jüngste geologische Zeit. Damit ist auch aus der zeitlichen Beziehung dieser Sedimente zu den oben beschriebenen Prozessen klar, daß die Siwaliks als *Molasse* aufzufassen sind. Es ist der Schutt, der sich in den südlichen Vortiefen des seit dem mittleren Jungtertiär rasch aufsteigenden Gebirges anhäufte. Auch sehr starke Erosion konnte jedoch mit der rapiden Hebungsgeschwindigkeit nicht Schritt halten: Der Himalaya wuchs seit dem Miozän zum Hochgebirge. Die Siwaliks belegen außerdem, daß die Norddrift der Indischen Platte auch in jüngster geologischer Zeit keineswegs aufgehört hat, denn diese bis heute andauernde Süd-Nord-Kompression bewirkte ein stetiges Südwärts-Wandern der Orogenfront und schließlich die Aufschiebung des Himalaya selbst auf seine eigene Molasse entlang der heute noch aktiven *Großen Frontalüberschiebung* (englisch: *Main Frontal Thrust*).

Die Bewegungen an dieser Überschiebung erreichten in jüngster geologischer Zeit, etwa in Pakistan, Raten von 4 cm pro Jahr.

Die Siwaliks gaben auch Fossilien von Vormenschen frei, die als *Ramapithecus* bekannt geworden sind. Der Ramapithecus lebte vor mehr als zehn Millionen Jahren an den Südhängen des jungen Himalaya.

Die Nun Kun Gruppe im oberen Surutal zählt zu jenen Bereichen der Kristallindecke, die bei der kontinentalen Kollision sehr stark erwärmt wurden. Temperaturen nahe 700°C wurden in diesen Gesteinen vor etwa 30 Millionen Jahren bei ihrem Aufstieg aus der Tiefe erreicht. Ladakh.

Der Himalaya – ein *wachsendes Gebirge*

Aus all diesen Ausführungen ergibt sich, daß die heutige Struktur des Himalaya das Produkt der Entwicklung der vergangenen 50 Millionen Jahre darstellt. Tibet, heute die herausragendste morphologische Struktur auf der Erde, wurde schon vor dieser Zeit durch die aufeinanderfolgende Schließung mehrerer Ozeane und das „Zusammenschweißen" mehrerer kontinentaler Blöcke gebildet. Um die Zeit 50 Millionen Jahre vor heute (im Eozän) lag die heutige Oberfläche zum Teil noch unter dem Meeresspiegel. Dies bezeugen Meeressedimente aus diesem Zeitabschnitt. Heute liegen weite Teile des Plateaus auf einer durchschnittlichen Höhe von 5000 Metern. Die Prozesse, die zur jungen Hebung dieser gewaltigen Landmasse führten, sind von jenen, die den Himalaya auftürmten, ursächlich nicht zu trennen.

Trotz der Kollision mit Südtibet im Eozän setzte die Indische Platte ihre Norddrift, verlangsamt zwar, aber dennoch mit ansehnlicher Geschwindigkeit, fort. Man hat errechnet, daß Indien in den letzten 50 Millionen Jahren mehr als 2000 Kilometer relativ zu Asien nach Norden wanderte. Die dabei aufgebauten gewaltigen Spannungen wurden durch unterschiedliche Prozesse wieder abgebaut. Erstens drücken sie sich durch die sukzessive südwärts wandernden Überschiebungen, bis hin zur südlichen Frontalüberschiebung, aus. Diese Vorgänge sind häufig von Erdbebentätigkeit begleitet. Zweitens wird die andauernde Konvergenz durch interne Verformung der Gesteinseinheiten kompensiert. Der mittlere Verkürzungsbetrag im Himalaya wird für die jüngste geologische Zeit mit zehn (bis zwanzig) Millimeter pro Jahr angegeben. Die gesamte Konvergenzrate pro Jahr zwischen Indien und dem Eurasiatischen Block wird jedoch nahezu auf das Zehnfache dieses Betrages geschätzt. Schließlich bewirkte die schräge Kollision Indiens, die einer Gegenuhrzeigerrotation der Platte gleichkommt, ein Ausweichen des gesamten Tibetischen Plateaus, das (unter Ausbildung von Nord-Süd-verlaufenden Grabensystemen seit etwa 15–10 Millionen Jahren) zwischen dem Kun lun im Norden und dem Himalaya im Süden gestreckt wird und an großen Blattverschiebungen nach Osten ausweicht.

Zwei Gesteinsgruppen, beide mit sehr jungem geologischem Alter, tragen besonders dazu bei, um über die Ursachen und die zeitliche Entwicklung der Hebung Tibets und des Himalaya etwas auszusagen: die *Vulkanite in Tibet* und die *jungen Sedimente südlich des Himalaya*.

Typisch für die jüngere geologische Geschichte auf dem Tibetischen Hochplateau ist ein ausgedehnter Vulkanismus mit kaliumreicher Zusammensetzung. Diese Gesteine, mit Altern um 20 – 10 Millionen Jahre, bilden gewissermaßen ein Fenster in die Tiefe und vermögen so Hinweise über die Struktur der tieferen Kruste und des Mantels unter dem Plateau zu geben. Manche Forscher leiten aus der chemischen Zusammensetzung und der zeitlichen Entwicklung dieser Vulkanite in Tibet ab, daß

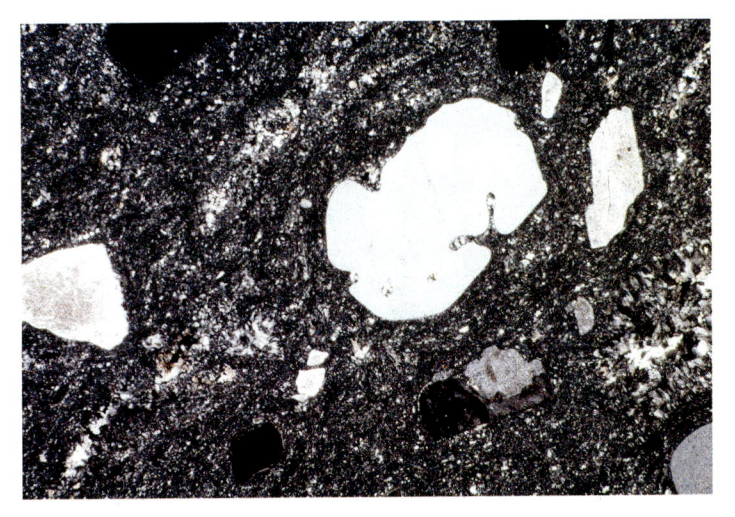

Dünnschliffbild eines Vulkanits aus dem Kailashgebiet. In einer feinkörnigen Matrix erkennt man Quarzkristalle, die sogenannte Resorptionsschläuche aufweisen, das sind Einbuchtungen, die auf Anlösen der Kristalle in der heißen Schmelze zurückgeführt werden können. Bildlänge: ca. 7 mm.

Über 1000 Meter Lehm, Sand und Schotter ... Die jungen Sedimente des Sutlej-Beckens werden – bei weitgehend ungestörter horizontaler Lagerung – über 1000 Meter mächtig. In den Sanden und Schottern fand man Reste von Säugetieren (z.B. Rhinozeros), die auf ein ehemals deutlich wärmeres, nahezu tropisches Klima hindeuten. Da für diese Sedimente oberpliozänes bis pleistozänes Alter (jünger als ca. 3 Millionen Jahre) angenommen wird, haben einige Forscher schon früh die Auffassung vertreten, daß das Tibetplateau erst in jüngster geologischer Zeit um mehrere 1000 Meter gehoben worden sei.

Heiße Quellen als Hinweise auf junge thermische und vulkanische Aktivität sind auch in der Jetztzeit auf dem Tibetplateau keine Seltenheit. Bei Raga, südlicher Chang Thang.

der lithosphärische Mantel unter dem Großraum Tibet seit der Zeit der großen Kollision durch konvektive thermische Prozesse sukzessive ausdünnte, was schließlich zur Schmelzbildung und zum Aufstieg dieser Schmelzen bis an die Oberfläche führte. Der Aufstieg Tibets zum Hochplateau begann nach dieser Theorie etwa in der Zeit 20–12 Millionen Jahre vor heute.

Südlich der Hauptsutur, im Himalaya, leitete die fortschreitende Konvergenz schließlich in die sogenannte *morphogene Phase* der Gebirgsbildung über. Dramatisch schnell, jedoch ungleichmäßig, wuchs der Himalaya zum Hochgebirge, mit weltweit unübertroffenen Höhen. Die der Hebung entgegenwirkende Erosion hinterließ mächtige Ablagerungen von Schutt aus dem jungen Gebirge. Dieser Erosionsschutt füllte zum Teil sogenannte intramontane Becken.

Das riesige Schuttbecken von Hundes, am Oberlauf des Sutlej in Westtibet gelegen (wo heute die bekannten Tempelruinen von Tsaparang liegen), gibt ein eindrucksvolles Zeugnis dieser Vorgänge. Es belegt gleichzeitig, daß die Hebung der Zentralkette gerade in diesem Abschnitt des Gebirges in jüngster geologischer Zeit so rasch erfolgt sein muß, daß das Flußsystem Westtibets für längere Zeit zu einem eindrucksvollen See gestaut wurde, bis es schließlich den Durchbruch durch die Gebirgsbarriere in einem der beeindruckendsten Täler des Himalaya, dem Sutlejtal, erneut schaffte. Auch für die beiden „Syntaxen" des Himalaya, im äußersten Nordwesten (Nanga Parbat) und vom Ostende (Namche Barwa Massiv), ist durch neueste Datierungen außergewöhnlich rasche junge Hebung bekanntgeworden.

Zwei der größten Ströme, die wie der Sutlej ebenfalls jenseits des Himalaya in Westtibet entspringen, wurden durch den dramatisch schnellen Aufstieg des Gebirges gewissermaßen umgeleitet. Der Indus und der Tsangpo (im Unterlauf Brahmaputra genannt) umschließen den Gebirgsbogen wie zwei Klammern, bis sie endlich im äußersten Westen und Osten, beide durch tiefe Schluchten, das Meer im Süden erreichen.

In diesem Meer, dem Indischen Ozean, häuften sich über die letzten Jahrmillionen vor heute Schicht für Schicht jene Sedimente, die vom – geologisch gesehen – raschen Werden und zugleich dem erneuten Vergehen des höchsten Gebirges und Hochlandes der Erde eindrucksvoll Zeugnis ablegen. Der Schwemmfächer von Bengalen, Mündungsgebiet der zwei großen Flüsse

Im Bereich des oberen Sutlej muß in sehr junger erdgeschichtlicher Zeit in einem intramontanen Becken ein riesiger See mit mehr als 100 Kilometer Längserstreckung existiert haben. Das Becken wurde nach und nach mit Schottern, Sanden und Lehmen aufgefüllt. Die Sedimente sind im oberen Bildteil als helles Band zu erkennen. Südseite des Göku La, Westtibet.

Blick vom Burgberg von Tsaparang in Richtung Nordwesten auf die hellen, horizontal geschichteten Sedimente des oberen Sutlej-Beckens. Deutlich zu erkennen ist auch, daß der ehemalige Seeuntergrund (dunkle Gesteine) ein starkes Relief besaß.

Ganges und Brahmaputra-Tsangpo, ist der gewaltigste unter den submarinen Schwemmfächern der Erde. Er besteht hauptsächlich aus dem Erosionsschutt des Himalaya und des Transhimalaya und dokumentiert in kleinen Schritten die junge Hebungsgeschichte des Gebirges. Das Studium dieser Sedimente, aus Bohrkernen von Unterwasserbohrungen gewonnen, ergab, daß der Himalaya in den vergangenen 17 Millionen Jahren rasch, aber mit unterschiedlicher Geschwindigkeit, zur heutigen Höhe gewachsen ist. Zwei Perioden mit besonders rascher Hebung sind während dieser Zeitspanne zu unterscheiden: Eine zwischen elf und sieben Millionen Jahre vor heute und die zweite, wohl dramatischste, die um die Zeit 900.000 Jahre vor heute begann und bis in die Jetztzeit andauert. Allein während dieser Epoche wurde im Ganges-Brahmaputra-Delta eine Sedimentdicke von 200 Metern angehäuft. Die rezente Hebungsgeschwindigkeit erreicht in der Zentralkette des Nepal-Himalaya mancherorts einige Millimeter pro Jahr. Das höchste Gebirge der Erde wächst weiter.

Junge Sedimente bei Khojarnath im Tal des Map chu (oberer Karnali). Plio-pleistozäne Seen gab es in verschiedensten Gebieten des nördlichen Himalaya. Manche Legenden könnten im Werden und Vergehen dieser Gewässer ihren realen Ursprung haben.

Der *Aufstieg des Tibet-Plateaus* – Modelle zur Erklärung Hochasiens

Der Großraum Tibet bildet die größte und – mit einer Durchschnittshöhe von nahezu 5000 m – die höchstgelegene Landmasse unserer Erde. Daß nicht nur die Bildung des Himalaya selbst, sondern auch die Hebung Südtibets als unmittelbare Folge der Kollision von Indien mit Südtibet anzusehen ist, wurde schon aus den obigen Ausführungen klar. Vorstellungen über Prozesse und Ursachen, die zur außergewöhnlichen Hochlage der gesamten Kruste in diesem Teil Zentralasiens, dem eigentlichen „Hochasien", geführt haben, werden in der Fachwelt insbesondere seit der Öffnung Tibets und anderer, früher gesperrter Zonen im Himalaya, Pamir, Kun lun und Tien shan in neuem Lichte diskutiert. Neue Forschungsergebnisse führten zur Entwicklung von verschiedensten Modellen. Eine der wichtigsten Fragen in diesem Zusammenhang ist: wie sehen Struktur, Dicke und Zusammensetzung der Lithosphäre unter dem heutigen Tibetplateau aus? Die Beantwortung dieser Fragen hängt im wesentlichen von der Interpretation geophysikalischer Meßergebnisse (der Tiefenseismik und der Lithosphärentomographie) ab. So lassen neueste geophysikalische Meßdaten nach manchen Autoren etwa auch die Interpretation zu, daß unter dem gesamten Tibet (zwischen dem Kun lun und dem Himalaya) eine an Gesteinsschmelzen sehr reiche Lage in einer Tiefe von nur 15–18 km vorhanden sei.

Andere Daten liefert die Paläomagnetik. Es gibt zahlreiche Hinweise dafür, daß die Indische Platte vor ihrer Kollision (vor ca. 55 Millionen Jahren, siehe oben) mit dem heute nördlich vorgelagerten Plattenmosaik Hoch-Zentral-Asiens deutlich größer war als heute. Geophysiker sprechen von einem „Größeren Indien" *(Greater India)*. Einige Wissenschafter haben errechnet, daß die Ausdehnung des „Größeren Indien" etwa die doppelte Größe der heutigen Indischen Platte hatte. Der Himalaya selbst, der als unmittelbare Folge der Kollision Indiens mit der Lhasa-Platte anzusehen ist, gleicht einem von Norden nach Süden progradierenden Akkretionsprisma, einem komplexen Überschiebungskeil, in dem die wichtigen Überschiebungen von Norden nach Süden, also von der Kollisionszone weg, sukzessive jünger werden. Dieser Deckenkeil dokumentiert eine Gesamtkrustenverkürzung von geschätzten 500–1500 Kilometern für die letzten 50 Millionen Jahre. Anderseits zeigt sich, daß die Oberkruste im Raum Tibet selbst (also nördlich der Indus-Tsangpo-Sutur) in dieser Zeit nur mäßig deformiert wurde. Vielmehr ist belegt, daß das gesamte Hochplateau entlang von jungen Ost-West verlaufenden Störungszonen nach Osten ausweicht („continental escape"). Analog zu den am Südrand des Hochlandes, im Himalaya, spektakulär aufgeschlossenen südvergenten Überschiebungen gibt es an dessen Nordgrenze deutliche Hinweise für gewaltige nordgerichtete Überschiebungen der tibetischen Kruste. So sind etwa im Pamir aktive Nordbewegungen nachgewiesen, die aufgrund tiefseismischer Daten auf eine nach Süden gerichtete Lithosphärensubduktion zu Tiefen von mindestens 300 Kilometern hinweisen. Auch der Kun lun überschiebt das Tarim-Becken mit seinen Tausende Meter mächtigen jungen (miozänen bis quartären) Sedimenten in nördliche Richtung. Und am Nordostende des Altyn Tagh-Gebirges gibt es Hinweise für eine sehr junge Süd- bis Südwest gerichtete Unterschiebung unter die Kun lun-Tibet Region.

Zusammenfassend weisen diese neuen Beobachtungen und Überlegungen darauf hin, daß die außergewöhnliche Hebung im Großraum Tibet durch aktive Subduktion von dickem Lithosphärenmaterial (Kontinentale Kruste und Mantellithosphäre) bedingt ist. Diese Subduktion erfolgte bzw. erfolgt im Süden durch nordgerichtetes Abführen indischer Kruste an der Indus-Tsangpo-Sutur, im Norden hingegen südvergent durch Abführen der Lithosphärenplatten entlang der Pamir-Tien shan-Kun lun-Altyn Tagh (Qilian Shan)-Front.

Stärker umstritten sind der Ablauf und die zeitliche Einstufung der Hebung Tibets. Noch in der Kreidezeit bedeckte ein Flachmeer das Tibetplateau. Im Zuge der Bildung des magmatischen Bogens im Transhimalaya und insbesondere nach der Kollision Indiens mit der Lhasa

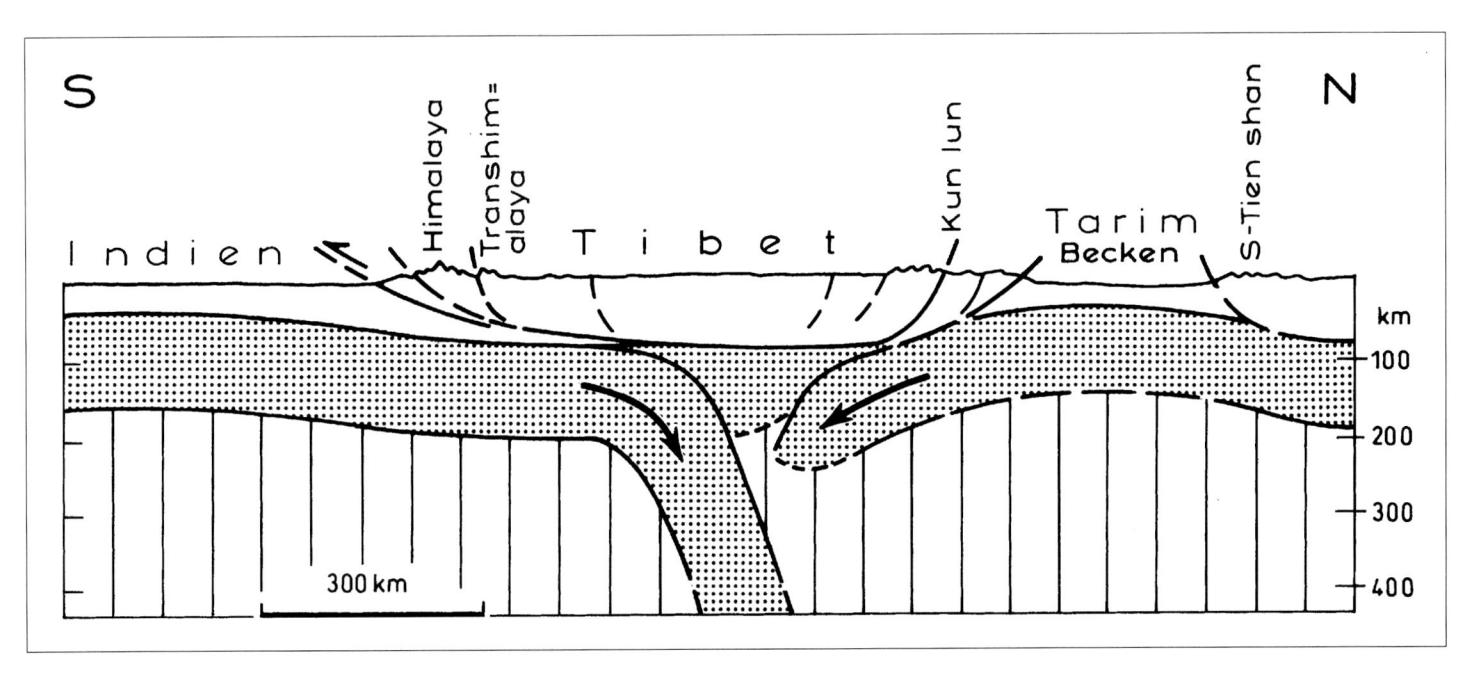

Vereinfachtes Modell der Struktur der Kruste und des oberen Mantels in und um Tibet, wie es von Matte et al. (1997) vorgeschlagen wurde. Nach dieser Vorstellung werden sowohl vom Norden als auch vom Süden dicke Lithosphärenplatten (Punktsignatur) unter Tibet subduziert. Die hohe Konvergenzrate (von etwa 5 cm/Jahr) nach der kontinentalen Kollision und die Bildung eines mächtigen, aus Krustengesteinen bestehenden Akkretions-/Deckenkeiles (Himalaya) lassen sich so erklären.

Platte wich das Meer allmählich festem Land. Nur im Süden, entlang der Indus-Tsangpo-Sutur, herrschten weiterhin flachmarine Verhältnisse, die erst nach und nach durch brackisch-limnische Wasserbedingungen ersetzt wurden. Die Bildung solch gewaltiger Deltafächer wie der Kailash-Molasse, die von Flüssen in ein nicht-marines Becken geschüttet wurden, belegen, daß der Transhimalaya um die Zeit 30–25 Millionen Jahre vor heute ein subaerisches Relief besessen haben muß. Manche Forscher vertreten die Auffassung, daß ganz Tibet im frühen Miozän (etwa 20 Millionen Jahre vor heute) schon eine Höhe von 2000 Metern erreicht hatte.

Über die jüngere Hebungsgeschichte, und damit über die Bildungsphase des Hochplateaus im engeren Sinne, existieren zur Zeit unterschiedliche Vorstellungen. Insbesondere wird auch die Frage diskutiert, ob das gesamte Hochland gleichmäßig, oder ob unterschiedliche Bereiche zu verschiedenen Zeiten gehoben wurden. Die zahlreichen abflußlosen Seen und das weitgehende Fehlen eines gerichteten Altflußsystems weisen eher auf gleichmäßige Hebung des gesamten Plateaus hin. Eine Theorie besagt, daß Tibet um 8 Millionen Jahre vor heute in kurzer Zeit um etwa 2–3 Kilometer gehoben wurde. Als ein Argument hierfür wird auch die massive Verstärkung des indischen Monsuns um diese Zeit angeführt.

Für die jüngste Erdgeschichte, das Quartär (Beginn: knapp 2 Millionen Jahre vor heute), ist die Hebung Tibets nicht nur in Hinblick auf das globale Klima von Bedeutung, sondern sie ist für alle Fragen von Interesse, die den Grad der Vereisung, die Vegetationsgeschichte sowie die frühe Besiedlung und Ausbreitung prähistorischer Kulturen berühren. Fossilreste von Säugetieren (z. B. Rhinozeros) aus den jungen Schottern und Seeablagerungen Südwesttibets (aus dem riesigen intramontanen Sedimentbecken des oberen Sutlej; Hundes, ehemaliges Königreich Guge) wurden schon früh als Indiz dafür aufgefaßt, daß diese Gebiete in jüngster geologischer Zeit noch ein warmes, „subtropisches" Klima besaßen und daher sehr rasch um mehrere 1000 Meter gehoben worden sein müßten. Auf die Gegenwart ausgedehnt, würde dies eine Hebungsgeschwindigkeit von bis zu einem Zentimeter pro Jahr bedeuten. Gesichert scheint heute, daß die letzte, starke Hebungsphase seit etwa 4 bis 3 Millionen Jahren (Ober-Pliozän-Pleistozän) aktiv ist. Akzeptiert man anderseits das Modell der regionalen Subduktion kontinentaler Lithosphäre unter Tibet mit all ihren Folgeerscheinungen, so ist anzunehmen, daß die Prozesse, die zur Heraushebung Tibets führten, jedenfalls weit ins Tertiär zurückreichen müssen. In jedem Fall aber dauert der Aufstieg von Gebirge und Hochland in der Jetztzeit an.

---

1   a) *Sedimentgesteine*
Sie entstehen durch Verwitterung, Erosion, Verfrachtung (durch Wind und Wasser) und erneute Ablagerung des Lockermaterials, meist im Meer. Naturgemäß kann somit das Material, aus dem sich diese Sedimente bilden, bereits mehrere gesteinsbildende Zyklen durchlaufen haben, also sehr alt sein. Durch kontinuierliche Sedimentation über lange Zeiträume, durch zunehmende Überlagerung und damit Versenkung der tiefer gelegenen Schichten werden diese kompaktiert, die Porenräume werden kleiner, das Porenwasser ausgetrieben. Aus dem Sediment wird ein Sedimentgestein.
b) *Erstarrungsgesteine* oder *Magmatite*
Diese Gesteine gelangen durch vulkanische Tätigkeiten als heiße Laven aus großen Tiefen (Kilometer oder Zehner von Kilometern) sehr schnell an die Erdoberfläche – wie heute etwa am Monte Etna oder an den Mittelozeanischen Rücken – oder sie erstarren bei langsamem Aufstieg als Intrusionen, wie die weit verbreiteten Granite, in mehr oder minder größerer Tiefe aus dem Magma und werden somit erst durch spätere Hebungsprozesse und durch Erosion an der Erdoberfläche freigelegt.
c) Die *metamorphen Gesteine* (oder *Metamorphite*)
bilden sich, indem Material, das einer der genannten Gruppen angehört, erneut zu größeren Tiefen versenkt und so durch die mit der Tiefe zunehmenden Temperaturen und Drücke sukzessive verändert wird. Dabei können Stoffbestand und Struktur der das Ausgangsgestein aufbauenden Minerale vollständig umgeprägt und neu verteilt werden: Es entsteht ein neues Gestein, ein Metamorphit.

Literatur

Für die vorliegende Zusammenfassung wurde unter anderem vor allem folgende Literatur verwendet:

Amano, K., Taira, A. (1992): Two-phase uplift of Higher Himalayas since 17 Ma. Geology, 20, 391-394.

Fuchs, G. (1982): Geologic-Tectonic Map of the Himalaya (with explanations). Wien (Geol. Survey of Austria).

Gansser, A. (1964): Geology of the Himalayas. New York (Wiley).

Klootwijk, C.T., Gee, J.S., Peirce, J.W., Smith, G.M., McFadden, P.L. (1992): An early India-Asia contact: Paleomagnetic constraints from Ninetyeast Ridge, ODP Leg 121. Geology, 20, 395-398.

Le Fort, P. (1996): Evolution of the Himalaya. In: The Tectonic Evolution of Asia, by An Yin & T. M. Harrison (Eds.), 95-109, Cambridge (Cambridge University Press).

Matte, Ph., Mattauer, M., Olivet, J.M. Griot, D.A. (1997): Continental subductions beneath Tibet and the Himalayan orogeny: a review. Terra Nova, 9, 264-270, London (Blackwell Science Ltd.).

Searle, M.P. (1996): Cooling history, erosion, exhumation, and kinematics of the Himalaya-Karakoram-Tibet orogenic belt. In: The Tectonic Evolution of Asia, by An Yin & T. M. Harrison (Eds.), 110-137, Cambridge (Cambridge University Press).

Während der Drucklegung dieses Buches wurde weiters folgende Arbeit, die vor allem für die Geologie von Westtibet von Interesse ist, fertiggestellt:

Schuster, R. (1999): Die Geodynamische Entwicklung von SW-Tibet. Dissertation, eingereicht an der Formal- und Naturwissenschaftlichen Fakultät der Universität Wien, 273 S., Wien.

Satellitenbildaufnahme des Himalaya und von Teilen des Tibet-Plateaus, aufgenommen etwa über dem Mt. Everest, mit Blickrichtung Westen (Aufnahme: Challenger 1984, NASA). Zu erkennen sind: a) Links die nördlichsten Teile der indischen Tiefebene (Gangesebene) bzw. der Südfuß des Himalaya; b) die Himalayakette (teilweise im Nebel); das aride tibetische Hochland mit zahlreichen Seen (rechts). Die Indus-Tsangpo-Sutur, geologische Grenze zwischen Indien und Tibet, verläuft als markante Struktur vom rechten unteren Bildrand nach links oben.

Register

(Fettdruck verweist auf Bilder)

Abhängigkeit 109
Absolutes 111
Acht Heiße Höllen 35
Acht Kalte Höllen 35
Acht Schreckliche Henker 87
Adibuddha **112**
adre 59
adug (abrug) 59
Aksai Chin **34**
Akshobhya 86, **104**
Aktives Mitgefühl 86, 111
Alternatives Zeitrad 150
Amithaba 86, **104**, 120
Amogasiddhi 86
Amye Ma chen 65
Anderes Mandala 150
Andrade, Antonio de 90
Anhaften 74, 110
Arhats 144
Arupadhatu 86
Astabhairava 87
Atisha 77, 90
Äußere Kora 120, **121**, 145
Äußeres Mandala 149
Avalokiteshvara **85**, 86
Ayi La 67, 111

Bä-yüls (Beyuls) 14, 59
Baktrien 40
Bal chen ge khö 62
Balang Chö **37**
Balduk 42
Bardo **112**
Bardo Thödol 59
Barkha-Ebene 42, **138**
Barkhor 13
Begtse 88
Belung chu **121**
Bewußtseinskomponenten 150
Bewußtseinsreisen 72
Bhavacakra 86
Bhotia 17
bla ri 61
Bod-yul **43**, 59, 72
Bodhisattva **85**, 86
Bodhisattva-Ideal 111
Bön 40, 61
bon kyong 61
Bön-pos 61
Brahma 143
Brahmaputra 17
Buddha 84, 144
Buddha Gautama 84
Buddha-Dharma 84
Buddhismus 108

Cakras 149
Cakrasamvara 88, **100**
Cakrasamvaratantra 88, **102**
Cartang chu 67
chab dar **52**
Chagna Dorje 86, **94**, 122, **192**
Chaktsel Gang 120
Chang Thang **35-38**, **64**
Changchub Sempa **84**, 86
Chenresig **85**, 86
Cherkip Gompa 43
Chi Gyatso 35
Chidar 77
Chiu Gompa **43**, **63**

chö kyong 87
Chöd (gcod) 74, 75
Chöd-Praxis 74, 75
Chöd-Ritus 74
Chögyal (Chos rgyal) 87, **107**
Chöjung 35
Chöku (Chuku) Gompa 120, **121, 128**
Chöku 86
Chörten **51, 79**
Chörten Kangnyi 120, **121**
chü (bcud) 13
Chu Chik Shal 86

Dakini 59, **104**, 122
Dalai Lama 14, 19
Dämonen 58
Dangra gyal mo 65
Dangra Yum tso **64**
Darboche 120, **121, 129**
Darchan chu **121**
Darchen 67, **125**
Dauerhaftes Selbst 108
Davadzong 67
David-Néel, Alexandra 12, 73
Demchog 88, **100**, 143
Demchog Lhakhang 92, **102**
Dewachen 120
Dharma 84
Dharmacakra 86, 87
Dharmakaya 86
Dharmapala(s) 66, 87
Dharmaraja 87, **107**
Dhritarashtra 37
Dhyani-Buddhas 84
Do Kham 35, 65
Dölma (Drolma) 86, 122
Dölma Do 122
Dölma La **121**, 122
Dölma la chu **121**, 122
Dolpo 11, 17
Döndubma 91
Dönyödubpa 86
Dorje (Vajra) **192**
Dorje Gyatram 34
Dorje Jigje 122
Dorje Phagmo 88, **100**, 143
Dorje Zhedang **104**
Dra Minyen 36
Drachom Ngagye Durtrö 120
Drag shed 87
Drei Gifte **52**
Drei kosmische Sphären 58
Dri 122
Dri ra phuk (Gompa) **121**, 122
Drokpas 65
Drong lung 122
Drukpa Künleg 76
dshaltsan **52**
Dualität **99**
Dükar 86
Dukhang 77, **81, 83**
Dükyi khorlo 88, **101**
Dung lung chu **121**
Durchi **121**, 150
Dzog chen 75
Dzogchen-Meister 75

Eigenexistenz 109
Elefantenfluß 143
Emanation 120
Energiekanäle 149
Erdherren 58
Erstes Goldenes Zeitalter 90
Esoterische Lehrsysteme 88
Esoterische Yoga-Praktiken 72

Faktoren 109
Fresken 90, **92 ff.**
Friedhof der 84 Mahasiddhas 120
Friedliche Erscheinungsform 87
Fünf Buddha-Familien 84
Fünf Elemente 86, 149
Fünf Skandhas 109, 149
Fünf Tathagatas 84, **104**

Gang Rinpoche 61, **121**, 143
Gang Ti se 60, 143
Ganga chu **43**
Ganges 143
Gartok 67
Gaurikund 122
Gedankenübertragung 73
geg (gegs) 59
Gegyai 35
Geist-Mandala 149
Gelehrtentempelchen 89, 90, **92**
Gengta **121**, 146
Gerze 40
Gesar von Ling 122
Göku La 67, **110, 114**
Goldener Tempel 77
Gombo Bang 120, **121**
Gönpo Nagpo 87, **105**, 123
Gössul Gompa 43
Gotsangpa (Lama) 120, 122
Götter 86
Göttliche Paare 60, **64**
Govinda, Lama Anagarika 90, 91
Große Vollendung 75
Guge 77, 90
Guhyasamaja 42, 88, **99**
Guhyasamajatantra 88, **102**
Gurla La 42, **43**
Gurla Mandhata 42, **43**, 145
Guru 88
Guru Rinpoche 59, **66**, 67
gyal yum 65
Gyandhrag (Gengta) **121**, 146
Gyatso 46

Hanuman 120
Hayagriva 88, **94**
Heruka 88
Hevajra 88, **100**
Hevajratantra 88
Hilton, James 12
Himalaya **29, 45, 136, 138**
Himmelstänzerinnen **104**, 122, 150
Hinayana 11
Hindus 61, 122, 144
Huc, Régis Evariste 74
Humla Karnali 17, **18, 23**

Indien 143
Indus 17, 134
Initiation 88, **102**
Innere Kora 145 ff.
Innerer Himalaya 16
Inneres Mandala 149

ja-lu 76
Jainas 144
Jambhala 88
Jambuling (Jambu Ling) **36**, 37, 143
Jampalyang 86, **121**, 122
Jang Chenma **80**

Jigten Chagtsul 35
Jigten Wangchuk 90
Jig jig 87
Jigje 122
Jo-khang 13

Kailāsa 61, **64**, 143
Kailash 42, 43, 119 ff.
Kailash-Kora 120 ff., **121**
Kalacakra 88, **101**
Kalacakratantra 88, 149
Kalapa 39
Kali-Yuga 144
Kamadhatu 86
Kangwa Zangpo 122
Karma 84, 143
Karnali 17, 42
Karuna 86, 111
Kathmandu
Kehl-Cakra 150
Kermi
Khandro Trum tso 122
Khandro Sanglam La **121**, 122
Khandromas 59, **104**, 122, 150
Khojarnath (Korja) 42, **44 ff.**
Khyung lung Gül kar 67
Kiang 67, **125**
Kodari 16
Kollektives Karma 143
Kora (Khor ra) 120 ff., 144 ff.
Körper-Mandala 149
Kosmische Kräfte 58
Kosmos 58, **79**, 149
krodha 87
Ku chi mang ke 64
Küntu Zangpo **112**
Kun lun 39
Kye Dorje 88, **100**
kyi-kor 120
kyil khor 145

lab tses (Latse) 58
Lachato 43
Ladakh 11, 77
Lahul 120
Lama Gotsangpa 120, 122
Langpona 43
Langa(g) tso 42, **43**, 60, **138**
Langchen Khambab 143
Langdarma 90
Lebensrad 86
Leere (Leerheit) 88, **100**, 108, 150
Leiden 86, 111
lha 35
lha chu (lha lung) 120, **121, 128 ff.**
Lha Lama 77, **79**
lha ri 143
Lhakhang Karpo 77, **83**, 89 ff.
Lhakhang Marpo 89, **91 ff.**
Lham chu khir **121, 134**
Lhamo 87
Lhamring 88
Lhasa 16, 67
Lhe La **121**
Lhö Phag 36
Lipu La (Lipu Lekh) 42, **43**
Lobsang Rampa 12
Lotsava 42, **98**
Löwenfluß 143
lu (klu) 59
lu mo (klu mo) 59
lung gom 73
lung ta (rlung ta) 65

ma mo 59
Machig Labdrön 75
Madhyamika 111
Mahabodhisattva 86
Mahakala 87, **105**
Mahasiddhas 75
Mahayana 11, 111
Maitreya 84
manas (Geist, Bewußtsein) 43
Manasarowar **43, 61**, 62
Mandala **102, 142**, 145, 149
Mandala-Tempel 92, **103, 104**
Mang Kur 38
Mangnang 67
Manisteine **32, 146**
Manjushri 86
Mantra 148
Map chu 42, **43**
Mapang Yum tso 143
Mapcha Khambab 143
Mapham Yum tso **43, 61, 64**
Marpa 120
Maryum La 16
me long 65
Meditation 37, 73, 150
Meditationsbuddhas 84
Medizinbuddhas **96**, 123
Memo Nani 42, **43**, 145
Menchu Nesel 120
Meru 36, 143
Migmi Zang 37
Mikyöpa 86, **104**
Milarepa (Mila raspa) 16, 76, 144
Mitgefühl und Weisheit 86
Mittlerer Weg 108
Moincer (Möntshe) 67, **70**
Mongolei 39
Muchu 17
Mustang 11, 17
Mutter aller Buddhas **78**
myugu (Baum) 37

Na chen gang ri tso sum 60
Nabel-Cakra 150
Nagarjuna 111
Nairatma 88
nakula 88
Nam tso 60, **64**
Namdo 59
Namdzä 86, **104**
Namgyälma **80**, 86, **121**
Namkha Khyung Zong 17, **22**
Namthösre 36, 88
Nanda Devi **138**
Nandi **121, 138**, 146
nangkhor 145
Nara Lekh 17, **24, 25**
Naro Bön chung 123, 144
Naro Bönchung Phuk 120
Naropa 120
Nepal 17, **18 ff.**
Neten yelak-jung **139**, 146
Ngadar 90
Ngagmas 75
Ngagpas 75
Ngari 16
nicht-dual 111
Nirwana 84, 86, 111, 145
nor lha 64
Nyalam 16
nyan (gnyan) 58
Nyen chen Thang lha 60, **64**, 65
Nyen ri 120, **121, 128**
Nyingmapas 17, 66

Obo 58
Ode Gungyel 65
Ogmin 36
Olmolungring 41
Om mani peme (padme) hum **146**, 148
Ombu 40, **64**
Öpame 86, **104**, 120

Padmasambhava 59, **66**
Padma Jungnä **66**
Paikü Tso 16, **29**
Pamir 39
Panchen Lamas 39
Pandita 75
Parikrama 144
Paryang 16, **29 ff.**
Pelden Lhamo 87
Pfauenfluß 143
Pferdefluß 143
Phag kyebo 37
Phegyeling 16
Phoimonda 72
phurbu 59
Ponri **43**
Prajnaparamita 75, **78**
Pranavananda, Swami 13
Purang 42, **50 ff.**

Rakas Tal **43**, **60**, 145
Rakas, Raksha 43
Rama 43
Ramayana 43
Ratnasambhava 86, **104**
Ravana 120
Realität 109
Regenbogenkörper 76, 146
Region der Begierde 86
Region der Formlosigkeit 86
Region der Reinen Formen 86, **112**
Reine Länder 84, 120
Ri rab gyal po 61, 143, **149**
ri-tso (ri-mtsho) 60
Riksum Gompo 122
rin po (srin po) 59
Rinchen Jungdän 86, **104**
Rinchen Zangpo 77, **98**
Rirab Lhünpo 34
Roerich, Nicholas 34, 39
Roter Tempel **81**, **83**, **89 ff.**
Rudrachakrin 39
Rukta **121**, 150
Rupadhatu 88
Rutok 16

sa dag 58
sa rin (sa srin) 59
Sadhita 88
Saga 16, **28**
Saga Dawa 120
Saipal 17
Sakyapa-Malstil 77
Samantabhadra **112**
Samsara 84, 111
samten se 37
Samye 66, 77
Sangdui 42, 88, **99**
sashag 37
Schamane 75
Scheitel-Cakra 150
Schwarzer Bön 58
Sechs Cakras 150
Selbst 108
Sengge Dongchan 122
Sengge Khambab 143
Seralung 146
Serchinma **78**, 86
Serdung Chuksum **140**, 148
Sershung 120, **128**
Sexual-Cakra 150

sha (wissen, können) 75
Shakyamuni 91
Shambhala 12, 39
Shangri-La 12 ff.
Shen rab Mi bo che (Miwo) 41
Shinje 87
Shinje Shedpo 87
Shiquanhe (Ali) 67
Shishapangma 16, **29**
Shiva Mahadeva 120, **139**, 146
Shiwa chhal **121**, 122
shunyata 108
Silung Gompa **137**, 146
Silung chu **121**, **138**, 146
Simbiling 42, **56**
Simikot 17, **18 ff.**
Sipae Lhagu 65
Sitabrahma 88
Skandhas 109, 149
sog shing 65
Soheit 88
Spiti 77
Sprach-Mandala 149
sri 59
Sri Devi 87
Stil von Guge 90
Stirn-Cakra 150
Stupa 79
Suchandra 39
Sukhavati 120
Sunge Kham **36**
Sungmas 87
Sutlej 67, 90, **98**
Sutra **78**
Swastika 40
System der Fünf 84, 86

Tabo 77
Taklakot 42
Tamchok Khambab 143
Tamdin Drongkhang 122
Tamdin Gyelpo 88, **94**
tän ma 59
Tanga 42
Tantra 88, **99 ff.**
Tantra des Zeitrades 149
Tantrayana 88
tantrische Meister 74
tantrischer Buddhismus 73
Tantrismus 74
Tara 86, 122
Targo Rinpoche 61 ff., **64**
Tasam-Route 67
Tathagatas 84, **104**
Tempel der Yidams 91, **99 ff.**
Tempel des Yeshe Ö 77, **83**
tendrel 110
Termas 59
Thangka 84, **85**, **112**
Tholing 77, **78 ff.**
Thugolho (Trugo) 43
thugs dam 88
Ti 41, 61, 143
Ti se Lhabtsen 120, **121**
Tibet 17, 26 ff.
Tibetantilope (Chiru) 67
Tichy, Herbert 58
Tiefes Gewahrsam 149
Tirthapuri 67, **115**, **116**
tong-pa-nyi 108
Tönpa Shenrab 41, 143
Topchen chu **121**
Topserma **43**
Toyo 42, **54**
Transhimalaya 16, **28**, 67, **115**
Transzendente Bodhisattvas 86
Transzendente Buddhas 84
Trishula(s) **52**
Trisong Detsen 40, 59, 66
tsa (nadi) 150

Tsampa 147
Tsangpo 16, **29**, 143
Tsangpa Karpo 88, 120
Tsaparang (Zabrang) **89**, 90 ff.
Tsegu 42, **51**
Tsegye Gompa **43**
Tso Kapala **121**, 150
Tso Ma pham 43, 60
Tso Rinpoche 43, **62**
Tucci, Giuseppe 91
Tukdshe Chenpoi Tso **121**, 122, 146
Tulku(s) **53**
tumo 73

Universum 35
Ur-Bön 40
Ushnisha-Sitatapatra 86
Ushnishavijaya **80**, 86

Vairocana 86, 91, **104**
Vaishravana 88
Vajra 66
Vajrabhairava-Yamantaka 87
Vajrapani 86, **94**, **192**
Vajravarahi 88, **100**, 143
Vajrayana 11, 75, 88
Vater-Mutter 60, 88
Verborgene Täler 14, 59
Verborgenes Königreich 39 ff.
Vier Elemente 58
Virudhaka 37
Virupaksha 37
Vollendete 84
Vollkommener Buddha 84
Vorzeitbuddhas 84

Wächter der Religion 86
weibliche Yidams 88
Weißer Tempel 77, **78 ff.**, 90, **94 ff.**
weißer Yak 64
Winde (lung) 150
Wirklichkeit 109, 110
Wissendes Wesen 86
Wölmo Lungring 41
Wösung 90

Yab-Yum 60 ff., **99 ff.**, 143
Yab-Yum-Stellung 88
Yak 64, **126-127**
Yama 87, **95**, **107**
Yamantaka 87, **95**
Yamari 87
Yami 87, **94**, **107**
Yangar 17, **23**
Yari 17
Yati 16
Yeri Khola 17
Yerngo **43**
Yeshe Ö 77, **79**
Yeshe Tsogyal 67
Yidam 88, **99 ff.**
Yidam-Tempel 91, **93**, **99 ff.**
Yoga 72
Yogin(s) 75
Yongdö Dölba 35
Yül kör Sung 37
yul lha 65
Yum 43, 60, 88
Yum chen mo **78**
Yungdrung (Y. Bön) 40
Yungdrung Gu Tse 143

Zanda 77
Zanskar 77
Zehn Khandromas **104**
Zhang zhung 40, 67, 143
Zhang zhung Me 40, 67
Zhang zhung Tö 40

Zhangmu 16
zhi dag 58
Zhong chu **121**
Zhongba 16, **30**
Zorawar Singh 42
zornige Erscheinungsform 87
Zutrulphuk Gompa **121**, 123, **135**
Zweites Goldenes Zeitalter 77
Zwischenparadiese 84

Register Geologie

Akkretion 187
Altyn tagh 187
Andesite 165
Asthenosphäre 155

Basalte 165

Chang Thang Platte **156**

Deckenbildung 155, 177, 181
Deformation 154, 177, 183
Deltasedimente **168**, 186
Dolomite 174, 181

Eklogite 177
Eozän 159
Erdbebentätigkeit 155
Erosion 165
Erstarrungsgestein 161, **163**, **164**

Flysch 165, **174**

Geochronologie 155
Glimmerschiefer 177
Gneise 177, 178, **179**
Gondwana 156
Granite **163**, **164**, **178**, **180**
Greater India 187
Große Frontalüberschiebung **160**, 182
Große Hauptüberschiebung **160**, 177
Große Randüberschiebung **160**, 181

Himalaya **154**, **160**, **189**
Hochdruckgesteine 177
Hoher Himalaya 159, 177 ff.
Hutton, James 153

Indische Platte **157**, **158**, 187
Indus Sutur 159
Indus-Tsangpo Sutur 165, **189**
Intramontane Becken **185**
Isotopengeologie 155

Jinsha Sutur **158**, 159

Kalke 165, 174
Karakorum 154
Karbonate 174, **176**
Kollision **157**, 159, 177, 183
Kollisionszonen 155
Kompression 155
Konglomerate **170**
Kontinentale Gräben 155
Konvergenzrate 183
Korallen 156
Kristalldecke 177 ff.

Kruste **187**
Kun lun 159, **161**, 187
Kun lun-Qilian Sutur **158**, 159

Leukogranite 177
Lhasa Platte 157-161
Lithosphäre 155
Lithosphärensubduktion 155, 187
Lithosphärentomographie 187

Magmatit **163**, **164**, 188
Magmatitgürtel 161 ff.
Main Boundary Thrust **160**, 181
Main Central Thrust **160**, 177
Main Frontal Thrust **160**, 182
Mantel (Erdmantel) 155, 184
Metamorphit 188
Metamorphose 177 ff.
Miozän 188
Molasse 165, **167**, 182
Morphogene Phase 184
Mylonit **179**

Niederer Himalaya 181

Ozeanische Rücken 155

Paläomagnetik 155, **157**, 187
Paläontologie 155
Pamir **158**
Peridotite **162**, 165
Perm 159
Petrologie 154
Plattentektonik 155
Pleistozän **183**
Pliozän 188

Quartär 186, 188

Radiolarite 165
Ramapithecus 182

Sandstein 165, **168**
Schiefer 177 ff.
Schmelzbildung 161, 177
Schwemmfächer 184
Sedimente 162, **166**, **168**
Sedimentgestein 188
Sedimentologie 155
Serpentinite 165
Siltstein 165, **179**
Siwalik-Zone 159, 182
South Tibetan Detachment Zone **160**, 174
Strukturgeologie 154
Subduktion 155, 165, 177
Subhimalaya 182
Sutur 155, 165

Tarim Block 156
Tektonische Mélange 165
Tektonische Platten 155
Terranes 156
Tethys **156**
Tibet 186 ff., **189**
Tibet-Zone (Tibetzone) 174
Tibetplateau 186 ff., **187**, **189**
Tiefenseismik 187
Tien shan 187
Tillite 156
Tonstein 165
Transhimalaya 161 ff.

Ultrabasite **169**

Vulkanismus 183

Wegener, Alfred 155
Wildflysch 165

Chagna Dorjes Kraft und Ohnmacht. Wie ein Mahnmal der vom Untergang bedrohten spirituellen Kultur Tibets starrt der halb zerstörte, kolossale Torwächter in das Halbdunkel des Tempelraumes. Als Träger des Dorje (Vajra), Symbol für das Unzerstörbare, ist Chagna Dorje (= Vajrapani, der „Vajraträger") auch Hüter der tantrischen Geheimlehren. Beide Arme sind abgeschlagen, der Vajra verschwunden ... Lhakhang Karpo, Tsaparang.

*Zwei herausragende geologisch-morphologische Strukturen: der Karakorum-Himalaya-Bogen und Tibet, das größte Hochplateau der Erde, kennzeichnen das Herz von Hochasien.
Ausschnitt aus: Die Erde. Das neue Satellitenbild unserer Welt.
© Geospace, Salzburg/WorldSat International Inc. 1999.*